反逆者たちのアメリカ文化史

未来への思考

堀真理子【著】

春風社

反逆者たちのアメリカ文化史——未来への思考

目次

Canada
Pacific Ocean
Atlantic Ocean
Gulf of Mexico
Mexico
Washington
Oregon
California
Nevada
Idaho
Montana
Wyoming
Utah
Arizona
Colorado
New Mexico
North Dakota
South Dakota
Nebraska
Kansas
Oklahoma
Texas
Minnesota
Iowa
Missouri
Arkansas
Louisiana
Wisconsin
Illinois
Michigan
Indiana
Ohio
Kentucky
Tennessee
Mississippi
Alabama
Georgia
Florida
South Carolina
North Carolina
Virginia
West Virginia
Pennsylvania
New York
Maryland
Delaware
New Jersey
Connecticut
Rhode Island
Massachusetts
Vermont
New Hampshire
Maine
Lake Superior
Lake Michigan
Lake Huron
Lake Erie
Lake Ontario
Bellingham
Everett
Seattle
Olympia
Spokane
Yakima
Portland
Salem
Eugene
Boise
Twin Falls
Great Falls
Helena
Billings
Redding
Sacramento
Reno
Carson City
San Francisco
Oakland
San Jose
Salinas
Fresno
Bakersfield
Santa Maria
Santa Barbara
Oxnard
Barstow
Las Vegas
Los Angeles
San Diego
Yuma
Phoenix
Tucson
Salt Lake City
Provo
Casper
Cheyenne
Denver
Colorado Springs
Pueblo
Santa Fe
Albuquerque
Las Cruces
El Paso
Bismarck
Fargo
Pierre
Rapid City
Sioux Falls
Omaha
Lincoln
Kansas City
Topeka
Wichita
Tulsa
Oklahoma City
Amarillo
Lubbock
Midland
Odessa
Abilene
Fort Worth
Dallas
Waco
Austin
San Antonio
Laredo
Corpus Christi
Houston
Beaumont
Lake Charles
Duluth
Minneapolis
Saint Paul
Rochester
Eau Claire
Appleton
Madison
Milwaukee
Sioux City
Cedar Rapids
Des Moines
Davenport
Rockford
Chicago
Gary
Springfield
St. Louis
Jefferson City
Springfield
Fort Smith
Little Rock
Shreveport
Lafayette
Baton Rouge
New Orleans
Jackson
Memphis
Mobile
Pensacola
Tallahassee
Birmingham
Montgomery
Atlanta
Macon
Savannah
Columbia
Charleston
Greenville
Charlotte
Greensboro
Raleigh
Wilmington
Nashville
Knoxville
Chattanooga
Evansville
Louisville
Frankfort
Lexington
Indianapolis
Fort Wayne
South Bend
Toledo
Detroit
Grand Rapids
Lansing
Columbus
Cincinnati
Cleveland
Akron
Pittsburgh
Charleston
Richmond
Virginia Beach
Washington, D.C.
Annapolis
Baltimore
Dover
Harrisburg
Philadelphia
Trenton
New York
Buffalo
Syracuse
Albany
Hartford
Providence
Boston
Burlington
Montpelier
Concord
Portland
Augusta
Bangor
Jacksonville
Daytona Beach
Orlando
Tampa
St. Petersburg
West Palm Beach
Fort Lauderdale
Miami
The Bahamas
Alaska
Fairbanks
Anchorage
Juneau
Canada
Pacific Ocean
Honolulu
Hawaii
Pacific Ocean

アメリカ合衆国

序章　「風に吹かれて」

――ボブ・ディランの歌とミュージカル『ハミルトン』

「風に吹かれて（Blowin' in the Wind）」は二〇一六年、ノーベル文学賞を受賞した歌手ボブ・ディラン（Bob Dylan, 1941- ）の代表的な歌である。歌手にノーベル文学賞が与えられたのは初めてで、ディランの受賞は「歌詞」が「文学」として認められた画期的な出来事だった。とはいえ、ノーベル文学賞の近年の受賞者をみると、抑圧的な国家体制に反旗を翻すなどの体制批判や反戦思想が反映された作家の受賞が多いので、その流れからすると、ボブ・ディランが受賞したのはそう不思議なことではない。その歌詞にこめられた反体制・反戦思想は今日もなお、いや今日だからこそ、歌われつづけるだけの意味がある。受賞はそんな政治的メッセージの強い「文学性」に鑑みてのことだと推測できる。

「風に吹かれて」の最後のスタンザは次のように終わる――

人は何度見あげれば
空が見えるのだろうか
そして人はどれだけたくさんの耳をもてば

人びとの泣き叫ぶ声を聞けるのだろうか
そしてどれだけ人が死ねば
たくさん人が死んだとわかるのだろうか
その答えは、友よ、風に吹かれて飛んでいく
その答えは風に吹かれて飛んでいく〔1〕

この曲は、冷戦たけなわの一九六二年に作詞作曲された。国外ではヴェトナム戦争で多くの人が血を流し、国内では公民権運動で白人と黒人が衝突し、ときには互いに殺しあっていた。キューバにソ連がミサイルを配備したのをアメリカの偵察機が見つけ、あわや核戦争になるかもしれない瀬戸際にまで発展した「キューバ危機」が起こったのも一九六二年一〇月のことだ。このようにアメリカ国内外で暴力の火種が大きくなるばかりだったころに、ディランはこの曲を作った。どうすればその火を消すことができるのか、その答えは聞こえてこない。答えが返ってこないことへのいらだちが伝わってくる。だが、ディランはそれをただ憂いているわけではない。答えは「風」が運んでくれているのだから。「風に吹かれて飛んでいく」その答えが、今ある死や悲しみをこの地球から吹き飛ばしてくれる、そんな日を待ち望んでいるのではないだろうか。争いはもう終わりにしよう、そんな願いが聞こえてくる。

　ほぼ同じ時期に書かれた別のディランの歌「自由のチャイム（Chimes of Freedom）」では、「非戦」、「非武装」の「戦士」、「難民」や「見捨てられた人びと」のうえに「自由のチャイム」が鳴り響くようにと願っ

ている。ディランはノーベル文学賞の受賞スピーチのなかで、少年時代に読んだ作品を三つ挙げ、そのうちの一つ、ハーマン・メルヴィル（Herman Melville, 1819-91）の『白鯨（*Moby-Dick*）』（1851）に触れて、次のように述べている——

船の乗組員は異なる人種で構成され、白鯨を見つけた者は誰であっても金貨が与えられる。［中略］この本は、人は同じ経験をしても異なる反応をするということを教えている。ガブリエル、ラケル、ヤラベアム、ビルダデ、エリヤ、といったたくさんの旧約聖書からの寓意。タシュテゴ、フラスコ、ダグー、フリース、スターバック、スタブ、マーサズ・ヴィニヤードといった異教徒の名前。異教徒たちは偶像崇拝者だ。小さな蝋人形を崇拝する者もいれば、木の人形を崇拝する者もいる。火を崇拝する者もいる。船名のピークォッド号はインディアンの部族の名前である。[2]

どうやらディランが『白鯨』を気に入っている理由は、たとえ宗教や人種が違ってもすべての人間は平等だという点、考え方も肌の色も異なる人間たちが一緒くたになった世界がそこにはあるという点らしい。価値観の異なる人間たちがいがみあう世の中をなくしたい、そんなディラン流の平和主義に、一九六〇年代の若者たちは共鳴した。いや、今の若者にも届く力がその歌詞にはある。残念ながら半世紀を経た二一世紀の十数年、世界はいまだに宗教的対立や人種的偏見から解放されていない。それどころか、そのために紛争や戦争、内乱、社会的分断が激しさを増している。だからこそ、ディランがふたたび注目されることになったのだろう。

そうはいっても、ディランが得意としたフォークソングは音楽的にはもう古い。今日のポピュラーソングの主流はヒップホップである。ニューヨーク、ブロードウェイのミュージカルでも最近はヒップホップを取りいれた歌や踊りが多い。警官による尋問や暴行など、黒人やラティーノの若者が日常的に遭遇する社会の不正義に抗議するかたちで生まれたヒップホップ音楽が、白人の観客が主流のブロードウェイで使われるというのは意義深い。とはいえ、ミュージカルというジャンル自体がそもそも二〇世紀初めのアメリカで、ジャズやブルースなどの新しい音楽の誕生と呼応するように、時代のポップスを取りこんできたことを思いかえせば、今日のポップスであるヒップホップがミュージカルに取りいれられるというのは特異なことではない。

ヒップホップ・ミュージカルたけなわのブロードウェイでロングランを達成し、人気を博している演目が『ハミルトン（*Hamilton*）』（2015）である。これもまたディランの歌のように、人種や宗教などの違いから対立し分断しつつある世界に一石を投じる作品だ。題名の「ハミルトン」は主人公の名前で、アメリカの歴史上に実在した政治家アレグザンダー・ハミルトン（Alexander Hamilton, 1755?-1804）のことである。彼は、一八世紀末にジョージ・ワシントン（George Washington, 1732-99）やトマス・ジェファソン（Thomas Jefferson, 1743-1826）らとともに、イギリスの植民地から脱してアメリカ連邦を作るために戦った独立派の一人だった。「独立戦争」（1775-83）に参加し、独立軍の総司令官だったワシントンの副官に任命された人物である。独立直後にはワシントン初代大統領のもとで財務長官としてその力を発揮する。連邦中央銀行（1791-1811）を設立し、ドル硬貨を発行した。本来ならば大統領に任命されてもおかしくない、才能にあふれた政治家だった。ところが、彼の考える中央集権的な国家の創設に対し、地方分権主義を主張するジェファソンらが猛反対する。イギリスの植民政策の記憶がまだ鮮明だったこの時代には、「中央集権」という考え方はなじまなかった。おまけに、ハミルトンは不倫事件を起こしたり、公債を操作したりしたため、まわりの政治家から疎んじられる。さらには、そんな彼をかばった息子が、自らが挑んだ決闘で殺されてしまう。四面楚歌のハミルトンは、自身も政敵アーロン・バー（Aaron Burr, 1756-1836、ジェファソン大統領第一期に副大統領）との決闘で命を落とし、悲運の最期を遂げる。そんなわけで、ハミルトンはアメリカの建国に携わった著名な人びと、すなわち「建国の父祖（Founding Fathers）」のなかで、「英雄」になりそこねてしまったのだった。

アーロン・バーに撃たれるハミルトン
John A. Garraty, *The Story of America*, Holt Rinehart & Winston, 1991, p.279

　アメリカ史においてはいわば脇役のハミルトンがなぜ今、ミュージカルの主役に躍り出ることになったのだろうか。一見地味な一政治家の伝記ミュージカルがなぜヒットしたのだろうか。そしてまた、「お堅い」政治家の一生を反体制的なヒップホップで歌いあげるという離れ業が成功したのはなぜだろうか。このミュージカルの斬新さはそれだけではない。歴史上の「建国の父祖」はハミルトンを含めて皆白人だが、ミュージカル『ハミルトン』は白人中心主義のブロードウェイにしてはめずらしく、中南米系の俳優やスタッフによって作られた。そして、キャストの白人政治家やその家族らはすべて、黒人や中南米系、アジア系で構成された。今日、肌の色でキャスティングをしてはならないという暗黙の了解があるとはいえ、大胆なキャスティングである。

ミュージカル『ハミルトン』を着想したのは、やはりヒップホップ・ミュージカルでトニー賞のベスト・ミュージカル賞に輝いた『イン・ザ・ハイツ（*In the Heights*）』（2008）の作詞作曲家（『ハミルトン』では脚本も執筆）リン゠マニュエル・ミランダ（Lin-Manuel Miranda, 1980- ）だった。ミランダによれば、きっかけは彼が歴史学者ロン・チャーナウの手によるハミルトンの伝記[3]を読んだことにある。メキシコ系アメリカ人の血をひく父親とプエルトリコからの移民だった母親のあいだに生まれたミランダが、おそらく興味を惹かれたのは、ハミルトンの出自にあろう。

ハミルトンは西インド諸島のネイヴィス島（本人がそう言っていただけで、確証はない）で生まれ育った「孤児」だった。父親の先祖はスコットランド貴族、母親の家系はユグノーだったというから人種的には「白人」だったが。彼はセントクロイ島で働き、その才能を見出してくれた人びとの援助を受けてニューヨークのキングスカレッジ（現コロンビア大学）へ留学し、「移民」として、当時まだ植民地だったニューヨークで暮らし始める。つまり、ハミルトンはこのミュージカルの制作に携わった人たちといわばルーツが同じ、北米大陸育ちの他の建国の父祖たちからすれば「異邦人」であり「他者」だったのである。

中傷されてもめげることなく、知性と才能にあふれたハミルトンは、政治の中枢にのしあがるチャンスに恵まれる。弁護士資格を取り、合衆国憲法作成に向けてフェデラリスト（連邦派）が提案した憲法案を擁護する。一七七六年七月四日（以降、この日はアメリカの建国記念日となる）に独立宣言が採択されると、翌年には「アメリカ合衆国憲法案」がまとめられた。だが、一七八八年の憲法発行までは反対する人びとも多く、一致団結というわけにはいかなかった。そこで立ちあがったのがハミルトンである。彼は反対派を説得するための論文集『ザ・フェデラリスト（*The Federalist*）』（1787-88）の執筆を企画する。ジョン・ジェイ（John Jay, 1745-1829、法律家でのちに最高裁初代首席判事）とジェイムズ・マディソン（James Madison, 1751-1836、のちに第四代大統領）とともに書いたこの論文集は、政治学の古典として今日でも広く読まれている。

アメリカは独立戦争で勝利したとはいえ、またいつなんどきイギリスやスペインが、場合によってはインディアンをそそのかして敵対してこないとも限らない。なのに、独立戦争で組織された「大陸会議」は一七八三年に解散されてしまった。[4]そこで、ハミルトンとジェイとマディソンの三人は、民兵が主で軍の組織をもたないできたアメリカが、各邦を束ね、連邦軍をもつことの意義を訴える。税金についても、連邦が課税をすれば国民の抵抗も少ないし、秩序も保ちやすいと説く。しかし、連邦を強調するその中央集権的な考えがイギリスの支配を想起させるため、反対も強かった。結局、「連邦派」は各邦の自治を認めるという、ゆるいかたちでの「アメリカ連合」を形成することで同意を得、「合衆国憲法」を定めることになる。マディソンは、「この憲法制定の行為は、国家としての（national）行為ではなく、連合としての（federal）行為」だと強調した。[5]中央集権的な「国家（Nation）」の形成を強く望んでいた

オバマ大統領の前で歌うリン=マニュエル・ミランダ
Lin-Manuel Miranda and Jeremy McCarter, *Hamilton the Revolution*, © Courtesy of White House

ハミルトンは結局、憲法案作成の場からは遠ざかることとなる。かくして、独立後のアメリカでは州の自治に重きを置く体制が維持されたのだった。

ハミルトンのめざした、国家が本当の意味で機能する「一つのアメリカ」は実現しなかった。しかし、のちにエイブラハム・リンカン（Abraham Lincoln, 1809-65）第一六代大統領の時代に、アメリカが前代未聞の分裂を経験する南北戦争（Civil War, 1861-64）で国民が大きな犠牲を払ったうえで、ようやく「一つのアメリカ」は実現される。やがて、異邦人も他者も「移民」として吸収される時代が到来する。ハミルトン自身は「大統領」になれなかったけれども、その後二〇〇年の歳月を経て、ハワイ島生まれの混血の「黒人」大統領、バラク・オバマ（Barack Obama, 1961- ）第四四代大統領が誕生した。

ミュージカル『ハミルトン』の制作の背景には、オバマ大統領をハミルトンと重ね、異邦人が国を束ねることが現実となったオバマ政権時代のアメリカへの賛美がある。ミランダは二〇〇九年五月一二日、オバマ政権が主催する文化イヴェントに招待され、ホワイトハウスで、まだミュージカルとして完成していなかった『ハミルトン』のオープニング・ナンバーを披露している。[6] ミランダがそもそもホワイトハウスに招待されたのは、彼が作詞作曲した『イン・ザ・ハイツ』の功績を買われてのことだった。しかし、彼は大統領の前で披露する歌として、『イン・ザ・ハイツ』ではなく、未発表の『ハミルトン』冒頭の曲を選んだ。カリブ海の島から移民として渡ったアメリカで成功を収めたハミルトンの人生は、ケニヤから移住した黒人男性と白人女性とのあいだに生まれ、大統領に昇りつめたオバマ大統領や、プエルトリコから移住したミランダの父親と重なった。歌は、この天才ハミルトンを嫉妬し、天才を死に追いやったことを後悔する、政敵バーの視点で歌われている――

スコットランド人と娼婦の息子、
神の摂理で、カリブ海の
忘れられた場所のどまんなかに
生み落とされ、
貧しくみじめだった私生児が、
どうやって英雄になり、
学者として成長することになるのか

［中略］

船は今、港に停泊中、
彼がどれか当てられるだろうか。
どん底から這いあがってきた
もう一人の移民。
彼の敵が
その名声を打ち壊した。
アメリカは彼を忘れてしまっている。

〔中略〕

で、俺は？　俺はなんてバカなんだ、
彼を撃ち殺してしまうとは。

オバマ大統領への賛歌ともいえるミュージカル『ハミルトン』で、革命軍を率いる最高指揮官で初代大統領となったワシントンを演じた黒人俳優のクリス・ジャクソンは、オバマ大統領を彷彿させる。ワシントンはハミルトンを気に入り、財務長官に任命した。まわりの政敵、バーやジェファソンやマディソンは、ハミルトンをえこひいきするワシントンに批判的だった。しかし、イギリスの国王ジョージ三世はワシントンに一目置く。ミランダはジョージ三世役の白人俳優ジョナサン・グロフに、ワシントンのあとを継げる人物はいない、みな小物ばかり、と歌わせる。ワシントンの次に大統領となったジョン・アダムズ（John Adams, 1735-1826）はハミルトンを政界から追いはらう。怒ったハミルトンはアダムズを攻撃する五四頁に及ぶ冊子を発行する。ミュージカルにはアダムズを登場させていないので、当初この二人の応酬を歌にするつもりだったミランダはこのあたりの事情を削除し、ほかの三人の政敵がハミルトンを干すさまを歌に託すことにした。それに怒りをあらわにするハミルトンは、すべてを書きのこしてやる、という歌「ハリケーン」を力強く歌う——

ハリケーンの目には
一瞬の静けさ、
黄色い空がある。

僕が一七歳のとき、ハリケーンが
僕の町を破壊した。
でも僕は溺れなかった。
僕は死ぬとは思えなかった。

僕は自分の出口を書いた。
分かる限りすべてを書きだした。
僕は自分の出口を書いた。
上を見あげると、町がその目で僕を見ていた。
一つの皿が回ってきた。
見知らぬ人びとは
僕の話に感動して、親切にしてくれた。
ニューヨークゆきの船に乗れるだけの施しをしてくれた。
僕は地獄の出口を書いた。
革命への道を書いた。

［中略］

僕が一二歳のときに母が死んだ。
僕を抱きかかえて。
僕らは病気で、母が僕を抱きかかえていた。
僕は死ぬとは思えなかった。

政敵らに「お前なんか大統領になれない」と言われ、疎んじられ、不倫と公債の不正工作をネタに政治の中枢から引きずり降ろされたハミルトンは、バーとの決闘によって命を落とす。しかし、彼がめざした中央集権的連邦国家と連邦中央銀行は一九世紀の半ば過ぎ、南北戦争という内戦を経たのちに実現する。ハミルトンは早く生まれすぎたのだ。

ミュージカル『ハミルトン』はハミルトンの死後、妻のエライザがニューヨークで最初の私立孤児院を創設した話で終わる。未来の孤児たち、恵まれない子どもたち――その多くが移民や難民の子どもたちだったかもしれない――のために行なった慈善事業は、アメリカという国の大きな懐となり、現在に至っている。ハミルトンとその妻の偉業を称えるこのミュージカルは、オバマ大統領を選んだアメリカ、移民が中核になる社会の実現の可能性とその多様性を重んじるアメリカを高らかに歌う。オバマ大統領は二〇一五年一一月二日に『ハミルトン』を観劇し、舞台上でこの劇を絶賛するとともに、「人びとが将来のヴィジョンをもって理想を求め、それをかたちにすれば世界は変わる」という感動的なスピーチを行なった。

ところが二〇一七年一月、トランプ政権の誕生とともに、人びとの力を結集すれば理想を実現できるはずのアメリカは崩壊する。国は分断を余儀なくされ、低所得者層や移民への圧力が高まる。『ハミルトン』はアメリカへの賛美を表明する作品から、分断した今のアメリカを批判する作品、本来あるべきアメリカの理想を取りもどそうとする人びとの声を代弁する作品へと変貌する。二〇一六年一一月、副大統領に任命されることが決まっていたマイク・ペンス（Mike Pence, 1959- ）が家族を連れて『ハミルトン』を観にきた。この日、鑑賞後の挨拶で、キャストらは大勢の観客の前で、多様性を認める社会の代表として次政権が多様な価値観を受けいれる姿勢を示して欲しいというメッセージをペンスに託した。ペンスは素直にこれを受けとめたが、肝心のドナルド・トランプ（Donald Trump, 1946- ）はツイッターで、ペンスへのハラスメントだとしてキャストらに謝罪を求めた。

トランプ政権の誕生でアメリカは現在、岐路に立たされているが、批判勢力側に大統領を皮肉るだけのエネルギーがあり、ときには大統領と応酬する素地がアメリカにはある。アメリカという国（アメリカとは限らないかもしれないが）のすぐれたところは、揺れうごく時代の流れのなかで、つねに差別や迫害と闘いながら、時代の危機的状況を乗り越え、理想に近づこうとする人びとがいるということではないだろうか。それは政治とは違うところ、音楽や美術やスポーツ、小説や詩や演劇や映画といった文化を通じて発揮されている。ミュージカル『ハミルトン』で起用されているヒップホップも、反体制的な若者たちのあいだで育まれた音楽だ。アメリカで生まれた音楽はブルースもジャズもアフリカをルーツとする黒人たちが創った音楽であることを思えば、社会の底辺にいる人びとの思いがそこに込められているといえる。優秀なスポーツ選手の多くが黒人であること、映画や演劇の制作の現場で多くのユダヤ系の人びとが活躍していること、優れた劇作家や俳優の多くがゲイであることも、魅力的なアメリカ文化を生みだす原動力になっている。そこで本書では、そうしたアメリカ独自の文化を牽引し、差別や迫害を乗り越えてきた人びとの声を拾いあげることにより、ときに硬直しつつもなお多くの人びとを引きつけてやまないアメリカ文化の魅力を浮かびあがらせたい。

本書は一〇の章から成るが、とくに差別の渦中にいる「他者」、あるいはその他者に共感する人びとが声をあげ、民主主義が成熟し始める一九世紀中葉のアメリカから話を始める。もっとわかりやすくいえば、ジェンダー、人種、性のうえで差別されてきた人びとが立ちあがった歴史を振りかえり、それに貢献した文化の担い手に注目する。しかしながら、この一九世紀は、奴隷をアフリカからたくさん連れて来て働かせ、またヨーロッパや中国などからも新しい移民労働者をたくさん受けいれ始めた時代でもある。マクドナルドやディズニーで世界を席巻する今日のアメリカ資本主義社会の成熟に欠かせなかったのはこうした奴隷や移民労働者たちである。グローバル化という名のもとで故郷を失った移民や難民を抱え、資本主義が行きづまりを迎えているとされる今日、我われが向きあわなければならない問題の発端がこのアメリカの一九世紀にあるということもできる。その点ではアメリカの負の側面に目を向けざるを得ない。今日なお世界の強国を誇るアメリカが世界に、そしてこの地球にもたらした諸問題についても考えていく必要があるだろう。

なお私の専門が演劇であるため、劇作家や劇作品への記述が多くなるが、小説や映画、音楽、野球等における功労者にも言及する。

第1章　奴隷解放に尽くした黒人女性
――「黒人のモーセ」ハリエット・タブマンの数奇な人生

一七七六年七月四日、「建国の父祖」であるトマス・ジェファソンらによって起草された独立宣言でアメリカの植民地はイギリスから独立し、東部一三州から成るアメリカ合衆国が誕生する。しかし、「合衆国」とはいうものの、アレグザンダー・ハミルトンがめざしたような中央集権的な国家としての機能は果たせないまま、それぞれの州が独立した自治を行なっていた。法の規制も州ごとに違い、新たなビジネスに法的規制はかからなかった。独立したとはいえ、経済的にはまだまだイギリスに依存していた。綿花を栽培し、イギリスに輸出し、製品化はイギリスで行なうというシステム（ニューイングランドなど一部には紡績工場ができ始めていたが）にあっては、工業が発展する余地はなく、アメリカは基本的に農本社会だった。そこで農地、耕作地を広げるために開拓していない西部の土地を切りひらき、国土を広げていくことに邁進する。第3章で述べるように、メキシコから西部地域を獲得すると、さらに西漸運動は加速する。やがて大陸の西端、カリフォルニアに達すると、そこで金鉱が発見され、人びとはこぞって西をめざした。いわゆる「ゴールドラッシュ」である。そのピークが一八四九年だったことから、この年の一旗組は「フォーティナイナー（Forty-Niner）」と呼ばれた。

鉱山で働く黒人
John A. Garraty, *The Story of America*, Holt Rinehart & Winston, 1991, p.435

こうした国土の開拓・拡張や、綿花栽培や米、サトウキビなどのプランテーション農業を遂行するためには、多くの人手が必要だった。そこで、労働者を確保しようと奴隷をどんどんアフリカから連れてくることとなる。ヨーロッパでもアフリカから連れてきた奴隷を働かせていたが、一九世紀初めには奴隷制という制度そのものは廃止傾向にあった。ところが、アメリカでは奴隷が植民地建設に欠かせない労働力だとして擁護され、独立戦争時には国家建設の推進力となった。ジェファソンも大勢の奴隷を抱え、奴隷の女性サリー・ヘミングズ (Sally Hemings, 1773-1835) を愛人として囲っていたことは有名な話である。

奴隷売買ではまず、アフリカで奴隷にする黒人を集める。たいていの場合、部族同志を戦わせ、負けた部族を捕虜として奴隷にする。この方法は紀元前、ヨーロッパ文明の起源とされる古代ギリシアから存在する。エウリピデス (Euripides, 484-406 B.C.) の『トロイアの女たち』には、ギリシア軍の捕虜となった女たちがギリシア人の妾や奴隷にされるのを嘆く場面があるが、捕虜であるという口実を作れば、人間以下の扱いをしてもよかった。そうして確保した奴隷たちを奴隷船に乗せる。彼らは船底で鎖につながれ、オールをこがされ、アメリカ大陸へ連れてこられた。一七四〇年ごろまでは西インド諸島を経由地にしていたことから「三角貿易」とも呼ばれたが、やがてアフリカから直接連れてくるようになる。途中、船が難破することもあったが、それ以外に飢餓と疲労、疫病によって四分の一から、ひどいときには三分の二の奴隷が大陸にたどりつく前に死んでしまった。サウスカロライナ植民地の中心都市で奴隷貿易の主要な港だったチャールストンでは、大西洋を渡る途中で死んだ奴隷が川に棄てられたため、たくさんの死体が浮いた川は悪臭を放っていたという〔1〕。

そんな過酷な船旅で生きのこった奴隷はオークションにかけられ、白人農園主のもとに売られていく。反抗を企てられることを恐れて、同じ言語を話す者同士や家族は引きはなされ、別々の農園に売られていった。農園では農場の片隅に建てられた掘っ立て小屋に住まわされ、毎日毎日長時間、農作業をさせられる生活が待っていた。ちゃんと仕事をしないと鞭でたたかれ、ののしられ、食事も満足に与えられない。そんな生活に耐えられず、逃げだす奴隷もいた。しかし、たいていは追いかけられ、捕まるともっとひどい仕打ちに遭うのだった。とくに集団で逃げた場合には、まずリーダー格の奴隷が鞭打たれ、傷口に塩と酢を塗られ、殺されたという。残りの者は逆さづりの刑に処せられ、やがて死ぬまで放っておかれた。また、主人を殺そうと企てた者は絞首刑、もしくは火あぶりにされた。集団ではなく、一人で逃げて捕まった場合には、一度目の逃亡で四〇回鞭打たれ、二度めでは右の頬にRの焼き印を押され、三度目には四〇回の鞭打ちと片耳の切除、四度目には女性の場合はもう片方の耳の切除と左頬にRの焼き印、男性の場合は去勢、五度目には絞首刑もしくはアキレス腱の切断という刑罰が待っていた。労働力が削減されるという理由から、奴隷を投獄するという罰則はほとんどなかった〔2〕。

アメリカに連れてこられた最初の黒人は一六一九年、ヴァージニア植民地ジェイムズタウンに連れてこられた二〇名（一七名の男性と三名の女性）のアフリカ人だといわれている。ただし、このころはキリスト教徒を奴隷にするのを禁じていた。この最初にアメリカの土を踏んだアフリカ人はキリスト教の洗礼を受けていたため、奴隷ではなく、「年季奉公人」として扱われた。彼らは白人の他の年季奉公人（その多くがイングランド人によって差別されていたアイルランド人やスコットランド人だった）と同等な扱いを受け、英語も話せたという。しかし、恋愛や結婚となると話は別で、一六三〇年には黒人女性と関係をもった白人男性が鞭打ちの公開処刑を受けている。一七世紀末までには異人種間結婚禁止法が敷かれ、英語を解しない「異教徒」の奴隷がアフリカから連れてこられるようになり、これらの奴隷は白人と区別されるようになる。こうしてじょじょにアメリカ国内に黒人奴隷の数が増えていく。独立後の一八〇〇年の人口調査では、約一〇〇万人の黒人（そのうち約九〇万人が奴隷で、残りの約一〇万人が自由黒人だった）がおり、全人口の一八・九パーセントを占めていた。独立宣言で自由、平等、幸福の追求を理想として掲げたはずのアメリカは、その理想どおりの国家ではなかったのである。

白人から非人間的な扱いを受けた非白人は黒人奴隷だけではない。本書第8章で論じるアフリカ系アメリカ人作家のジェイムズ・ボールドウィン（James Baldwin, 1924-87）は、白人が築いたアメリカの歴史が初めから血塗られたものだったと述べ、そのわけを次のように説明している。

我われ［アメリカ人］がここ［アメリカ大陸］に来たときからのアメリカの歴史を見ればわかる。ピルグリムを、ピューリタンを、おそらくヨーロッパで迫害から逃げてきてここにもっと抑圧的な社会を作った人びとを、自由が欲しくてインディアンを殺した人びとを見れば。新しい時代に移住してきた人びと、黒人たちを奴隷にした人びとを見れば。これこそが伝説とは正反対のアメリカの歴史の事実だ。[3]

一九世紀に入ると、白人統治者らは西部開拓に伴い、植民地時代を生きのびたインディアン部族ら、以前からアメリカの地に居住していた先住民族であるインディアンへの迫害を強めていく。土地を耕す権利があるのは白人だけだとして、インディアンから土地を奪っていった。さらには、「邪魔な」先住民を僻地へと強制的に追いやる作戦に出た。およそ一〇万人のインディアンが何千キロも歩かされ、連邦政府が「インディアン保留地（Indian Reservation）」と定め、西部の荒野に作った居住地域へと移動させられたのである。なかでもジョージア州近辺に居住していたチェロキー族は、オクラホマ州の僻地まで、九つの州にまたがる五〇〇〇マイル以上の道のりを五ヶ月かけて強制的に移動させられ、一万五〇〇〇人中四〇〇〇人が飢餓と疲労と病で死んだ。そのため、この移動ルートは「涙の道（Trail of Tears）」と呼ばれている。[4]

白人統治者らはまた、自分たちに刃向かうインディアン部族を徹底的に鎮圧し、虐殺もいとわなかった。とくに南北戦争中からの四半世紀は、抵抗するインディアン部族との戦争が絶え間なく続いた。その一つ、一八六四年、コロラド州サンドクリーク村でのインディアン虐殺のもようが白人大尉の証言として残っている。

　翌日現場に行ってみますと、男、女、子供の死体は、どれもこれもみな頭の皮をはがされていました。死体の多くは、これ以上むごたらしくはできないほど切り刻まれ、男女、子供の見境なしに生殖器が切りとられていました。〔中略〕生後数ヶ月の赤ん坊が馬車のまぐさ桶に投げこまれ、そのまま引いていかれ地面に放りだされて死んだそうですし、兵士たちが女性の生殖器を切りとり、鞍の前部に置いたり、帽子の上に乗せたりして行軍したなどの話はいくつも聞きました。[5]

一八四五年、ジョン・オサリバン（John L. O'Sullivan, 1813-95）は『ザ・ユナイテッド・ステイツ・マガジン・アンド・デモクラティック・レヴュー（*The United States Magazine And Democratic Review*）』誌に掲載した文章のなかで、インディアン迫害や虐殺を正当化し、そうした行為を「明白なる宿命（Manifest Destiny）」なのだと言った。こうした「明白なる宿命」という考えをあと押ししたのがアンドリュー・ジャクソン（Andrew Jackson, 1767-1845）第七代大統領だった。労働を重んじたジャクソンは、インディアンを「働かない者」（インディアンの部族の多くが母系制の伝統のもと、宗教者も女性、働き手も女性だった）と決めつけ、社会から除外していったのである。その結果、植民前には北米に三〇〇万から六〇〇万人はいたと推定される先住民の人口が、二〇世紀初頭には一〇分の一以下の三〇万人を切るまで減少する。[6]
労働を重視するジャクソンのキャンペーンはそのいっぽうで思わぬ動きを助長した。労働者たちが自分たちの権利を求める運動やストライキを展開し始めたのだ。すると、まさに「労働者」だった奴隷も立ちあがり、奴隷一揆が各地で勃発した。アメリカで最も働く人間は誰かと問われれば「奴隷」だったのだから、こうした暴動が起こっても不思議ではない。その一例がデンマーク・ヴィージー（Denmark Vesey, 1767?-1822）の奴隷蜂起である。宝くじの賞金と引きかえにすでに自由の身となり、大工として働いていた元奴隷のヴィージーは、一八二二年の七月一四日、チャールストン周辺の奴隷およそ九〇〇〇人が加わる反乱を企てる。ところがこの計画は事前に発覚し、ヴィージーは処刑されてしまう。奴隷の謀反を恐れたサウスカロライナ州の領主らは、黒人に読み書きを教えることを禁じ、それを破った白人には六ヶ月の投獄と一〇〇ドルの罰金を科し、自由黒人がそれを破った場合にはさらに五〇回の鞭打ちの刑を科した。

さらにヴァージニア州では、読み書きや聖書を学んだナット・ターナー（Nat Turner, 1800-31）が自分は神の声を聞いたと言い、彼のまわりに集まってきた「信徒」ら七五人の奴隷と組んで白人を襲撃するという暴動が発生する。一八三一年八月、彼らは白人の主人宅を次つぎに襲撃し、主人らを殺害し、武器や馬を奪うという行為に及んだ。結果、約一五件の白人宅を襲い、計六〇人の白人を殺害した。だが、ほどなくして白人民兵らに追われ、ターナーは命からがら逃げたが、逃げそこなった者や無関係な黒人らが虐殺された。そのなかにはスパイと疑われた白人も一人混じっていた。殺害された人数は四〇人から一〇〇人とされ、いまだにあきらかにされていない。ターナーも二ヶ月後に捕まり、一一月一一日に絞首刑となる。このとき、二一人の奴隷が裁かれ、絞首刑となり、さらに一六人が売られていった。この事件を機にヴァージニア州から自由黒人が追放された。ターナーらが襲撃した場所がサウサンプトン郡と呼ばれる地域なので、この事件は一般に「サウサンプトンの反乱（Southampton Insurrection）」と呼ばれている。[7]

一八三九年には、アフリカのシエラレオネで拉致され、貨物船に乗せられた五三人の黒人たちが、キューバへ移動中、その船上で反乱を起こす。彼らは船長とコックらを殺害し、一人のスペイン人水夫に、船を操縦してアフリカへ引きかえせ、と脅迫した。しかし操縦を命じられた水夫が機転をきかせ、アメリカをめざして北上したため、反乱を起こした黒人たちは到着したアメリカの港で捕まってしまう。しかし、スティーヴン・スピルバーグ（Steven Spielberg, 1946- ）監督の映画『アミスタッド（*Amistad*）』（1997）が、逮捕後に行なわれた連邦最高裁での裁判の様子を再現しているように、黒人たちは、奴隷制廃止に尽力していた元（第六代）大統領ジョン・クインシー・アダムズ（John Quincy Adams, 1767-1848）らの同情を得て、解放され、母国へ帰還する。彼らが処刑されずに放免された背景には、そのころ、すでにアフリカからの奴隷売買を禁じていたイギリスやスペインの法規制も関係していたらしい。この事件は、反乱を起こしたリーダー格の男ジョゼフ・シンケ（Joseph Cinqué, 1814?-79）の名前をとって「シンケの反乱（Mutiny of Cinqué）」、または「アミスタッド号事件（Amistad Affair）」と呼ばれている。

シンケらが奴隷制廃止論者のあと押しによって解放されたように、このころ、奴隷の反乱が鎮圧されるいっぽうで、奴隷を解放しようという動きも活発化していた。南部のプランテーションの領主たちが奴隷制の存続を望んでいたのに対し、北部の教会の牧師らが奴隷解放運動を繰り広げていた。奴隷廃止運動を真っ先に主導したのは、ニューイングランドの教会牧師ウィリアム・ロイド・ギャリソン（William Lloyd Garrison, 1805-79）だった。彼は、教会に集まる信者に熱心に奴隷解放の意義を説く。ボストンで『リベレイター（*The Liberator* 解放者）』（1831-65）というプロパガンダ雑誌も刊行した。そして、志を同じくする牧師セオドア・ウェルド（Theodore Weld, 1803-95）らとともに「反奴隷制協会（American Anti-Slavery Society）」（1833）を設立し、奴隷制廃止の考え方を普及した。

教会の熱心な信者の多くが中産階級の女性たちだった。彼女たちは牧師の手となり足となって運動資金を集め、奴隷制を廃止させようと説教や講演をしてまわった。演説術を身につけた女性たちは女性を束ね、奴隷だけでなく自分たち女性にも市民権や参政権を、と主張し、女性解放運動（第一波フェミニズム）にも貢献した。〔8〕彼女たちは、奴隷の解放と市民権を求める自分たち女性にも市民権がなく、参政権はおろか、財産権もなければ離婚権もない事態に疑問をもち始める。そして同じ思いをもつ仲間を集め、女性解放運動の組織化を進める。なかでもセアラ（Sarah Grimké, 1792-1873）とアンジェリナ（Angelina Grimké, 1805-79、ウェルドと結婚）のグリムケ姉妹は、ともに南部サウスカロライナ州チャールストンに生まれながら、フィラデルフィアに移り住み、キリスト教新教の一派であるクエーカー教徒として奴隷解放運動や女性解放運動に邁進した。また、エリザベス・スタントン（Elizabeth Stanton, 1815-1902）とルクレシア・モット（Lucretia Mott, 1793-1880）は一八四八年、ニューヨーク州西部の町セネカフォールズで女性の参政権を得るための女性会議を開催し、「独立宣言」に倣って「意見宣言」を行なった。「意見宣言」は、参政権なくしてあらゆる男女の不平等は是正されないとし、女性差別の根拠を列挙している。

奴隷解放運動の推進者は白人だけではなかった。逃亡奴隷で自由を勝ちとったフレデリック・ダグラス（Frederick Douglass, 1817-95）のような元奴隷の自由黒人もいた。奴隷だったころに女主人から読み書きを学んでいたダグラスは自分の半生を描いた自伝[9]や奴隷反対を訴える雑誌の刊行に努め、南北戦争中にはリンカン大統領の顧問として黒人部隊、第五四部隊を編成する道も開いた。内戦後には連邦政府の要職につき、ハイチ総領事にも任命されている。

同じころ、ダグラスのように逃亡奴隷で自由の身となり、奴隷の逃亡に道を作った黒人女性がいた。「地下鉄道（Underground Railroad）」と呼ばれる、奴隷を秘密裡に逃亡させ北部の逃亡支援者のもとへ届ける活動に尽力したハリエット・タブマン（Harriet Tubman, 1822-1913）である。以下、いよいよ本章本題のタブマンについて語ろう。

タブマンの母方の祖母は、まだ子どもだった、一八世紀のなかごろに西アフリカから連れてこられ、メリーランド州ドーチェスター郡の農園に売られてきた。タブマンも母親も同じこの農園で奴隷として生まれ育った。したがって、タブマンはアメリカ生まれの奴隷三世ということになる。アメリカで最初に人口調査が行なわれたのは一七九〇年で、それによれば、独立後のアメリカ合衆国（東部一三州）に住む奴隷の六割がヴァージニア州とメリーランド州に在住していた。[10]母親は同じ奴隷だったタブマンの父親と一緒になり、ハリエット・タブマン（生まれたときの名前はアラミンタ・ロスで、子どものころはミンティと呼ばれていた）を含む九人の子どもを作った。そのうち姉二人が深南部へと売られ（次章で述べる『アンクル・トムの小屋（*Uncle Tom's Cabin*）』（1852）のトムも深南部に売られることにおびえる場面があるが、それは人種差別の激しい、非人間的な奴隷生活が待っていることを意味していた）、タブマンも他の家族もそれを深く悲しんだ。

タブマンが最初の主人に奴隷として売られたのは五歳のときだった。しばらくは主人が変わっても家事や子どもの世話が主だったが、一二歳のときに女主人に嫌われ、畑で働かされるようになる。奴隷に対して冷酷なのは農園主だけではなかった。怒りっぽい女主人（農園主の妻）による暴言や暴力も日常茶飯事だった。農園主やその家族である息子らに強姦されることもよくあった。さいわい、タブマンは性暴力には遭わずにすんだが、一五歳ぐらいのときに大怪我を負う。それは、たまたま収穫の手伝いをしに行った農園で、一人の黒人奴隷の男性が許可なく買い物に出かけたのに気づいた白人の監督者が、タブマンほか何人かの黒人を伴ってその奴隷が行きつけの店へと追いかけて行ったときのことだ。監督者の白人にその男を縛るよう命じられたタブマンが命令を拒んだすきに男が逃げてしまう。怒った監督者は店にあった二ポンドの鉛の分銅を取り、その男めがけて放りなげた。ところが、男を逃がそうと店の入り口に立ちふさがったタブマンの頭にその分銅が直撃し、彼女は生死をさまようほどの大怪我を負ったの

ハリエット・タブマン
John A. Garraty, *The Story of America*, Holt Rinehart & Winston, 1991, p.472

だった。これ以降、彼女は癲癇《てんかん》の症状に悩まされ、会話の途中で眠ってしまったり意識を失ったりするようになる。雑音や叫び声が聞こえたり、光線などが見えたりすることもあったが、いずれもこのときのけがの後遺症だった。

タブマンが逃亡を試みた一八四九年、彼女は自由州ペンシルベニア州からそう遠くないメリーランド州北部の農園で奴隷として働き、ジョン・タブマンという自由黒人と結婚していた。自由州に近いということもあり、このころのメリーランド州の黒人のほぼ半数が自由の身だった。先ほど触れたフレデリック・ダグラスも同じく、メリーランド州ボルティモアの港で奴隷として働いていたときに自由黒人だった女性と結婚している。〔11〕しかし、女性が奴隷の場合、自由黒人と結婚したからといって自分も自由になれるわけではなかった。しかも、女性奴隷から生まれた子どもは奴隷だと規定されていた。タブマンは結婚しても相変わらず、奴隷として働かざるをえなかった。

そんなある日、タブマンを所有していた農園主が亡くなり、姉二人が売られていったトラウマにさいなまれていた彼女は、今度こそ自分も深南部へと売られ、家族と離ればなれになるのではないかと恐怖におののく。そこで、二人の弟を連れて逃亡を計画する。ところが、森に隠れ、沼を駆けぬけたものの、弟たちが引きかえそうと言いだし、いったんは戻る。それでも深南部に売られるかもしれないという恐怖から、タブマンはふたたび、今度は一人で逃亡を決行する。早い段階から奴隷制に反対していたクエーカー教徒の支援者らに助けられながら、隣の自由州へと逃げのび、州都フィラデルフィアで住み込みのメイドの仕事を見つける。タブマンが、逃亡奴隷を連れもどす一団がよく現われるとされるこのフィラデルフィアの地にとどまることにしたのは、メリーランドに残してきた家族と連絡が取りやすかったからだった。その連絡役というのが、「地下鉄道」の「車掌（Conductor）」や「駅長（Station master）」と呼ばれる人たちである。彼らの助けがあったおかげで奴隷の逃亡がしやすくなっていった。

「地下鉄道の父」と呼ばれた、自由黒人のウィリアム・スティル（William Still, 1821-1902）が出版した『地下鉄道の記録（*The Underground Railroad Records*）』（1872）によると、スティルが手引きした逃亡のなかでもスリリングだったのは、ジョージア州からニューイングランドまで逃げてきたクラフト夫妻の逃亡劇だった。妻のほうは皮膚の色が白に近かったので、南部白人紳士の恰好で患者の診療のために北部へ行く医者のふりをし、夫はその忠実な召使のようにふるまった。妻は顔を覆い、髭がないのを隠し、右腕は包帯で吊ってホテルで署名しなくてすむようにした。

ところで、神話化されたタブマンについての絵本などには、あたかも彼女が独力で地下鉄道を創設したかのように書かれているものもあるが、じっさいはすでに組織されていた「地下鉄道」に他の支援者とともに「車掌」として関わるようになった、というのが真実である。ならば、「地下鉄道」がいつ始まったのか、その発祥の経緯は不明である。クエーカー教徒が一六八八年には奴隷制に異を唱え、一七八四年までには奴隷の所有を禁じていたというから、おそらく結構早い段階にそれらしきものはあったのではないかと考えられる。タブマンが「車掌」として最初に行動したのは一八五一年のことだ。捕まる危険も顧みず、メリーランドにおもむき、かつて働いていた農園から弟夫婦を含む一一人を逃亡させる。このとき、ニューヨーク州ロチェスターに在住のフレデリック・ダグラスも、すでに著名であるだけに危険だったにもかかわらず、住いを提供したり、オンタリオ湖でボートに乗せてカナダ行きを手配したりした。タブマンはカナダのセント・キャサリンズに家をもち、冬のあいだはここに逃亡奴隷をかくまい、春になると自分が逃亡させた姪夫婦とその息子と一緒にフィラデルフィアで過ごし、夏はニュージャージー州のケイプ・メイで料理人の仕事をした。そして年に一、二回、奴隷を逃亡させるために南部へと足を運ぶのだった。

一八五二年、タブマンは四人の弟を逃がそうと試みる。弟たちは六ヶ月間、隠れることに成功したものの、それ以上は我慢できずに結局、主人のもとに戻ってしまった。一八五四年、女主人が弟たちを売ろうとしているらしいという噂を耳にしたタブマンは弟たちを説得しにいくが、これも失敗に終わる。しかし、同年一二月、二人の弟を含む総勢九人の奴隷の逃亡を実現し、さらに一八五七年には両親を自ら改造した荷馬車に乗せて逃亡させる。このすぐあとには弟レイチェルとその子どもたちを逃がそうとするが、パトロールが厳しく、かなわなかった。一八六〇年にもう一度試みるが、残念ながらレイチェルはそれを待たずして亡くなってしまう。一八六二年の冬、タブマンの「車掌」としての最後の仕事は、マーガレットという名の少女を連れてくることだった。マーガレットはタブマンの「自由黒人の弟」の娘だということになっていたが、タブマンに「自由黒人の弟」はいなかった。この少女が生まれたのがちょうどタブマンの逃亡時期と重なることから、タブマン自身の娘ではないかという憶測もある。タブマンはマーガレットを自分が世話になっていた白人一家に預け、同じ屋根の下では暮らさなかったが、母娘のように接していたという。このように奴隷だった身内の逃亡に尽力したタブマンだが、じつは夫を自分のもとに連れてくることはかなわなかった。というのも、夫は彼女がフィラデルフィアに逃げていたあいだに自由黒人の若い娘と一緒になっていたからだった。タブマンは腸《はらわた》が煮えくりかえるほど憤りをおぼえたにちがいないが、夫の心変わりに憤慨している暇はなかった。しかし、この一件が彼女をより一層強くしたのかもしれない。

「車掌」どころか、「地下鉄道」の「総司令官」といったほうがふさわしい著名人になっていたタブマンは、カナダでもボストンでもペンシルベニアでも奴隷廃止論者の集会に参加し、奴隷制反対を唱える組織の事務所をまわり、ギャリソン牧師や作家のラルフ・ウォルドー・エマソン（Ralph Waldo Emerson, 1803-82）などとも交流し、「地下鉄道」の資金集めに奔走した。一八五九年の建国記念日にはマサチューセッツ反奴隷制協会で短い講演も行なっているが、これも資金集めの一端だった。このころ、タブマンはまた、両親と弟の一人と一緒に住む家をニューヨーク州オーバーンに購入する。

こうして支援者の輪も広がり、メリーランドからデラウェア、ペンシルベニアからニューヨーク、そしてカナダへと奴隷を逃がすタブマンのネットワークは奴隷解放論者のあいだで知られるようになる。しかし、皮肉なことに、奴隷保持者からは、タブマンを捕まえたら一二〇〇ドルの報償金を出すという貼り紙が流布され、彼女の「車掌」業は日を追うごとに危険を伴うものとなっていった。捕まらないよう、逃がす予定の奴隷たちとは彼らの居住地や農園から何マイルも離れたところで会うことにした。奴隷に伝言をするときにはしばしば讃美歌や黒人霊歌を口ずさんだ。奴隷たちに安全を知らせるときには黒人霊歌のなかでも有名な「行け、モーセ」をよく歌ったらしい。その歌詞は次のように締めくくられる――

私の民を解放せよ！
さあ行け、モーセ、
エジプトの地へ下り、
ファラオに告げよ、
私の民を解放せよと。

アメリカの奴隷の解放を使命としたタブマンの活動は、まさに旧約聖書でイスラエル人を解放させたモーセの出エジプト記に匹敵した。そんなわけで、彼女は「黒人のモーセ」と呼ばれた。

タブマンが逃亡させるのに成功した黒人奴隷の数は三〇〇人以上という説もあれば、せいぜい七〇人ぐらいだろうという説もある。危険を顧みず奴隷州へおもむいたのも一九回に及ぶという伝説もあるが、じっさいにはタブマンが「地下鉄道」の活動をした約一二年間で奴隷州へ足を運んだのは一二回ほどだった。直接自分で連れだした奴隷は六〇人から八〇人程度だったが、間接的に手助けしたのも含めれば一〇〇人はゆうに超える奴隷を逃がしただろうと考えられる。

奴隷を解放するためのタブマンの活動は「地下鉄道」にとどまらなかった。南北戦争が始まると、連合軍（北軍）のスパイとして、また看護婦兼料理人として戦地におもむき、ときには男性顔負けの活躍をした。それは一八六三年の六月一日、満月の夜が明けるころのことである。タブマンは約三〇〇人の北軍兵士の案内役として、サウスカロライナ州のカンバヒー川を三隻の哨戒艇でのぼり、機雷をしかけては橋や鉄道を爆破するという奇襲作戦に出かけた。帰りの哨戒艇にはおよそ七五〇人にのぼる奴隷を載せ、彼らを解放することに成功する。[12] しかし、翌月には白人のロバート・グールド・ショー大佐（Robert Gould Shaw, 1837-63）が編成したマサチューセッツ第五四黒人部隊がワグナー砦で南軍に敗退し、多くの黒人兵士が大佐とともに戦死するという悲劇が起こる。[13] このとき、タブマンは戦場から一マイルほどしか離れていないところで負傷兵の世話をしていた。

このような勇敢な行動に対し、タブマンが受けとる報酬は白人の半分だった。タブマンはこうした差別にも声をあげ、異議を唱えた。南北戦争が終わると、憲法上、黒人男性は憲法修正第一四条で市民権が保障され、修正第一五条で選挙権に加え、被選挙権も得られ、南北戦争後の約一〇年間に二〇〇〇人の黒人が政治の職に就いた。そうはいっても、白人の多くは、解放された黒人がいっせいに北部にやってきて自分たちの仕事を奪うのではないかという恐怖から、黒人を暖かく迎えいれることはなかった。ある日、タブマンがフィラデルフィアからニューヨークへ向かう汽車に乗っていると、車掌が来て、黒人だからという理由で「煙車両」（黒人、酔っ払いや荒くれ者専用の、汽車の石炭をくべる炉に近い、煙が直接入ってくる車両）に移るように命じたことがあった。彼女が拒否すると、車掌はその肩と腕をつかまえ、座席から立たせようとした。それでも彼女は立とうとしなかったので、二人の白人の乗客の助けを借り、今度は三人でむりやり別の車両に移動させた。タブマンはこのとき、腕を折る重傷を負った。他の白人の乗客たちも彼女に同情を寄せるどころか、車掌たちを応援していたというから、彼女の怒りはいかばかりだったであろうか。一人だけ、若い白人男性が鉄道会社を訴えたらいい、自分が証人になる、と言ったらしいが、その後この男性と連絡がとれず、自分一人では裁判に勝てないと思ったのか、彼女が裁判に訴えたという記録はない。

タブマンは黒人女性だというハンディだけで富を得ることはできず、生活に困窮していた。それを知ったサラ・ホプキンズ・ブラッドフォード（Sarah Hopkins Bradford, 1818-1912）という白人女性作家が、最初は支援のつもりでタブマンの伝記を出版する。[14] タブマンはこの伝記によって一躍伝説的英雄になる。

タブマンの人生はこれで終わりではなかった。なんと一八六九年、二〇歳以上年の若い元奴隷の男性と結婚するのである。庭に鶏や豚を飼育して慎ましい生活をしながら、死ぬまで黒人たちへの支援活動を続けた。残念ながら若い夫との結婚は、彼の死によって二〇年弱で終止符が打たれた。金銭的には恵まれなかったが、オーバーンの自宅のまわりには親族が一緒に暮らし、その親族の子どもや孫に囲まれた晩年の生活は幸せだったにちがいない。七〇代になったタブマンは女性参政権運動にも積極的に参加し、長年苦しんだ頭の怪我による後遺症を治すために手術も受けた。彼女のそれまでの活躍に対する年金も支払われ、おかげで、肺炎で亡くなる九一歳まで生きることができた。

タブマンの汽車車両での出来事が物語っているように、南北戦争後、奴隷という身分はなくなっても、元奴隷、黒人への差別は和らぐどころか、ますますひどくなっていった。南北戦争ののち、一時的に自由市民として平等の権利を得た黒人男性も、一八七七年の「ヘイズの妥協」以降、事実上、選挙権を奪われ、公然と黒人差別を容認する「ジム・クロウ法」に苦しめられる。「ヘイズの妥協」とは、一八七六年の大統領選挙で共和党のラザフォード・バーチャード・ヘイズ（Rutherford Birchard Hayes, 1822-93）候補がサミュエル・ティルデン（Samuel Tilden, 1814-86）民主党候補と選挙人の数で僅差だったうえ、一般票の数では負けていたことから、当時の民主党の地盤だった南部に干渉しない代わりに大統領の座をもらった、裏取引のことである。これによって、南部は南部の生き方を選ぶことになる。南部の諸州はジム・クロウ法で黒人たちの自由を縛ったのだ。「ジム・クロウ」とは白人芸人トーマス・D・ライス（Thomas Dartmouth Rice,1808-60）が顔を黒く塗り、黒人の真似をして歌ったり踊ったりして黒人を小馬鹿にするような演技をする寸劇「ミンストレル・ショー（minstrel show）」を始めたときに、彼が歌った歌の題名だった。「クロウ」はカラスを意味する。黒い肌の黒人への軽蔑が込められた言葉であることは明白で、人種差別を悪いと思っていなかった白人が黒人に対する人種差別法を「ジム・クロウ法」と呼んだのも頷《うなず》ける。そんな時代に市民権も選挙権ももたない黒人女性が差別と闘うのは容易ではなかった。にもかかわらず、勇敢に闘ったタブマンは稀有な存在である。

二〇〇八年に、アメリカ史で最も有名な人物一〇〇人（大

軍隊とともに逃げる奴隷の一行（Timothy H. O'Sullivan 撮影 1862）
John A. Garraty, *The Story of America*, Holt Rinehart & Winston, 1991, p.567

統領とファーストレディを除く）をアメリカ国内の高校生に調査したところ、タブマンはキング牧師とローザ・パークス（第8章参照）に次ぐ三位にランクインしたという。二〇一六年には、女性が参政権を得た一九二〇年から一〇〇周年に当たる二〇二〇年に発行が予定されている二〇米ドル紙幣の肖像に、タブマンが採用されることに決まった、というニュースが日本でも報道された。[15] 紙幣の発行が、いまだ根深い人種の溝を埋める良いきっかけになることを望む。

第2章　南北戦争へと向かう社会のなかで
――ストウ夫人の『アンクル・トムの小屋』

南北戦争さなかの一八六二年、小説『アンクル・トムの小屋』で一躍有名になった「ストウ夫人」、すなわちハリエット・ビーチャー・ストウ（Harriet Beecher Stowe, 1811-96）がリンカン大統領と面会したさいに、大統領は「あなたがその小さなからだでこの大戦争を引き起こした本をお書きになった女性ですね！」と挨拶した、という有名な逸話がある。〔1〕そのくらい、この小説はアメリカの国民、とくに北部の人びとのあいだで読まれていた。

この小説が奴隷制をめぐる感傷的な小説だったこと、そして読者の多くが中産階級の女性だったことは、一九世紀中葉の女性たちがある程度の教育を受けていた証しでもある。それを推進したのは、前章で述べた奴隷解放運動に付随して起こった女性解放運動であろう。この時代、女子教育のための学校や女性教師がたくさん誕生している。ハリエットの姉キャサリン・ビーチャー（Catherine Beecher, 1800-78）もまた、学校の教師として、女子教育に力を注いだ著名人である。ただし、キャサリンは、グリムケ姉妹らのような女性解放運動家とは異なり、あくまでも家政の担い手として子どもの養育に努める賢母を育てることを女子教育の目的としていた。そのため、参政権などの女性解放運動には反対だった。ハリエットも姉の学校で教育を受け、一時教師として働いてもいる。

ハリエットが一八歳のとき、牧師だった父親の教会が焼失する。彼は神学校の校長職を得、家族とともにそれまで住んでいたコネチカット州からオハイオ州シンシナティに移り住む。シンシナティでハリエットはやはり教育者だったカルヴィン・ストウと結婚するが、給料が安かったため、彼女も文筆家として働き、家計を助けた。ケンタッキー州の奴隷の惨状を知った彼女はここで「地下鉄道」の「駅」として逃亡奴隷を匿《かくま》う経験をするが、一八五〇年、夫がニューイングランド、メイン州にあるボールドウィン大学に職を得たため、家族で引越すこととなる。[2] その翌年、ハリエットは奴隷制廃止運動の新聞『ナショナル・イアラ（*National Era*）』紙に『アンクル・トムの小屋』を連載し始める。これが思いのほか反響があり、連載が終わるや否や単行本として出版される運びとなった。単行本は発売されると、初版五〇〇〇部が二日で売り切れ、一年間に三〇万部以上が売れた。おかげで彼女は多額の収入を得ることができ、憧れていたヨーロッパにも幾度か足を運んでいる。しかし、長男は溺死、次男は南北戦争の負傷がもとでアルコール中毒になるなど家庭的には恵まれず、その晩年はあまり幸せではなかったようだ。

『アンクル・トムの小屋』は今日なお、著者のストウ夫人の名前とともに著名な小説として広く知られている。ただ、小説の題名にある「アンクル・トム」が一九六〇年代の公民権運動の高まりのなかで、白人にぺこぺこする黒人を表わす言葉として流布したため、小説自体は今日、かつてほどにはあまり熱心に読まれなくなった。

ここで簡単に『アンクル・トムの小屋』のあらすじを紹介しよう。聖書の教えに忠実な信仰の厚いキリスト教徒のアンクル・トムは最初、ケンタッキー州のシェルビー家で働いていた。ところが、シェルビー家が傾き、トムは売られることになる。売られていく船上でエヴァという娘に気に入られ、娘のたっての願いでエヴァの父親セント・クレアに買いとられる。そこでしばらくは平穏な生活を送るが、エヴァは病死し、セント・クレアも殺されてしまい、トムはふたたび売られることになる。奴隷がこき使われるという評判の深南部に連れていかれたトムは、非情な農園主レグリーに買いとられる。トムは日日拷問に耐えなければならない生活のなかで、信仰心をささえに生きつづけるが、最終的には逃亡を企てた女奴隷の居場所を明かさなかったため、拷問され死んでゆく。その死の間際に、かつての主人シェルビーの跡を継いだジョージがトムを買いもどしにやってくる。しかし、間にあわず、ジョージは死んだトムを埋葬する。

この小説にはじつはトムの話とは別に、もう一つの物語がある。トムとともにシェルビー家から売られることになったエライザという女奴隷の、娘を連れての逃亡劇だ。エライザは「地下鉄道」の「車掌」として奴隷の逃亡を促したハリエット・タブマンやタブマンの逃亡を助けたクエーカー教徒のような人びとに助けられて、その逃亡を成功させる。彼女は混血で、見た目は白人に近いが、やはり同じように混血の夫ジョージ・ハリスと途中で合流し、クエーカー教徒に助けられながらカナダへ逃げのびる。やがて不思議な運命の巡りあわせで、ジョージは離れ離れになっていた姉と、エライザは母親と再会する。ジョージの姉は、彼女を買った主人と西インド諸島で結婚し自由を得ていた。エライザの母親は、レグリーのもとで一時は愛人として囲われ悲惨な生活を送っていた女奴隷のキャシー、すなわち居場所を尋ねられたトムがけっして口を割らなかった、あの逃亡を企てた女性だった。再会を果たした元奴隷一家は揃ってアフリカをめざす。

ジョージとエライザ一家がアフリカをめざすという結末は非現実的にみえるかもしれないが、黒人をアメリカ社会からアフリカに「帰らせる」という政策が一九世紀の初めに白人によって提案されていた。そしてじっさい、一八一七年に創立された「アメリカ植民協会（The Society for the Colonization of Free People of Color of America、通称ACS）」が、自由黒人を体よく追い払うための方策として、一八二二年以降、アフリカ西部のリベリア[3]に彼らを入植させ、共和国を建設させている。ジョージとエライザ一家がおそらくめざすアフリカとは、このリベリアだったと考えられる。しかし、ストウ夫人が物語のなかでこの一家をアフリカに送った意図は、白人が都合の悪い黒人を追い払うという植民協会の当初の狙いに沿ったものではなく、きちんとアメリカで教育を施し、キリスト教化した自由黒人をアメリカから送れば理想的な国家建設が望める、という趣旨だったという。[4]この「キリスト教化」という考え自体、植民者の身勝手な発想であるが、ストウ夫人がこの小説を執筆したころのアメリカではまだ、奴隷やインディアンは野蛮な種族だからキリスト教の信仰を植えつける必要がある、と考えられていた。そんな白人優越主義は、セント・クレアが兄のアルフレッドと議論する場面から窺える。

「ああ、もう止してくれ、オーガスティン（セント・クレア）！　あのクソいまいましい唾棄すべきハイチの話はうんざりだ！　ハイチ人はアングロ・サクソンじゃない。もしそうだったら、話はまた違っていただろう。アングロ・サクソンは世界を支配する民族であり、またそうあるべきなんだ」

「そういえば、この国の奴隷のなかにもアングロ・サクソン系の血がかなりたくさん流れ込んでるよ」とオーガスティンは言った。「彼らのなかには、アングロ・サクソン系の理詰めの意志と洞察力に、南国的な心情と情熱を重ね合わせる程度にアフリカ系の血を混在させている者がたくさんいるんだ」

ダーウィン（Charles Darwin, 1809-82）の進化論からヒントを得て、白人種、とくに「アングロ・サクソン」の遺伝子を優秀だとし、多人種との差を強調する社会進化論が芽生えるのもこの時代である。これはやがて、アングロ・サクソン系白人の優越性をまことしやかに説く「優生学」なる考え方を生みだすこととなる。頭の骨格のかたちの違いで人種を区別する、という骨相学が差別を助長した。ギリシア的骨格をもつアングロ・サクソン系が最も優秀な人種で、骨格の丸いケルト系、すなわちアイルランド人（一八四七年から一九五一年にかけての「ジャガイモ飢饉」と呼ばれるジャガイモの不作で、飢餓にあえぐアイルランド人、約一〇〇万人がアメリカに移民したため、ヨーロッパからの玄関口の東部では黒人の次に脅威とみなされた）はそれより劣り、猿人に近い黒人の骨格はさらに劣るものだとみなすようになる。この社会進化論が二〇世紀においてナチスドイツで利用された、おぞましい歴史を思いかえせば、この一九世紀中葉のアメリカも黒人や他の異教徒たちを迫害し、殺害をも容認した歴史は罪が重いといわざるを得ない。そもそも人間を差別する感情の根底には、恐怖心がある。黒人を自由にすることに反対ではないが、自分たちの領域に侵入されたら恐ろしい、という白人側の思いが、黒人の「リベリア移住」の発想の根底にあり、それが今日なおつづく、さまざまな差別意識につながっている。(5)

この点では限界があるとはいえ、『アンクル・トムの小屋』には奴隷制をめぐる、さまざまな議論もみられ、奴隷解放の考え方の普及に寄与したであろうことはまちがいない。たとえば、エライザの夫ジョージは、「奴隷の母から生まれた私や私のようなものに、どんな国があるっていうんです？ 私たちのためにどんな法律があるっていうんです？ 〔中略〕国や法律が私たちにすることは、私たちを押し潰し、抑えつけることだけです」と訴える。ところがこのジョージの演説に耳を傾けようとする者はいない。ストウ夫人はこの小説のなかで、一八四七年から翌年にかけてオーストリアから独立しようとして失敗した「絶望したハンガリーの逃亡者たち」がアメリカへ渡ってくるのを「アメリカの新聞も内閣も喝采と歓迎とで沸き立つ」のに、どうして国内の奴隷制には無関心なのか、と疑問を呈する。当時の時事ニュースを巧みに取りいれて、奴隷制に関わる現実問題を読者に考えさせる、見事なプロパガンダである。

もちろん、読者の中心は教育を受けることのできた中産階級以上の白人女性だったから、前述のリンカン大統領との面会で語られたという逸話ほどには、この本がじっさいに社会を動かすような力にはならなかった。しかし、敬虔なキリスト者として聖人化されたトムや天使のようなエヴァに共感しながら読み進めるうちに、おそらく身近にいた奴隷に対する読者の恐怖心や偏見は少しは和らいだかもしれない。いっぽう、アメリカという国が自由と平等を謳いながら奴隷をもつという矛盾、そしてそれを正当化する偽善的為政者たちと「市民」である男たちに、怒りをおぼえた女性読者もいただろう。トムを最初に所有していたシェルビー夫人は夫に、「この国の法律のもとで、一人でも奴隷を所有するということは罪悪なんだわ。〔中略〕私が奴隷制を正しいなんて一度だって考えたことがないのは、あなただってご存知でしょう。自ら進んで奴隷を所有しようなんて、一度だって思ったことありませんわ」と言う。南北戦争中、サウスカロライナ州の政治家を夫にもつメアリ・ボイキン・チェスナット（Mary Boykin Chestnut, 1823-86）は、南部の農園主が奴隷の女性に子どもを産ませることに対する非難の言葉をその日記に残している。教養があっても社会参加できない女性たちが奴隷制に疑問を抱き、ときに嫌悪すら抱いていたであろうことは容易に推測できる。

しかし、ストウ夫人は女性の無力を嘆くのではなく、キリスト者として、また家庭婦人として清く正しく生きる姿勢こそが美徳だと説く。トムの死もエヴァの死もイエス・キリストの受難と重ねあわせることにより、全人類のために魂を捧げた殉死と同列となり、その犠牲的な生き方が理想化されている。エライザの逃亡劇も「ヨルダン川を越え……カナンの地」、すなわち「約束の地」にたどりついたイスラエル人のエピソードに重ねられている。白人の男たちが奴隷を単なる物品として売買し、「大きな公共の利益」が絡む奴隷売買を容認しているのに対し（もちろん、セント・クレアの例のように、「できるだけ目をつぶり、心を冷淡にしている以外にない」と、半ばあきらめ気味に容認している南部の男たちもいただろうけれど）、女性たちは情で行動する。エライザをかくまうバード夫人の例のように、奴隷を逃がす「地下鉄道」は、前章に述べたタブマンをはじめ、多くの女性たち、婦人たちの力なくしては実現しなかった。

したがって、ストウ夫人は一九世紀半ばの社会的状況をたんねんに描くというよりは、自分と同じ

「家庭婦人」に求められるべき美徳に重きを置いている。たとえば、次のような一節がある。

北部と同様、南部にも、統率力があり人の適否を見抜いて教育できるような、非凡な能力を持った婦人たちがいる。彼女たちは、厳しい態度など一切示さずに、見るからに易々と、小さな屋敷のさまざまな人間たちを自分の意志に従わせ、調和のとれた組織だった秩序のなかに引き入れることができる。

この一節はセント・クレア夫人に比べ、シェルビー夫人がいかにきちんとした女性であるかを示した文章で、家庭婦人のあるべき姿を凝縮したものだ。

理想化した人間像を描くばかりに、人間が薄っぺらで現実味がない、という批判はあるかもしれないが、こと奴隷制に関してはストウ夫人はかなりの知識を蓄えていた。読者に向かって作者自身が次のように訴える場面がある。

わが国の偉大な人間たちが、ものすごく頑張って、外国の奴隷貿易を糾弾しているのを知らないものなどいない。この問題に関しては、われわれのあいだからも、クラークソンとかウィルバーフォースといったような、本当に立派な人物たちが立ち現れてきている。彼らの行為を見たり聞いたりするのは、非常に啓発的である。読者の皆さん、アフリカから奴隷を買うなんて、本当に恐ろしい！　そんなことは考えるべきではない！　ところが、どうだろう、奴隷をケンタッキー州から買うということになると、話はまったく違ってきてしまうのである！

ウィルバーフォース（William Wilberforce, 1759-1833）もクラークソン（Thomas Clarkson, 1760-1846）もイギリスの奴隷制廃止論者で、イギリスはアメリカよりも早く、一八三三年に奴隷制を廃止して奴隷を解放している。アメリカでも第三代大統領となったトマス・ジェファソンが、一八〇八年に奴隷貿易を禁止する法律を発効するが、奴隷貿易に終止符が打たれるのは一八五五年のことである。『アンクル・トムの小屋』が書かれ、世に出たころはまだ、南部を中心に国内での奴隷売買が存続していた。

また、この小説にはセント・クレアが、北部からやってきた従姉オフィーリア嬢に次のような意見を言う場面もある――

私たちには、個人的な偏見の感情がないんです。北部を旅したとき、南部よりいかに北部の人間のほうに、こうした偏見の感情が強いかってことをしばしば気づかされましたよ。あなた方は蛇やガマガエルを嫌うように、黒人を嫌っています。それでいて、彼らの権利が侵害されていると言って、腹をたてる。彼らを虐待はしないけれど、あなた方自身は彼らと関わりを持とうとしない。あなた方は彼らをアフリカに送ってしまい、見たり嗅いだりしないですむようにする。

このセント・クレアの北部人の分析からは、奴隷制廃止を唱える北部人のあいだでも黒人に対する偏見が非常に強かったことが窺える。じっさい、セント・クレアが言うように、北部の人間はかならずしも黒人に親切だったわけではない。むしろ黒人を嫌っていたといってもよい。たとえば「奴隷解放の父」とされるエイブラハム・リンカンだが、逃亡奴隷から自由黒人となって奴隷解放に努めたフレデリック・ダグラスに面会したさいに、白人と黒人とは「別れていたほうがお互いのため」になる、と言ったという。〔6〕最近の研究では、独立戦争のころ、新大陸で最も多くの奴隷を抱えていたのがニューヨークで、この町の家庭の四〇パーセントが奴隷を所有していた。奴隷廃止運動が促進されていく北部の歴史のなかでこの事実が忘れ去られていったという。〔7〕ストウ夫人は、奴隷制が廃止されてもこうした偏見がある限り、本当の平等は実現しない、と考えていたのだろう。小説のなかで読者に向かって、「北部の男たちや母親たちやキリスト教徒たちは、南部の同胞を責めるとともに、それ以上のことをなすべきである。自らのうちに巣くう悪を、まっすぐ見据える必要がある」と訴え、奴隷を解放したのちにアメリカ人がなすべき義務と責任、教育の必要性を説く。

『アンクル・トムの小屋』からは、ストウ夫人が大変な教養人だったこともわかる。バニヤン（John Bunyan, 1628-88、代表作は『天路歴程』）やシェイクスピア（William Shakespeare, 1564-1616）、ミルトン（John Milton, 1608-74、代表作は『失楽園』）などイギリスの古典文学への言及も多い。当時の女性の教養の高さを物語る。だが、そうした文学が小説のなかで芸術的に昇華されているかといえば否である。少少説教臭さが鼻につくこの小説が読者の感情を揺さぶるのは、シンプルで型にはまった登場人物が出逢う冒険であり、信心深く志の高いエヴァやトムがキリストのように死んでいく物語の展開だ。家庭で過ごすことが多く、信仰心の厚い中産階級の白人の家庭婦人が求めるファンタジーがそこに凝縮されている。

しかし、『アンクル・トムの小屋』を楽しんだのは教養ある家庭婦人だけではなかった。文字が読めない人たち、教育をじゅうぶんに受けていない人びとにも浸透していく。今日でもいえることだが、小説が売れると、それを芝居にしたいと思う人たちもいて、またたく間に『アンクル・トムの小屋』の戯曲化が進められ、小説が出版された一八五二年に、すでにいろいろな脚色が誕生した。ただし、ピューリタンの伝統においては、演劇は俗悪なものとする偏見もまだ根強く、作者のストウ夫人は芝居として上演されることを拒んだという。[8] しかしながら、今日のように著作権がまだうるさくない時代のこと、作者の許可なく上演は進行した。そのなかでも筋の展開という点では比較的原作に忠実なジョージ・L・エイケン（George L. Aiken, 1830-76）の脚本は、彼が所属するニューヨーク州トロイ市にあるトロイ・ミュージアム劇場において同年九月二七日から一二月一日まで一〇〇回上演された。人口三万の小都市でこれだけの公演数をこなしたということは、いかにこの作品が大衆の感動を呼ぶものだったかを証している。さらに一八五三年七月一八日から翌年の五月一三日までの約一〇ヶ月間、マンハッタン

1901 年上演の『アンクル・トムの小屋』の舞台
（エライザが川を渡る場面）
John W. Frick, *Uncle Tom's Cabin on the American Stage and Screen*, Palgrave Macmillan, 2012, p.155

のナショナル・シアターでも上演されたというから、その人気の高さは相当なものだったことが窺える。舞台の成功に目をつけ、「トム劇団」を名乗る、『アンクル・トムの小屋』だけを専門に上演して全国を回る巡業劇団も組織され、一九世紀終わりまでに「トム・ショー」の数は五〇〇にものぼったという。[2]

六幕二八場から成るエイケンの『アンクル・トムの小屋』は、短い場面が次から次へと移り変わり、舞台背景も一九世紀の劇場の舞台転換を使い、変化に富んだ作品になっている。この時代の「メロドラマ」の流行に合わせて、作品もそうした劇を好む観客向けに書きかえられた。「メロドラマ」とはもともと「メロディ・ドラマ」から派生した用語で、視覚的な仕かけだけでなく、舞台上で起こる危機的状況やサスペンス、死の悲しみや天上の喜びなどを音楽で盛りあげるのがその特徴である。エイケンの劇場版『アンクル・トムの小屋』の第一幕の終わりで、娘のハリーを抱えたエライザが氷の上に乗って川を渡る場面は、まさに観客をハラハラドキドキさせる一大スペクタクルだった。第二幕の終わりでは、エライザとハリーに再会できたジョージが三人で岩山の上まで逃げたところを追っ手が来て銃を撃つ。三人は銃弾をすり抜けるが、このスリリングな場面はまるで西部劇の一場面のようだ。第三幕の終わりでは、エヴァがトム、オフィーリア、父親に見守られながら厳かに死んでゆく。第四幕の終わりでは、銃で撃たれたセント・クレアがエヴァを追うように死んでゆく。このように劇場版の『アンクル・トムの小屋』は第四幕まではスペクタクルと、人が亡くなる場面がそれぞれの幕のクライマックスに置かれ、観客の感情を揺さぶるように構成されている。

他方で観客の笑いを誘うことも忘れてはいない。エイケンの劇には、原作には登場しない、オフィーリア嬢の甥だと称する男キュートが道化役として現われる。キュートは終始オフィーリア嬢に付きまとう。彼は、オフィーリア嬢を妻にしたいと思っていた教会執事ペリーの邪魔を始めたため、第五幕の最後では、オフィーリア嬢付きの女中トプシーに箒《ほうき》でたたかれる。逃げたキュートが転ぶと、トプシーは彼の上にのしかかり、たたきのめす。この一部始終を見ていたオフィーリア嬢は気絶し、ペリーの腕のなかに倒れこむ。ドタバタもまた、メロドラマで客を楽しませる手法の一つで、これまた芝居の見せ場である。最後の六場では、セント・クレア殺人罪でレグリーを逮捕するつもりのマークス刑事にキュートが付きまとう。殺人を種にレグリーから金を巻きあげようという魂胆だ。しかし、いざレグリーと対面すると、レグリーがマークスに殴りにかかる。マークスが避けた拍子に、キュートがその一撃を喰らう。キュートは最後までぶざまな狂言まわしで終わる。メロドラマではキュートのような道化が欠かせない。原作とは異なり、レグリーは結局、マークスの銃に撃たれて死ぬ。レグリーに殺されかけていたトムはジョージ・シェルビーに抱きかかえられて登場し、その腕のなかで死ぬ。死んだキリストが聖母に抱きかかえられたピエタを連想させる。天使となったエヴァが差しだす両手の先にセント・クレアとトムがひざまずき、エヴァを見あげているところで幕が下りる。[10]

原作同様、神の恩寵で終わるとはいえ、エイケンの『アンクル・トムの小屋』では、奴隷制やキリスト教についての議論はほとんど皆無に等しく、原作ほど説教めいたところはない。しかし、白人の観客が好みそうな、単純明快な道徳的なメッセージを発している。[11] 一九世紀半ばの劇場の観客は小説を読む層に比べ、字の読めない下層階級の人びとや移民も多かった。たとえば、ニューヨークのバワリー劇場の観客は「機械工、若い造船技師、二輪車を扱う運搬人、肉屋、消防夫」、あるいは「工場労働者、店員、売春婦」であふれていたという。[12] 単純な場面展開、トプシーやキュートのような道化的人物の挿入、追っ手に対し岩山の上で演説をしてしまうジョージ（エライザの夫）のように、正義感にあふれる人間が悪人と対峙する場面、レグリーの死によって達せられる勧善懲悪は、いずれも大衆受けするメロドラマならではの特徴だ。エイケンの『アンクル・トムの小屋』は、まさにメロドラマの模範のような作品なのである。

おまけにこの時代、舞台上に黒人俳優が登場するのはご法度だった。一九世紀の巡業劇団をモデルにしたミュージカルに『ショーボート（*Show Boat*）』（1927）という作品があるが、白人娘の恋物語と並行して、劇団の看板女優が黒人との「混血」だったことが発覚して船を下りるという場面がある。黒人が舞台に立てないため、黒人の役が必要なときにはすべて白人が顔を黒く塗って演じていた。一九世紀半ばには白人が顔を黒塗りにして黒人を小馬鹿にするような演技をして笑わせる、「ミンストレル・ショー」が流行する。とくに南北戦争以降、移民が流入してくると、奴隷のようにこき使われる労働者たちの娯楽として盛んになる。白人移民労働者らは、自分たちよりも虐げられている人間たちを笑うことによって自尊心を保つ、そういう効果があった。したがって、舞台上に「黒人」を演じる白人が登場した時点で、観客はその「黒人」を見下しながら見ることになる。ことにエイケンの『アンクル・ショーの芸人によっては、いたずら好きでおてんば娘の黒人奴隷トプシーがじっさいにミンストレル・ショーの芸人によって演じられ、舞台のヒットに貢献した。原作では従順でまじめで善良なトムですら、顔を黒く塗った白人が演じ、舞台上で歌を歌えば、観客には芸を披露するミンストレル・ショーの芸人に見えた。要するに、舞台劇になった時点で、小説でストウ夫人が少なくとも意図したであろうキリスト者的かつ人道主義的側面は完全に剥ぎとられ、白人大衆向けのエンターテイメントに変容してしまったのである。さらにいえば、「トム・ショー」は勝手にひとり歩きし、原作とは無関係なミンストレル・ショーを指すようにもなったという[13]。

芝居になって『アンクル・トムの小屋』が庶民の娯楽作品になったわけだが、かといって原作の小説がかならずしも教養人向けの小説だったというわけではない。今日以上に白人男性中心の社会だった一九世紀中葉のアメリカで、ストウ夫人のような女性作家が次つぎに登場し、「感傷小説」と呼ばれるジャンルを形成し、多くの読者を惹きつけていた。今日でいう「大衆小説」を牽引していたのは女性作家たちだといっても過言ではなかった。その勢いは、『緋文字（*Scarlet Letters*）』（1850）の著者で知られる、一九世紀アメリカを代表する文豪ナサニエル・ホーソーン（Nathaniel Hawthorne, 1804-64）の反応からも窺うことができる。ホーソーンは大衆を惹きつけている女性作家らを嫉妬して、こう嘆いた――「アメリカは、今や、いまいましい物書き女どもの大集団に制圧されてしまった。大衆が、あの女どもの手になるくだらない作品を喜んでいる限り、私に成功の望みはないし、成功したら恥ずかしいと思うだろう」[14]。

しかし、市民権もない女性がものを書いても、ほんとうの意味で社会を動かすだけの力はもちえなかった。奴隷解放といえども、男たちとともに運動の先頭に立つということはまだまだむずかしかった。多くの男たち、そして為政者らの心を動かしたのは、ストウ夫人に代表される女性作家ではなく、「超絶主義者（transcendentalist）」と呼ばれる当時の教養あふれる男性文筆家たちだった。農本社会だったアメリカで尊敬されていたのは、牧師や思想家、文筆家といったインテリの男性たちだったのである。

言いかえれば、一九世紀の政治に影響力をもつほどにアメリカ社会で中心的な役割を果したのは、ラルフ・ウォルドー・エマソンやヘンリー・デイヴィッド・ソロー（Henry David Thoreau, 1817-62）といった人びとである。ストウ夫人はこれらの「超絶主義者」に言及し、皮肉たっぷりにシェルビー氏に次のようなコメントをさせている。

「いいかい、お前（シェルビー氏の妻）はいつも勇敢で超絶主義者のように考えている」とシェルビー氏は言った。「でも、ドン・キホーテみたいな観念的な行動をする前に、よく考えてみたほうがいいと思うよ」

「ドン・キホーテみたい」に観念的で現実味の欠けた超絶主義者は自ら行動を起こさずとも、社会を扇動するだけの力をもっていた。超絶主義者も牧師もみな北部では奴隷廃止を訴え、北部人を扇動していった。牧師のなかには、奴隷制がこのまま続くよりは、「奴隷所有者が全滅し、撃ち殺された方がはるかにましだ」、「奴隷所有者はいずれも生きる権利を失っている」と説く者もいた。[15]この北部の人たちのいわば極端ともいえる考え方が南北戦争に発展する。その極端な考え方の持ち主の一人に、ジョン・ブラウン（John Brown, 1800-1859）という男がいた。一八五九年一〇月一六日、狂信的な奴隷廃止論者のブラウンは、黒人五人を含む二一人とともにヴァージニア州ハーパーズ・フェリーの武器庫を襲撃する。南北戦争勃発の引き金になった事件だ。これはいわば今日でいうところの「テロ」である。したがって、彼はテロリストとして裁かれることとなった。ところが、一八五九年の一二月二日、彼が処刑されると、北部の奴隷解放論者たちはこぞってブラウンをキリストのような殉教者だったと称えはじめる。ブラウンの処刑は、国家に対する反逆罪ゆえの正当な処置だったにもかかわらず。ブラウンを礼賛する牧師たちは、「反逆」という言葉を「神聖」、「輝かしい」という意味にすりかえてしまったのだ。エマソンはブラウンを「受難を待ち受ける新しい聖人」と呼び、「処刑台を十字架のように輝かしいものにするだろう」と語った。ソローもまた、「彼は光の天使だ」と言いきった。奴隷を解放するための活動に賛同し逃亡奴隷をブラウンに紹介したこともある、かのタブマンも、黒人のために人生を捧げたブラウンは「けっしてひるむことなく、最後まで勇敢だった」と述べている。要するに、北部の多くの奴隷廃止論者がこのテロリストの行為を肯定的に受けとめ、絶賛したのだ。[16]

こうした北部の人びとの動きに対し、奴隷なしでは経済的に成りたたない南部は反発せざるを得なくなる。ついに一八六一年、南部七州が連邦を脱退し、さらに四州が加わり、アメリカは北部と南部に二分されることとなる。一八六一年四月一二日には、サウスカロライナ州のサムター要塞を南軍が攻撃したのがきっかけで南北戦争が始まる。このあと、ヴァージニア州アポマトックスで北軍の指揮官ユリシーズ・グラント将軍（Ulysses Grant, 1822-85、第一八代大統領）と南軍の指揮官ロバート・E・リー将軍（Robert Edward Lee, 1807-70）が握手をして戦争を終結するまでの四年間、南北合わせて六二万人という死者

大砲を使用する兵士たち（南北戦争にて）
Clifton Daniel, *Chronicle of America*, Simon & Schuster, 1989, p.370

を出す、アメリカ史上最悪の内戦が繰り広げられるのである。

　この内戦、結果は北部の圧勝だった。戦争で必要な軍服から武器まで、短時間に大量生産するための技術が開発された北部では工業が発展し、綿織物工場も数多く作られ、イギリスに依存することなく自給生産が可能になるのも南北戦争以降である。リンカンが望んだ「国家の統一」が成しとげられ、連邦通貨ができた。州権よりも連邦が強くなったおかげで大陸横断鉄道も敷かれ、物資も広範囲に流通するようになった。しかし、負債を抱えた南部は北部にとって重荷でもあった。リンカンが暗殺されて一一年後、「ヘイズの妥協」以降、連邦軍を南部から撤退させ、南部の自治を認めてしまう。リンカンのもう一つの悲願だった、黒人奴隷を自由にし、「四〇エーカーの土地と一頭のラバ」を配給するという約束は果たされず、南部では解放されたことも認識していない元奴隷が「分益小作人（sharecropper）」として、そのままもとの主人のもとでこき使われていた。北部でも自由黒人はかならずしも白人と同じ地位につけたわけではない。差別はなくなることなく、二〇世紀までもちこされる。いや、残念ながら、二一世紀の今なお人種の壁は完全に撤廃されたとはいいがたい。それどころか、トランプ大統領の登場で、人種差別的言動も容認されるような空気さえ漂ってしまっている。

第3章　アメリカの侵略戦争を批判する
——H・D・ソローの『市民的抵抗』、マーク・トウェインの「戦争の祈り」、E・オニールの『皇帝ジョーンズ』

アメリカ最初の侵略戦争、すなわち外国の土地で戦った戦争はアメリカ・メキシコ戦争（The Mexican War, 1846-48）である。一八二一年にスペインから独立したメキシコは、テキサスが合衆国とのあいだの緩衝地帯として経済的な利益をもたらすにちがいないと期待して、アメリカ人に対し移住を促した。その結果、一八三〇年代までに二万人のアメリカ人と二〇〇〇人の奴隷がテキサスに移り住む。ところが、メキシコ政府はそのテキサスにサンタ・アナ将軍（Antonio López de Santa Anna, 1794-1876）を送りこみ、アメリカからの移民を抑圧し始める。将軍は改革と称して、アメリカ移民に対し、カトリックへの改宗を求めたり移住する地域を制限したりした。不満を募らせたアメリカ人たちは一八三六年三月、蜂起する。ところが、すぐに鎮圧されてしまう。しかし、メキシコから独立してアメリカに併合されたいと願うアメリカ人住人らは、やがて第一〇代合衆国大統領ジョン・タイラー（John Tyler, 1790-1862）に支援を求め、テキサス共和国の大統領サミュエル・ヒューストン（Samuel Houston, 1793-1863）の指揮のもと、一八四五年一二月、「テキサス併合（Texas Annexation）」を実現し、アメリカ連邦に加盟する。

おりしもジェイムズ・ノックス・ポーク（James Knox Polk, 1795-1849）が第一一代大統領に就任する。彼はまず、イギリスとの交渉を進め、オレゴン条約を締結し、北アメリカ北西部をイギリス領カナダと分けあうかたちでオレゴンをアメリカの領地とする。さらにカリフォルニアとニューメキシコを獲得しようとメキシコと交渉するが、うまくいかず、ポークはホィッグ党議員の反対をよそに独断でメキシコと戦争を始める。一八四六年四月、戦争の火ぶたは切られ、アメリカ軍はサンタ・アナ将軍の一万五〇〇〇人の軍隊に勝利する。一八四八年二月には、敗戦したメキシコとグアダルーペ・イダルゴ条約を締結。この条約によって、リオグランデ川を国境と定め、カリフォルニアとニューメキシコを含む南西部を一五〇〇〇万ドルで購入した。その結果、現在のアラスカ（一八六七年にロシアから買収し、一九一二年に合衆国の準州となる）とハワイ（一八九八年の併合ののち、一九〇〇年に合衆国の準州となる）、および一八五三年に購入が終結するアリゾナ南部を除く、現アメリカ全土を獲得することとなった。メキシコはといえば、領土の約半分、資源豊富な土地と約五万人の人口を失った[1]。

じつはこのアメリカ・メキシコ戦争では、ポークが当初思っていたよりも苦戦し、徴兵と莫大な戦費調達に苦慮した。一八四六年の議会でポークは戦争の正当性を強調するが、反戦の意義申し立ても強く、「（大統領は）アメリカ国民に嘘を信じさせようとして真実を狡猾に捻じ曲げた」とも批判される[2]。一八四八年一月には、下院議会が、この戦争は憲法違反に当たるとし、メキシコからの米軍の撤退を求め、僅差で撤退賛成派が勝利する。こうした動きをあと押ししたであろう識者の一人がヘンリー・デイヴィッド・ソローである。彼はこの当時課された人頭税を支払わず、投獄されるが、伯母が税金を肩代わりしてくれたおかげで翌日には出所する。そのいきさつや非暴力による抵抗という考えを「市民的抵抗（*Civil Disobedience*）」（1849）という論文にしたためる。[3] ソローは論文のなかで、「国のために奉仕する兵士たちは、主として人間としてではなく、身体をもつ機械として奉仕している」がゆえに「馬や犬」と何ら変わらない、と痛烈にアメリカ政府が課した徴兵制を批判する。さらに、西部の土地の拡張は奴隷制の拡大と同義だとし、「奴隷制と戦争に反対している人びとは何千といるのに、それらに終止符を打つことができないでいる。自らをワシントンやフランクリン（Benjamin Franklin, 1706-90）の子孫だと評価していながら、両手をポケットに入れて座っているだけで、どうしてよいかわからない、なにもできない、とほざいている」と政府要人らを非難した。政府の無策に怒りをおぼえるソローの言葉の端ばしから窺われるのは、反戦や奴隷制廃止を願う人びとのあいだに漂う無力感である。アメリカの大統領がポークのように、あるいは近年ではジョージ・W・ブッシュ（George W. Bush, 1946-　）のように、さらにはドナルド・トランプのように、周囲の反対を押しきって強硬に自分の主張を押しとおそうとする場合、それについていく国民とそうではない国民とのあいだに大きな亀裂が生まれる。この亀裂はメキシコ戦争のあと、奴隷制をめぐって国が南北に分裂し、四年間におよぶ内戦（南北戦争）に至るまで、じょ

メキシコ戦争に向かうアメリカ兵
Clifton Daniel, *Chronicle of America*, Simon & Schuster, 1989, p.326

じょに広がっていく。

ポークが戦争を停止しなかった結果、アメリカ・メキシコ戦争はアメリカが戦った戦争で最も致死率が高く[4]、多くの死者が出た。この戦争は「ポークの戦争」と言われるほど、彼の独断は当時も今もアメリカ国民に受けいれがたいものとされている。かといって、彼が戦争をすると言わなければ戦争にならなかったかといえば、それもまたありえない。アメリカ人がメキシコの一部を自分たちの領土とするかぎりにおいて、メキシコと対戦せざるを得なかったからだ。また、ポークによる徴兵制度の確立が、国家主導で「アメリカ軍」を組織するのを可能にし、この戦争でアメリカが勝利したことにより、国民が一致団結して闘う自信を得たのは疑いのない事実である。そして、この戦争のときから電報が発明され、エーテルによる怪我の治療もできるようになり、より「人間らしい」戦い方が可能になった。その意味では、この戦争によって、南北戦争に向けて戦う準備ができたのだともいえる。もちろん、同じ国民が敵と味方に分かれて戦うということをアメリカ国民が望んでいたわけではない。南部と北部の経済的な利害関係の違いから、やむをえず南北戦争という内戦に突入せざるを得なかったのである。

アメリカ・メキシコ戦争で力をつけ、さらに南北戦争で軍事的にも経済的にも世界的な国力を身につけると、アメリカは「民主主義」を売り物にして他国を征服しようと侵略戦争を繰りかえすようになる。ことに「他国」に目を向けはじめる要因は、開拓が必要な西部地域、すなわちフロンティアが消滅したことにある。その象徴的な出来事が一八九〇年一二月二九日に、二〇〇人を超えるスー族（インディアンの部族）を連邦政府軍が殺害した、「ウーンデッド・ニーの虐殺（Wounded Knee Massacre）[5]」だ。同時に、国内的には干ばつによる農村被害、それに続く一八九三年の金融恐慌によって南部や中西部の銀行の破綻で失業者があふれ、低賃金の労働者たちはストライキや暴動に走った。こうした低迷する国内経済の建てなおしの必要性から、海外市場に目が向けられた。国内経済の安定を図ろうと、共和党下院議員だったウィリアム・マッキンリー（William McKinley, 1843-1901）は、保護貿易を唱え、他国に対し高い輸入関税をかける「マッキンリー関税」の導入を訴え、金本位制を唱えた。彼は一八九七年に第二五代大統領となると、高率関税法案を可決させる。おかげで、アメリカは経済的に繁栄し、国民も自信を取りもどすことができた。

同時にこのころ、「明白なる宿命」という考え方にあと押しされた帝国主義的行動も正当化され、「新たなフロンティア」を開拓するために、インディアン征伐をした同じ人びとが海外支配をもくろみはじめる。勇ましく敵と戦う白人男性中心主義のマッチョな文化が理想とされ、女性差別や非白人への差別が助長された。差別が顕著に現われたのは一八九三年、シカゴで行なわれた世界博覧会である。産業技術を展示し、白人男性の優越性を強調する「ホワイト・ウェイ」が、未開の文化を紹介する「ミッドウェイ遊園地」と完全に区別され、「ホワイト・ウェイ」では女性や有色人種の貢献が無視された。

ついに一八九八年、アメリカはスペインに対し、戦争を仕かける。いわゆるアメリカ・スペイン戦争（The Spanish-American War, 1898）である。スペインといってもスペイン本国を侵略するのが目的ではなく、スペインの植民地をいわば横取りするための戦争だった。一九八九年二月一五日、アメリカ軍は独立をもくろむキューバの反乱軍を支援し、スペインを敵にまわしていた。おりしもグアンタナモ湾を占領するためにハヴァナ港に停泊中のアメリカの軍艦メイン号が爆破し、二六二名の水兵らが死亡したのをきっかけにスペインとの戦争が始まった。このころ、新聞の部数拡張競争でセンセーショナルな記事を掲載する「イエロー・ジャーナリズム（Yellow Journalism）」[6]が流行する。その一つ、ウィリアム・ランドルフ・ハースト（William Randolph Hearst, 1863-1951）が創刊した『ニューヨーク・ジャーナル（*New York Journal*）』紙は、ジョゼフ・ピューリツァー（Joseph Pulitzer, 1847-1911）が創刊した『ニューヨーク・ワールド（*New York World*）』紙に負けまいと、メイン号の爆破はスペイン軍が魚雷を仕かけたせいだと断定し、一面に「リメンバー・ザ・メイン！（メイン号を覚えてろ）スペインなんて糞くらえ！」という見出しを載せ、読者の反スペイン感情を煽った。爆破の要因はいまだにあきらかではないが、じつはスペインが仕かけたものではなく、なんらかの理由で船内の武器庫が爆破したというのが事実らしい。

イエロー・ジャーナリズムがらみで、アメリカ国民の反スペイン感情を助長したもう一つのフェイク・ニュースがハーストのもとでもくろまれた。それはキューバの独立運動指導者の一人オーガスティン・コシオの娘エヴァンジェリナ・コシオ・イ・シスネロス（Evangelina Cosio y Cisneros, 1877-1970）をハヴァナの刑務所から救いだし、悲劇のヒロインに仕立てあげるというものだった。エヴァンジェリナは父や他の家族とともにスペインの監視下に置かれていた。彼女がその苦情を言いにスペイン統治者のもとに行ったところ、自分に気があるせいだと思いこんだ統治者はある晩彼女のもとにやってくる。驚いたエヴァンジェリナは抵抗する。統治者は一時革命軍に捕らえられるがスペイン軍に救われ、エヴァンジェリナのほうは革命を企てたとしてスペイン軍に捕らえられる。そんな彼女の救出を試みたアメリカ側の作戦を『ニューヨーク・ジャーナル』紙はまことしやかにでっちあげ、スペインの非情さを煽った。しかし、じっさいは刑務所に賄賂を渡してエヴァンジェリナをアメリカに連れてきたにすぎない。こうして捏造されたニュースでメディアを味方につけたアメリカ政府は、スペインとの戦争を正当化していく。これは二〇〇一年九月一一日の同時多発テロのあと、ときのジョージ・W・ブッシュ第四三代大統領がメディアの力を借り、イラクのサダム・フセイン（Saddam Hussein, 1937-2006）を悪者に仕立て、イラク戦争（Iraq War, 2003-2011）を正当化したときと同じ構図である。一世紀の時を経てもなお同じことがメディアを通して繰りかえされているのだ。

アメリカ・フィリピン戦争で武器を運ぶアメリカ軍兵士
John A. Garraty, *The Story of America*, Holt Rinehart & Winston, 1991, p.766

こうしてスペインとの戦争を都合のよいように正当化し、キューバを支配下に置いたアメリカは、すでにスペインから自治権を得たばかりのプエルトリコも占領する。また、太平洋の西部ではアメリカ海軍がスペイン艦隊を攻撃し、グアム島を占領し、さらにマニラを占拠すると、二〇〇〇〇〇〇〇ドルでフィリピンを購入。しかし、このフィリピンを統治下に置くまでには、スペインのみならず、独立運動を展開していた地元のフィリピン人をも制圧しなければならなかった。一八九九年に始まったこのアメリカ・フィリピン戦争（Philippine-American War, 1899-1902）は、じっさいには一九一三年まで一〇年以上に及ぶ。その間、アメリカ軍の多くの残虐な行為が報道された。イラク戦争中、アメリカ軍による捕虜に対する拷問やキューバのグアンタナモ基地に収容されたテロリストと疑われた人びとへの非人間的な仕打ちが問題視されたが、一〇〇年前のフィリピンでの戦争で行なわれた拷問や現地人の強制収容（拒んだ人びとはただちに銃殺された）もそれはひどいものだった。しかし、そうした事実は隠蔽され、この戦争は「白人の忘れられた戦争」[7]と呼ばれている。

キューバの革命と同じように、フィリピンもこのころ、スペインから独立しようとしていた。その革命を指揮していたのはエミリオ・アギナルド（Emilio Aguinaldo, 1869-1964）で、彼はスペイン軍をマニラ市内に追いつめると、フィリピンの独立を宣言し、一八九九年一月にフィリピン共和国の初代大統領に就任する。彼はアメリカ軍が自分たち革命軍を支持し、救世主としてフィリピン国民を解放してくれるものとばかり思っていた。ところが、領土拡張を狙うアメリカはアギナルド率いるフィリピン軍に対し、一二万六〇〇〇人の兵を派遣し、制圧してしまう。このアメリカ・フィリピン戦争で、アメリカ軍の戦死者四三三四人に対し、一万六〇〇〇人のフィリピン兵が戦死し、二五万から一〇〇万人の市民が死亡した。アメリカ軍はインディアン征伐と同じく、フィリピン人を殺戮することに抵抗がなかった。現地の人びとはアメリカ兵に「ニガー」と呼ばれ、北アメリカの先住民や黒人奴隷と同じ野蛮人だとみなされた。アメリカの大統領マッキンリーは、過去にアメリカ先住民に対して行なったように、「フィリピン人を教育し、向上させ、文明化し、キリスト教化する」と述べたという。また、アギナルドは「ならず者の山賊」と呼ばれ、一九〇一年にアメリカ軍によって捕らえられた。じっさいは、フィリピンを解放するという約束を裏切ったアメリカのほうが「ならず者」であったにもかかわらず。その後もゲリラ戦は続くが、暗殺されたマッキンリーの後任の大統領に就任した元副大統領のセオドア・ローズヴェルト（Theodore Roosevelt, 1858-1919）は翌年の七月、一方的に「フィリピン内乱」の終結を宣言する。その後、フィリピンはアメリカの支配下に置かれ、さらに第二次世界大戦（World War II, 1939-45）中には日本による植民地支配という憂き目に会う。スペイン、アメリカ、日本と次つぎに支配されたフィリピンが、他のアジア諸国以上に文化的財産を奪われつづけたという過去の歴史を忘れてはならない。

もちろん、アメリカ国内には、ソローがアメリカ・メキシコ戦争を批判したように、相次ぐ侵略戦争に反対する人びとがいた。彼らはアメリカ政府主導の帝国主義的行動に強く反対し、一八九八年六月、反帝国主義連盟（Anti-Imperialism League）を組織し、帝国主義はアメリカ建国の理念に反する行為であると訴えた。連盟には民主党の元大統領グローヴァー・クリーヴランド（Grover Cleveland, 1837-1908、第二二代、二四代大統領）も名前を連ねていたほか、ウィリアム・ディーン・ハウウェルズ（William Dean Howells, 1837-1920）やヘンリー・ジェイムズ（Henry James, 1843-1916）、アンブローズ・ビアス（Ambrose Bierce, 1842-1914?）、マーク・トウェイン（Mark Twain, 1835-1910）、といった当時の文壇の大御所が参加し、政府を批判する文書を作成した。このうち、『トム・ソーヤーの冒険（*The Adventures of Tom Sawyer*）』（1876）や『ハックルベリー・フィンの冒険（*The Adventures of Huckleberry Finn*）』（1884）などの小説で知られるトウェインは、一九〇〇年から一九一〇年にかけて、この連盟の副会長として新聞記事やエッセイで、アメリカ政府の帝国主義的な行動を厳しく批判する。政府がスペインから解放するという名目でじつは元スペイン領を植民地にしている、と。とりわけフィリピン占領に対する非難は厳しかった。[8] ただし、ストウ夫人が『アンクル・トムの小屋』のなかで、一九世紀中葉のアメリカの白人は、オーストリアからの独立に失敗したハンガリー人に同情を抱きながら、自国の黒人奴隷には冷たい、と非難したように、トウェインも遠いアジアの人びとに深い同情を示しながら、国内の人種差別や移民差別にはあまり関心を払っていなかったらしい。

そうした限界はあるものの、トウェインが説いた反帝国主義、反戦の文章は一世紀を経た今でもけっして色あせていない。そこには、今日でも耳を傾けるに足る強い反戦メッセージが込められている。とくに短編小説「戦争の祈り」("The War Prayer")(1923)には、戦地に送られる兵士への思いや嘆きが綴られている。短編はアメリカのある教会での出来事が舞台になっている。教会で牧師と信者が、兵士を戦地に送りだそうと長い祈りと説教を捧げていると、そこに「全能の神からのことづて」を携えてきたという見知らぬ男が現われる。男は、牧師らが勝利を祈り、兵士の無事を祈る言葉は、戦う相手側の兵士を傷つけ、血に染め、敵地を襲撃することをよしとし、敵陣の兵士の家族を悲しみに陥らせ、路頭に迷わせることを願っていることになる、と説く。短編は、「あとになって、あの男は狂人だったのだと考えられた。男の言ったことには、まったく意味もなかったのだから」という文章で閉じられている。[9] まさにその言葉どおり、作家トウェインのメッセージもまた正気の沙汰とは思われなかったのだろう、この短編は一九〇五年に執筆されたものの、どこの出版社からも出版の承諾が得られないまま、数年後にトウェインは亡くなってしまう。一九二三年にようやく日の目を見るが、そのあいだには第一次世界大戦（World War I, 1914-17）もある。

この短編の舞台が教会だというのも示唆的である。半世紀前の南北戦争で、北部の奴隷解放論者たちが牧師という職業にありながら、「奴隷所有者が全滅し、撃ち殺され」ればいい、という極端な北部人の考え方が南北戦争を助長したことが思いかえされる（本書第2章参照）。戦争による敵の死を神の御業として受け入れてしまうキリスト教会やキリスト教信仰が、トウェインの見事な筆致で皮肉られている。しかも、もしトウェインの非難の矛先がアメリカ・フィリピン戦争にあるとすれば、カトリック教会やその信徒を敵にまわして戦った戦争でもある。宗派の違いで敵味方を区別していたのだろうか。だとすれば、トウェインは今日なお宗教の違いで争いが絶えない人間社会の不条理をも浮かびあがらせていないだろうか。

しかし、「戦争の祈り」には、トウェインが非難している戦争がアメリカ・フィリピン戦争であるとはひと言も書かれていない。つまり、どんな戦争であっても、敵と味方に二分されれば、誰しも自分が所属する側の勝利を祈り、敵の無惨な敗北を祈るという、普遍的な人間の身勝手さを非難しているのである。この短編は、「残念ながら」争いの絶えない今日なお、強い戦争批判、人間批判の書として読むことができる。二〇〇三年、朝日新聞の特派員、三浦俊章は「戦争の祈り」を紹介し、次のようにコラムを締めくくっている。

米国が単純な戦争の熱狂に包まれてきたとは思わない。9・11が引き起こした恐怖の影で、イラクに固執する大統領らに引きずられた面が強い。だが、その指導者たちが他の人びとの立場に思いをいたす想像力を失っていることは恐ろしいことだ。米国が世界パワーになる二〇世紀の入り口で、この話は書かれた〔10〕。

トウェインの「祈り」は一世紀後の今もアメリカの指導者たちの胸に届いていない。

帝国主義的なアメリカの侵略戦争に懐疑的だったのは反帝国主義連盟に名前を連ねた作家だけではない。この戦争の衝撃は少なからず、他の作家にも影響を及ぼした。二〇世紀アメリカ演劇の父と謳われ、ブロードウェイでその多くの作品が上演された劇作家のユージーン・オニール（Eugene O'Neill, 1888-1953）は西インド諸島、おそらくアメリカ・スペイン戦争後のハイチの現状をふまえ、『皇帝ジョーンズ（*The Emperor Jones*）』（1920）を書いた。

ストウ夫人の『アンクル・トムの小屋』に、セント・クレアの兄が、アングロ・サクソンこそが世界を支配すべきであって、「あのクソいまいましい唾棄すべきハイチの話はうんざりだ」と言うところがある（第2章44頁の引用参照）。ハイチでは一九世紀初頭、フランス革命に倣って解放奴隷が蜂起し、一八〇四年に独立が宣言された。一八二五年、フランスがハイチの独立を承認すると、ハイチと島を二分するイスパニョーラ島東部のスペイン領も一八四四年、ドミニカ共和国として独立した。独立後のハイチでは、革命と指導者暗殺が繰りかえされ、混乱がつづく。「リベリア」に自由黒人の国家建設をもくろむ一方で、ハイチの二の舞を演じたくない。そんな白人支配層の身勝手な考え方が一九世紀中葉にはあったようだ。そして混乱に混乱を重ね、きわめて政情が不安定だったハイチをアメリカ・スペイン戦争後の一九一五年、アメリカは占領する。

そんなアメリカによるハイチ占領が背景であろう『皇帝ジョーンズ』は、民衆の蜂起によって皇帝の座を追われ、ジャングルを逃げまどうアメリカ出身の黒人ジョーンズが主人公である。ジョーンズは、アメリカの寝台列車のボーイをしていたが、殺人事件を起こし、ハイチとおぼしき島に逃げる。彼は島に銀製品が無いことに目をつけ、自分は銀の弾丸でなければ死なないのだと島民に信じこませ、島の長《おさ》である「皇帝」にのし上がる。ところが彼の統治があまりにも独裁的だったため、民衆が革命を起こす。劇は、民衆の蜂起を知ったジョーンズがジャングルのなかへ逃げる直前から始まる。劇の大半は、彼がジャングルのなかを逃げまどい、疲労からくる精神的錯乱から生じる悪夢にさいなまれるさまが描かれている。その悪夢はまず、彼自身がアメリカで犯した殺人事件から始まり、やがて自分の祖先が奴隷として売られたオークション、アフリカから連れてこられるさいに乗ったガレイ船、そしてアフリカのジャングルへ、とアメリカ黒人の歴史を遡るかたちでジョーンズの眼

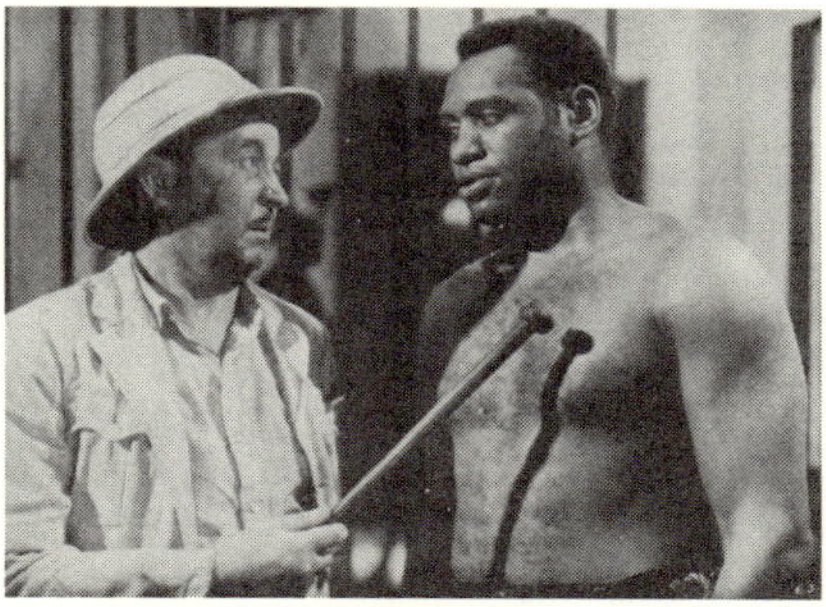

映画『皇帝ジョーンズ』（1933年）
John Orlandello, *O'Neill on Film*, Fairleigh Dickinson University Press, 1982, p.52

前に現われる。最後の悪夢では、アフリカの魔術師が呼び寄せたワニに襲われそうになる。ジョーンズは防衛のためにと携帯していた銃の最後の弾丸でワニを撃つ。そして最終的に、自分が島民に信じこませたジンクス、すなわち反乱を起こした島民が鋳造した銀の弾丸によって殺される[11]。

ジョーンズの黒人種としての「悪夢」は、二〇世紀初頭から流行し始めた精神分析、とくにユングの集団的無意識による深層心理を反映している。また、ジョーンズの鼓動に合わせて、原住民が奏でる原始的な太鼓トムトムの音が速くなるという音響効果は、当時流行《はや》りの表現主義的な手法の一つだった。こうした新しい演劇的実験性が、この劇と作者オニールの高い評価につながった。したがって、初演当時はこの劇の時事的な背景についてはさほど議論されなかった。

とはいえ、この劇の背景には、帝国主義の下、アメリカ・スペイン戦争で侵略した西インド諸島の島じまをアメリカ人が我がもの顔で支配する状況があり、オニールはそれをやんわりと諷刺している。ただし、その支配者を敢えてアメリカの黒人にすることによって、白人にとっての負の歴史である奴隷制がいまだ黒人の心を蝕んでいる一九二〇年前後のアメリカの現実を浮かびあがらせた。オニールによれば、ジョーンズのモデルはハイチのかつての独裁者アンリ・クリストフ（Henri Christophe, 1767-1820）とギヨーム・サム（Guillaume Sam, 1859-1915）だという。クリストフは奴隷の身で革命を起こし、一八一一年に国王となったが、病に倒れ、一八二〇年、自ら銃で命を絶った。サムもまた革命で手柄を立てた軍人で、一九一五年の三月に大統領となるが、半年もたたないうちに彼の残虐な統治に我慢がならなかった民衆の手によって殺され、無惨な死を遂げる。この時期、アメリカはハイチの混乱に乗じて、ハイチを侵略し、その後一九年間、支配下に置く。サムは、自分は鉛の弾丸では死なない、銀の弾丸でなくては死なない、と民衆に語っていた。サムの話は、サーカス団の男の話として、オニールが飲み仲間から仕入れたものだ。[12]

『皇帝ジョーンズ』ではまた、ジョーンズを殺害する島民の謀反を喜ぶのがイギリスの白人スミザーズである点からすると、侵略した国で現地人を利用して利益を得るのは白人の帝国主義者だという構図も浮かびあがる。スミザーズがジョーンズにとっての腹心の友だったことを思えば、敵に寝がえるという裏切り行為を平気で行なった、フィリピンでのアメリカの行動にも通底する。スミザーズにとって「現地人」の皇帝にのしあがったジョーンズは、アメリカからやって来た侵略者であると同時に、軽蔑すべき野蛮な「ニガー」だったのだ。

ワニから逃げる黒人の子ども
Robbin Henderson et al ed., *Ethnic Notions: Black Images in the White Mind*, Berkeley Art Center, 1982

　このように、「侵略者」や「抑圧者」をアメリカの白人ではなく、アメリカの黒人にし、さらに原住民の側に寝がえって彼を裏切るイギリスの白人を登場させることにより、アメリカの白人を完全な部外者に仕立てあげたこの作品は、アメリカの白人が大半である観客に受け入れやすい構造になっている。さらに、観客はミンストレル・ショーを見るのとあまり変わらないかたちで『皇帝ジョーンズ』を楽しむことができた。なにしろジョーンズがしゃべる英語は黒人訛りだし、黒人種の劣等意識からくる奴隷の歴史という悪夢にうなされるのだから。おまけにジャングルを逃げまわるうちに、立派な皇帝の衣装はボロボロになり、最後にはほぼ全裸に近い恰好で死体となる。黒人の裸体が醸しだすエロティシズムは、白人が黒人に抱くステレオタイプの一つだった。ジョーンズがワニに襲われそうになる場面も黒人や野蛮人に対して白人が作ったイメージだった。当時売られていたあるタバコの箱には、ジャングルの川べりで目をまんまるくしてワニから逃げる全裸の黒人の子どもがデザインされており、「幼いアフリカ人――おいしいひと口」(1910?)というタイトルがつけられていた。[13] 加えて、節操のない「ロンドン下町出身の商人(Cockney trader)」のスミザーズは、ずる賢い下っ端商人、アメリカではなく、「イギリス」の帝国主義者の片棒を担ぐ性悪男だ。アメリカの白人の観客は自分たちより劣等な人間を見て優越感に浸れる構造になっているのである。

こうしたステレオタイプで差別的表現を内在する作品が受けいれられていた一九二〇年代は、健全とはいえないが、ある意味でそれが当時の現実であり成功の鍵でもあったことは否定できない。だが、成功の陰で作者自身は黒人に共感を寄せてもいた。でなければ、アメリカの演劇界ではほぼタブーだった黒人主人公をブロードウェイの舞台に乗せるという荒業をやってみせたりはしなかっただろう。そもそもオニールはアイルランド系移民の子どもで、まだＷＡＳＰ《ワスプ》(White Anglo-Saxon Protestant)[14]が中心だったアメリカでは、アイルランド系アメリカ人は黒人ほどではないにしても差別の対象だった。そんな自身の不安定な立場や民族としての劣等意識を、黒人という仮面をかぶせることによって見せたと考えることもできる。

黒人を主人公に据えるというオニールの挑戦は『皇帝ジョーンズ』のあと、『すべての神の子には翼がある』(*All God's Chillun Got Wings*, 1924) でも試みられる。劣等人種である黒人男性と結婚した白人女性が抱く優越意識のせいで、夫婦のあいだに大きな亀裂が生じるという悲劇である。人種差別がひどかったこの時代、黒人俳優が白人俳優と同じ舞台で主役級の役を演じることすらご法度だったのに、ましてや白人女優が黒人男優と「夫婦」を演じるというのは論外だった。初演の幕が上がる前から、劇中、舞台上で白人女優が黒人男優の手にキスをするらしいというので、オニールにも主演俳優の二人にもたくさんの抗議と脅迫の手紙が寄せられた。白人至上主義者からはもちろんだが、牧師を名乗る人びとからの反発はとりわけ大きかった。上演差し止めの嘆願書がニューヨーク市長に送られたほどである。しかし、初演の劇場、プロヴィンスタウン劇場はグリニッチ・ヴィレッジの小劇場で、観客もほぼインテリの常連客に限られていたため、市長の権限で上演を中止することはできなかった。上演にこぎつけるまでの数ヶ月、オニールは、この劇の主題は人種問題ではなく、幸せを得ようと闘い、苦しむ「人間」の悲劇である、と幾度も強調したが、当局の圧力は続いた。主人公夫婦の子ども時代が描かれた冒頭の場面で子役を使う許可が降りなかったのだ。子役を無断で使っていないかどうかを確かめるとともに、劇場内で暴動が起きるかもしれないという理由で、初演のさいには劇場の観客席後方に警察が張りこむ事態となった。子どもが登場する場面については、演出家が上演できない理由を述べ、台本を朗読し、事なきを得た。[15]

それでも『すべての子には翼がある』も『皇帝ジョーンズ』も全米巡業が実現し、一定のファンや観客が集まったのは、両作品の主人公の黒人が当時のステレオタイプ、黒人が劣等種族であることを前景化しているからだった。『皇帝ジョーンズ』では、主役以外の現地人役を演じる白人俳優がミンストレル・ショーもどきに顔を黒く塗って舞台に立ったという。ブロードウェイの商業主義に背を向け、ヨーロッパの前衛芸術運動の影響を受けた「新しい」演劇表現を編みだしていた小劇場運動のトップランナー、プロヴィンスタウン・プレイヤーズが初演したときには、ニューヨークのグリニッチ・ヴィレッジ界隈の白人インテリ層や急進的な芸術運動の信奉者が主たる観客だった。だからといって、彼らが皆、人種差別に敏感だったというわけではない。当時グリニッチ・ヴィレッジにたむろしていた白人たちの「反抗は政治的というよりも気質的」[16]で、アナーキズムに近いものだった。彼らは伝統的な表現形態を解体すべく、表現主義やキュビスム、シュルレアリスムといった前衛的芸術表現や精神分析などを使いながらも、主題という点ではまだまだ当時のアメリカ社会の慣習を引きずっていた。

そのため、黒人俳優からすれば、「主役」になったとはいえ、社会が押しつける型通りの黒人を演じなければならなかった。初演でジョーンズを演じたチャールズ・ギルピン（Charles Gilpin, 1878-1930）や『すべての子には翼がある』の黒人主人公を演じたポール・ロブソン（Paul Robeson, 1898-1976、一九三三年の映画版『皇帝ジョーンズ』でジョーンズを演じている）は、そんな役柄に居心地の悪さを感じていた。ギルピンは黒人巡業劇団で俳優術を磨いたのち、一九一六年からニューヨーク市北部の黒人街、ハーレム初の黒人劇団、ラファイエット・シアターで演出家兼俳優と活躍していた。そこでは、顔を白く塗って白人役もこなす実力者だった。そんなギルピンに、プロヴィンスタウン・プレイヤーズは白羽の矢をたて、『皇帝ジョーンズ』に出演させることにしたのである。ギルピンはアマチュア同然のこの劇団で、初めて給料を得た俳優でもあった。[17] この舞台は大成功を収め、ニューヨーク、グリニッチ・ヴィレッジでの成功を皮切りに、全米を巡業する。そしてギルピンはニューヨーク演劇連盟が選ぶ、一九二〇年に活躍した一〇人の一人に選ばれた。ところが、受賞ディナーに出席しようとすると、彼と同席するのを嫌った関係者らが出席を辞退するよう圧力をかけてきた。オニールがそれは人種差別だと訴え、なんとかギルピンはディナーに出席するが、こうしたことは日常茶飯事だったのだろう、自分のプライドを傷つけられたギルピンはアルコール中毒になり、その晩年は不幸せだった。彼はまた自分の意見をはっきりと言うことでも知られ、劇中の差別的な表現、たとえば「ニガー」という言葉を削除して欲しいとオニールに要求している。しかし、オニールは首を縦に振らず、これ以降、ハーレムのＹＭＣＡでアマチュア演劇に出演していたロブソンに首をすり替える。そのロブソンもけっして人種偏見に満ちた役柄に満足していたわけではない。しかし、本書第5章で論じるビリー・ホリデイも不満を述べているように、この後も、白人と同じ舞台や映画に出演するようになる黒人俳優はステレオタイプの役柄をあてがわれつづける。

自伝的なテーマを追求する作家だとされるオニールであるが、自身の出自であるアイルランド人とその家族、先祖の一大サイクルを執筆するのは、劇作家としての揺るぎない地位を確立した晩年になってからのことである。一九二〇年代、出世作を次つぎと世に送りだしたオニールは「アメリカ演劇の父」と呼ばれたが、時代的制約がもたらした人物描写の限界を拭《ぬぐ》いさることはできない。彼は一九三二年以降、第二次世界大戦が終わるまで、神経症などの病気を患い、筆を折っている。大戦後に上演された『氷人来る（*The Iceman Cometh*）』（1946）には、一九一二年ごろ、グリニッチ・ヴィレッジとおぼしき町の酒場に入り浸り、ありもしない夢や幻想を信じ、現実から身を引いている男たちの群像が描かれている。男たちに「現実を見よ」と煽りにやってくる「氷人」の来訪によって、男たちの諦観が浮かびあがるこの劇は、ロシアの作家ゴーリキー（Maxim Gorky, 1868-1936）の戯曲『どん底』にヒントを得た作品だ。戦時中、オニールもまたこの劇の登場人物のように、時代に、そしてアメリカ社会の現実に幻滅し、病気を理由に隠遁を選んでいたのかもしれない。作品の背景が一九一二年というのも興味深い。オニールはまだそのころ、作家人生を歩みだしてはいなかった。グリニッチ・ヴィレッジに集まる若い芸術家の卵たちの夢に共感しつつ、侵略的かつ抑圧的な大国と化したアメリカという国家の、弱者に対する不寛容に強い嫌悪感を抱いていたにちがいない。

このころ、良心的な作家たちを憤らせるほどに帝国主義的行動に突き進んでいったアメリカは軍事的にも経済的にも強い国家になっていく一方で、建国の理念からはほど遠い、弱者に冷たい社会が形成されていく途上にあった。アメリカ・スペイン戦争、アメリカ・フィリピン戦争で領土の拡張に成功したアメリカは、一九一〇年にパナマ運河が完成すると、西インド諸島やフィリピンのみならず広く中南米も半支配下に置くようになる。二〇世紀から今日までこれらの地域で反米的な政権や共産主義的な政権が誕生するたびに、アメリカは軍事介入したり、キューバのように長いこと国交を断絶したり（オバマ政権時の二〇一五年七月に国交回復）してきた。二〇一九年にはロシアと競ってのベネズエラへの介入が取り沙汰されている。

この時代、大衆文化においても、白人男性を中心に「強いアメリカ」「強い男」が強調されるようになる。ディズニー映画でお馴染みの『ターザン（*Tarzan*）』（1999）は、エドガー・ライス・バローズ（Edger Rice Burroughs, 1875-1951）が一九一二年、『オール・ストーリー（*The All Story*）』誌に連載を始めた『猿人ターザン（*Tarzan of the Apes*）』が原作である。イギリス貴族の血を引く白人男性が、自分を育ててくれた野蛮な猿を率いて、ジャングルを荒らしに来る文明人と戦う、というこの物語は、非白人、キリスト教徒でない者を「野蛮人」とみなす二〇世紀初頭の白人優越主義や帝国主義的な思考から生まれている。アメリカ・スペイン戦争で手柄を立て、英雄となり、大統領に就任したセオドア・ローズヴェルトは狩猟の名人として知られているが、それこそ野獣を生け捕るがごとくに、非白人の「野蛮人」を「文明化」することに余念がなかった。[18] 銃乱射事件が起こるたびに銃規制が叫ばれながら銃の保持が禁止されないアメリカには、開拓時代に自分の身は自分で守らなければならない伝統があったからだとされる。だが、今なお規制できないのは、フロンティアを征服しようとする飽くなき戦いの精神が一定数の白人男性を中心とするアメリカ人に受け継がれているからではないだろうか。ジョン・F・ケネディ（John F. Kennedy, 1917-63）第三五代大統領が就任演説で新たなフロンティアとして宇宙開発を挙げていたのは有名な話である。そして、じっさいにアメリカの宇宙船アポロ一一号が人類史上初めて月面着陸に成功するのは一九六九年のことだ。地球はおろか宇宙まで支配してきたアメリカが武器を手放す日はあるのだろうか。

南北戦争で徴兵された北軍兵士たち
Howard B. Rock & Deborah Dash Moore eds., *Cityscapes: A History of New York in Images*, Columbia University Press, 2001, p.196

愛国心に満ちた空気が国じゅうに漂っているときに反旗を翻すというのは勇気がいる。トウェインは一九〇二年にプリンストン大学で行なった講演で、はっきりとフィリピンからアメリカが撤退すべきだと述べた。また別の講演でも、仮に投獄されるようなことがあっても、喜んで「反逆者（traitor）」と呼ばれたい、その「名誉の勲章」を身につけたい、とも述べている。[19] 国が好戦的になって民主主義の理想が崩れるとき、国民は愛国心によって束ねられる。賛同できない民主主義の信奉者、反戦主義者、反体制派は「反逆者」のレッテルを貼られる。トウェインは、「正しいのはいつも少数派」「間違っているのは多数派」という言葉も残している。[20] これからの章で述べるように、アメリカには少数派であっても「反逆者」でありつづけ、正しいと思うことをはっきりと言うトウェインのような人びとがいたし、それがこの国の健全の証しでもあろう。

第4章　「黒人野球の女王」

——野球殿堂入りした唯一の女性エファ・マンリー

南北戦争が終わり、奴隷が解放されても、とくに敗れた南部では解放されたことすら知らずに土地に縛られた黒人がたくさんいた。その多くが、シェアクロッパーと呼ばれる小作人として雇い主にこき使われ、一生土地に縛られていた。南北戦争後に修正された憲法第一四条では「アメリカ生まれ、帰化した者はアメリカ市民」として、アフリカ系アメリカ人にも市民権を与えたことになっているが、現実はさまざまな法的規制を加えて黒人を差別していたのである。一九一七年四月、それまで高みの見物の姿勢だったアメリカが第一次世界大戦（1914-18）に参戦すると、黒人男性もたくさん徴兵され、ヨーロッパ戦線に兵士として参加する。ところが、白人とともに戦い、手柄を挙げて帰国しても、黒人元兵士は依然としてアメリカ社会の不平等と向きあわざるを得ないことを自覚させられる。

アメリカでは「ヘイズの妥協」以来、南部を中心に黒人差別を正当化するジム・クロウ法が作られていく。一八九六年には人種隔離が公に正当とみなされ、連邦政府もそれを容認するきっかけになる裁判決定がくだされる。ルイジアナ州内を移動する汽車の白人専用車に乗って逮捕されたオクトルーン（黒人の血が八分の一）のホーマー・プレッシー（Homer Plessy, 1862-1925）が、これを憲法違反だと訴えた裁判だ。

これに対し、地元の裁判所の判事ジョン・H・ファーガソン（John H. Ferguson, 1838-1915）は原告、プレッシーの訴えを退ける。最高裁は州裁判所に決定権を与え、判決どおり、原告側の黒人が敗訴する。「プレッシー対ファーガソン裁判」と呼ばれるこの裁判以降、アメリカでは南部を中心に人種分離政策がとられ、黒人差別が公然と行なわれるようになる。これは、一九五四年のブラウン対トピーカ教育委員会裁判（リンダ・キャロル・ブラウンという黒人少女ら二〇人の親が、子どもたちを遠方にある黒人学校でなく近所の白人学校に通学させたいと、カンザス州都トピーカの教育委員会に訴えを起こした）で、原告側のオリヴァー・L・ブラウン（Oliver L. Brown, 1918-1961）ら一三人の黒人の原告が勝訴し、人種統合政策が公に承認されるまで、五〇年以上に及んだ。

「黒人」という規定は、皮膚の色や混血の度合いによってではなく、つまり見た目ではなく、黒人の血が流れているかどうかによって判断された。これは次に述べるように、さまざまな混乱を巻き起こすことになる。一八九〇年の人口調査では、同じ黒人でも混血の度合いによって、ムラート（二分の一が黒人の血）、クウォドルーン（四分の一が黒人の血）、オクトルーン（八分の一が黒人の血）という選択肢があった。このころ、いくつかの州では黒人の血が混じっていても一六分の一以下であれば白人と規定している。血の濃さでもって区別すること自体、問題があるが、人種分離の時代に入ると、一滴でも黒人の血が混じっていたら「黒人」とみなす、という「ワン・ドロップ・ルール（One-drop Rule）」という考え方がまかりとおるようになる。つまり、皮膚の色が白く、自分は白人だと思っていても、先祖に黒人がいるとわかれば、その時点で「黒人」になってしまうのだ。すでに述べてきたように、トマス・ジェファソンや南部の農園主のように、公然と黒人奴隷を愛人にしていた白人は多い。その子どもたちのなかには教育の機会に恵まれた者もあり、白人と結婚し、白人社会に溶けこんでいった人びとも少なからずいたであろう。そうした人びとは「黒人」なのだろうか。

一九一六年ごろから南部の農業従事者から北部の工業労働者に転身を図る黒人たちが北部の大都市に移住し始めた。「グレイト・マイグレーション（Great Migration）」といわれる社会現象にまでなり、一九三〇年までに一〇〇万人以上の黒人が北部へ移り住んだ。なかでもニューヨークのハーレムの人口増加は著しく、一九一〇年代は九万一〇〇〇人だったが、一九三〇年にはその二倍に膨れあがる。[1]

ハーレムを拠点に、一九二〇年ごろから黒人たちが積極的に文化的な活動を始める。彼らは文学や音楽をとおして、白人の文化を模倣するのではなく、自分たち黒人の意識や誇りを表現したので、この芸術運動は「ブラック・ルネサンス（Black Renaissance）」あるいは「ハーレム・ルネサンス（Harlem Renaissance）」と呼ばれている。「黒人」でありながら、肌の白さを武器に、白人のふりをして生きる女性を主人公にした小説も書かれた。ネラ・ラーセン（Nella Larsen, 1891-1964）という黒人女性作家が書いた『白い黒人（*Passing*）』（1929）である。この小説の原題の「パッシング」は、肌の白い黒人が白人のふりをして生きることを表わす。そのため、当時流行した、これと同じような主題を扱う小説群は「パッシング小説」と呼ばれる。これに対し、同時代の著名な白人男性作家らが逆に、先祖に黒人の血が混じっていることを知り、そのために苦しむ白人を描く小説を発表しているのも興味深い。ウィリアム・フォークナー（William Faulkner, 1897-1962）の『八月の光（*Light in August*）』（1932）に登場する孤児ジョー・クリスマスは見た目には白人だが、黒人の血が流れていて、そのために殺人犯として虫けらのように州兵に殺される。またシンクレア・ルイス（Sinclair Lewis, 1885-1951）の『血の宣言（*Kingsblood Royal*）』（1947）には三二分の一、黒人の血が混じっていることを先祖の記録を読んだことによって知り、銀行員の職や住居を失う混血白人ニールが主人公だ。じっさい、アメリカの南部にはこうした肌の白い黒人がたくさんいた。南部では奴隷制の時代に農園主が黒人女性を妾にし、子どもを産ませることはよくあったからだ。奴隷という財産を買わずに自前で生産したのだ。ところが、そんなことは見て見ぬふりをして「純粋な白人種」だけを尊重し、人種差別を公然と行なっていたのが二〇世紀前半のアメリカ社会だった。

そんな差別に追い打ちをかけたのが、植民地時代の一六六〇年ごろから続く異人種間結婚禁止法（一九六七年廃止）[2]である。黒人と白人との結婚がタブーとされたなかで、さまざまな悲劇的な結末を迎える恋愛事件があとを絶たなかったであろうことは疑いない。

さて、そんな人種差別が厳しい時代に、「白人」でありながら黒人として生き、黒人と結婚し、黒人女性の向上に尽くし、「ニグロ・ベースボール」（一九六〇年代以前は、黒人種を表わすネグロイドから派生した「ニグロ」が黒人の呼び名だった。しかし、その後、「ブラック」に変わり、さらに今日では先祖の出自を表わす「アフリカン・アメリカン」と呼ぶようになっていく）すなわち、黒人野球のオーナーとして活躍した女性がいた。それがエファ・マンリー（Effa Manley, 1900-81）である。[3]

その数奇な宿命は、エファが一九〇〇年三月二七日（一八九七年生まれという説もある）、「白人」の母親と黒人の父親の家庭に生まれたことに始まる。母親が産んだ他の兄弟とは異なり、彼女は母親がお針子として働きに出ていた職場の出資者だった白人の上司との不倫で生まれた婚外子だった。この浮気がきっかけで「義父」はこの白人に賠償金を求め、相手から一万ドルをせしめると、母親とは離婚する。母親のほうは母親で、また別の、九歳年下の黒人と再婚し、エファは母親のもとで「黒人」の異父兄弟たちとともに育てられる。そもそも異人種間結婚禁止法をすりぬけて白人の母親が黒人と結婚生活をしていたこと自体が不思議であるが、エファが育てられたフィラデルフィアは比較的人種差別の少ない町だった。この町では人間の平等に重きを置くクエーカー教徒が多く、早くから自由黒人が誕生していたから、異人種間の結婚もそれほど抵抗がなかったのかもしれない。しかし、黒人コミュニティのなかで育ったエファはたとえ皮膚の色が白くても、「黒人」として生きることが当然とされた。したがって、彼女にとっての同胞は黒人であり、恋愛対象も結婚相手もみな黒人だった。

エファ・マンリーのプレート
（筆者撮影）

しかし、エファが本当に「白人」だったのかを疑問視する声もある。野球史に詳しいボブ・ルークは、エファを白人だとする説が浸透したのは、彼女の皮膚の色の白さに加えて、一九七七年のインタビューで彼女自身が自分は「白人」だと主張したことによるものではないかと推測する。このインタビューで彼女は、母方の祖母はドイツ系、母方の祖父はアメリカ・インディアンで、母親は自分が「白人」だと言い、自分もそれを受けいれていた、と明かしている。しかし、じっさいは母親の皮膚はかなり黒に近く、一九〇〇年と一九一〇年に行なわれた世論調査をみると、母親もエファも「黒人」に分類されている。おそらく母親は「黒人」でエファは「ムラート」だというのが正確なのではないか、とルークはみている。その証拠に、エファをよく知る選手たちは、彼女が年を重ねるにつれ皮膚の色は黒くなり、アフリカ系アメリカ人とわかるようになってきたと証言しているからだという。しかし、子どものころのエファは母親に「お前は白人なんだから」と言われ、白人と遊んでいると、校長室に呼ばれ、たしなめられ、このことを母親に告げると、「校長先生のところにもう一度行って、『私はみんなと同じ白人よ』って言いなさい」と言われた、というエピソードがある。[4] どうやら「白人」だという主張は母親譲りのものらしく、真相は定かではない。少なくとも、エイブラハム（通称エイブ）・リンカン・マンリー（Abraham Lincoln Manley, 1885-1952）と結婚したときの結婚証明書には「黒人」と書き記し、「黒人」としてのアイデンティティをもって生きようとしていたことはたしかだ。しかし、肌の色が白かっただけに、校長先生に呼ばれたという先のエピソードも、黒人の姉たちと遊んでいたのをたしなめられた、という話だという説もある。[5] どちらの説が正しいかは別として、人種差別に比較的寛容だったフィラデルフィアでさえ、学校という公の場で黒人の子どもと白人の子どもが一緒にいることは後ろ指をさされるようなことだったのだ。エファはそういう社会を受けいれがたかったにちがいない。大人になったエファがさまざまな市民権運動に関わるのは、そうした差別体験からくる使命感なのだろう。そして、黒人野球チームのオーナーと再婚してからは、共同経営者として黒人野球の普及に努め、黒人選手一人ひとりを大切にした。死後、野球殿堂入りする唯一の女性経営者として後世に名を遺すに至ったのも、そうした業績が認められてのことである。

お針子だった母親の影響もあって、エファは若いころ、帽子のデザイナーになるのを夢見て、高校を卒業するとニューヨークに移り住む。肌が白かったおかげで「白人」として「パス」できた彼女は、マンハッタンの帽子屋の仕事につき、その夢に向かって順調に歩みだしていた。ちょうどそのころ、行楽地で知られる、ニュージャージー州のアトランティック・シティで出会った男と恋に落ち結婚するが、数ヶ月後には離婚してしまう。ニューヨークでは当時、ヤンキースのベイブ・ルース（'Babe' Ruth, 1895-1948、現役中七一四本の通算本塁打を記録）が話題の的だった。彼の打球見たさにエファもヤンキー・スタジアムに足しげく通うようになる。そして一九三二年、ヤンキー・スタジアムでのワールドシリーズで、ヤンキースがシカゴ・カブスを破った熱狂に沸いていたときに、エファはエイブ・マンリーと意気投合し、翌年結婚する。一五歳年上のエイブは俗にいうブローカーで、ギャンブルで大金を稼いでいた。野球賭博も横行していた時代であるから、そんなこんなで野球と関わっていたのだろう。

エイブは黒人文化が花咲くハーレムに住居を構えていた。ハーレムは当時、すでに黒人たちの居住地として黒人コミュニティが確立していた。とはいえ、黒人たちの生活は貧しかった。ハーレムのような地域でさえ、ビジネスの大半は白人によって営まれ、黒人が雇ってもらえる仕事は限られていた。しかも、アメリカは一九二九年、世界をも巻きこむ大恐慌に見舞われ、失業者があふれていた。とりわけ黒人の働く場所の確保は死活問題でもあった。エファはそんな黒人たちを救いたいと考え、コミュニティの代表を集め、「公正な扱いを求める市民連合（Citizen's League for Fair Play）」を組織し、市民運動を展開する。

ニューヨークやシカゴなどの大都市ではこのころ、黒人による暴動やストライキが日常茶飯事で、白人警察官と衝突する暴力沙汰に発展することもしばしばだった。しかし、エファは非暴力による運動を展開する。ハーレムにあったデパートの一つ、ブラムスタインの白人経営者が白人ばかりを雇い、売り子に黒人女性がいなかったことに非難の目を向ける。当時、ハーレムのような黒人居住区であっても、白人が経営するデパートでは売り子は白人と決まっていた。黒人女性は掃除婦か女中になるしかなかった。そこで、エファはブラムスタイン・デパートの経営者に対し、黒人も売り子として雇用するように訴え、雇用を認めるまでこのデパートで買い物をするな、というプラカードをもってデモ行進をし、不買運動を展開した。このボイコット運動は功を奏し、まもなくこのデパートのみならず、ハーレムじゅうの店で何百人という黒人が雇用されるようになる。

他方、エイブは一九三四年、稼いだ大金をつぎこんで、ブルックリン・イーグルスという黒人野球チームに投資をする。このオープニング試合に、エファは著名な黒人ジャーナリストたちを招いたのはもちろん、ニューヨーク市長フィオレロ・ヘンリー・ラガーディア（Fiorello Henry La Guardia, 1882-1947）を招き、始球式にボールを投げてもらった。しかし当時、ニューヨークにはヤンキース、ジャイアンツ、ブルックリン・ドジャーズという三大メジャーリーグ・チームや、ニューヨーク・キューバンズとニューヨーク・ブラック・ヤンキースという二つのプロ・ニグロリーグ・チームがあり、イーグルスは観客動員に苦慮する。

そこでエイブは二年後の一九三六年、鶏肉業界のドン、チャールズ・タイラーがオーナーをしていたニューアーク・ドジャーズを購入すると、イーグルスをハドソン川西一五マイル先にある、ニュージャージー州ニューアーク市へ移す。二〇世紀初頭、多くの黒人が仕事を求めて大都市ニューヨークをめざすと、マンハッタン北のハーレムばかりか、隣のニュージャージー州にも黒人が多く住むようになる。一九三〇年ごろには二〇万人という黒人人口を抱えたこの州は、アメリカ東部で最も黒人が多く居住する州となり、ニューヨークの中心からほど近いニューアークはそのうちの三万九〇〇〇人の黒人が住む、州内で最も黒人人口の多い町となった。黒人プロ野球は、黒人たちの娯楽の一つとして急成長し、この町の中心にあるルパート・スタジアムは多くの黒人の観客で賑わっていた。しかもこのスタジアムにはこの当時から照明が完備されており、ナイトゲームも可能だった。

アメリカのプロ野球は今日でこそ、有色人種が数多く活躍しているが、人種による住みわけがまかりとおっていた時代には、白人のプロ野球チームと黒人のプロ野球チームがはっきりとわけられていた。ここで少し、メジャーリーグの歴史を振りかえり、プロ野球の誕生から黒人プロ野球の誕生、そして衰退までをざっと見てみよう。

野球がアメリカ全土に広まったのは南北戦争時、チーム力を高めるのにふさわしい娯楽として兵士のあいだで流行したからだといわれている。ロバート・グールド・ショー大佐がマサチューセッツ第五四黒人部隊を編成したという史実をもとにした映画『グローリー（*Glory*）』（1990）の最初のほうで、兵士たちが野球をしている場面が描かれている。南北戦争が終結してまもなくの一八六六年、アマチュアのチームだったフィラデルフィア・アスレティックスが三人のプロをまとめて採用したことから、チームがプロ化していく。さらに一八六九年、シンシナティ・レッドストッキングス（現在のシンシナティ・レッズ）の選手が全員プロとして雇われ、最初のプロ球団ができる。まもなく次つぎにプロ野球球団が誕生し、一八七六年にはナショナルリーグ、一九〇一年にはアメリカンリーグが結成される。プロ化すると同時に、黒人選手への風当たりが強くなるが、それでも当初は完全に黒人を締めだしていたわけではなかった。一八八四年にメジャーリーグに昇格したオハイオ州のトリード・ブルーストッキングスには、「黒人初のメジャーリーガー」となるフリート・ウォーカー（'Fleet' Walker, 1857?-1924）という選手（彼は半分白人の血が混じったムラートだった）がいた。[6] ところが人種の統合に反発する白人たちが、白人チームに所属する黒人選手を排除するようになり、ウォーカーは最後までねばったものの、一八八九年、ニューヨークのチーム、シラキューズ・スターズを最後に野球人生に終わりを告げる。

他方、黒人たちは自らの手でプロ野球チームを結成する。ロングアイランドのキューバン・ジャイアンツ（1885-1915?）はその最初の黒人プロ野球球団である。黒人野球が全盛期を迎えるのは一九二〇年、おもにアメリカ北西部を中心とする球団によるニグロ・ナショナルリーグ（Negro National League）が設立されてからである。その三年後にはイースタン・カラード・リーグ（Eastern Colored League）が発足し、翌年、最初のニグロ・ワールドシリーズが開催された。一九三三年にはこの二つのリーグがニグロ・ナショナルリーグに合併され、一九三七年には中西部と南部の球団がニグロ・アメリカンリーグ（Negro American League）を設立した。これにより、白人メジャーリーグと同様、黒人の二大リーグ戦は「ニグロ・ワールドシリーズ」と呼ばれるようになる。

黒人プロ野球にもサッチェル・ペイジ（Satchel Paige, 1906-82）のようなスター選手が登場するようになると、黒人の観客だけでなく、白人の観客も黒人プロ野球の試合を観に足を運ぶようになる。そうして第二次世界大戦後、強くて優秀な人材を求めて白人の球団が黒人選手を勧誘するようになる。「黒人初のメジャーリーガー」として一般に知られるジャッキー・ロビンソン（Jackie Robinson, 1919-72、終身打率三割一分一厘、黒人で初めて一九六二年に殿堂入り）がブルックリン・ドジャーズの傘下にあったモントリオール・ロイヤルズに正式に入団した一九四七年以降、次つぎに黒人選手が白人チームに吸収されていく。黒人プロ野球球団は優秀な選手を失って立ちゆかなくなり、消滅していく。マンリー夫妻のイーグルスも一九四八年、球団の解散を余儀なくされた。いっぽう、メジャーリーグは黒人選手のみならず、ヒスパニック系の選手などを次つぎに入れるようになり、人種のみならず、国籍も異なる選手が数多く入団するようになる。しかし、経営陣や監督、コーチなどは白人が占めるなかで、黒人選手が活躍できる場は今日に比べるとまだまだ少なかった。また、高いチケット代を払ってメジャーリーグ戦を見に行ける黒人は少なく、観客層の大半は白人が占めていた。選手の雇用機会という点での人種差別は撤廃されたかもしれないが、観客の娯楽という点では黒人の楽しみが奪われたといってもよい。

エファの話に戻ろう。彼女はエイブの片腕として球団経営に邁進する。黒人野球といえども、経営陣も監督も選手も男性ばかりという世界に紅一点で入っていくのには勇気がいったにちがいない。しかし、彼女はひるむような性格ではなかった。恋愛も仕事もまっしぐらだった。ニューアークにイーグルスが移ったころには、経営の大半を彼女が担うようになっていた。男性球団オーナーに交じってニグロ・ナショナルリーグの会議にも出席した。エイブとともにチームを強くするために投資を怠らず、次つぎに好選手を入団させる。エファとともに二〇〇六年に野球殿堂入りを果たす投手ミュール・サトルズ（Mule Suttles, 1901-66）や捕手ビズ・マッキー（Biz Mackey, 1897-65）をはじめ、一九七三年に殿堂入りした打者のモンテ・アーヴィン（Monte Irvin, 1919-2016）、一九九八年に殿堂入りした、ジャッキー・ロビンソンに続く二人目の黒人メジャーリーガーとなる二塁手のラリー・ドビー（Larry Doby, 1923-2003）、一九九五年に野球殿堂入りし、投手でありながら打者としてもすぐれていた二刀流のレオン・デイ（Leon Day, 1916-95）、一九八七年に殿堂入りする三塁手のレイ・ダンドリッジ（'Ray' Dandridge, 1913-94）などである。これらの選手がチームを引っぱり、彼らは試合のたびに観客の喝采を浴びることとなる。

エファはまた、選手たちが少しでも気持ちよく試合ができるようにと、ユニフォームや他チームの野球試合に行くときの移動バスも質の良いものを購入した。オフシーズンにはプエルトリコに試合をしに出かけ、選手たちがいつでも活動できる体制も作った。市民運動をはじめ、黒人の地位向上のためにはあらゆる努力を惜しまず、球団内に少年野球チームを発足させ、非行に走りかねない「悪ガキ」たちの更生もめざした。当然、選手たちには、地元の模範的市民になることを徹底した。しかし、選手たちに「女も酒もたばこも慎め。愛人なんか連れてくるんじゃないぞ」と言いきかせていたエイブに対し、エファは「女」に関してはさほど厳しくはなかった。というのも、彼女自身、恋多き女性だったからだ。彼女はいつでも選手一人ひとりに母親のように接し、引退した選手への支援も惜しまなかったが、愛情が過ぎて、ときに若い選手と浮気に発展することもあった。だからといって、けっしてだらしない女性ではなかった。選手のみならず、観客の姿勢にも厳しく、とくにスタジアム内での飲酒の禁止を徹底し、酔っぱらった観客の入場は丁寧に断った。しかも、そんな失礼な観客であっても、入場料はちゃんと返金したという。また、野球場という場を宣伝の好機と捉え、スタジアムで「ストップ・リンチング（リンチをやめろ）」（リンチについては次章で詳しく取りあげる）というキャンペーンも繰り広げた。

こうしたマンリー夫妻の努力によって、最初のころは鳴かず飛ばずだったイーグルスも一九四一年にニグロ・ナショナルリーグ戦で優勝を果たし、ようやく強豪チームに仲間入りする。しかし、まもなくアメリカが第二次世界大戦に参戦することになり、確実な収入源を求めて若い選手は兵役に就き、好選手のアーヴィンとダンドリッジはメキシコに行ってしまい、マッキーはノースウェスタン航空会社に就職してしまった。黒人が人口の一割を占めていたニューアークといえども、黒人の就職率は三パーセントだった。エファは優秀な選手たちが兵役に取られることに憤りを覚え、弁護士を立てて徴兵反対を訴えた。

サッチェル・ペイジ獲得ならず（新聞漫画より）
James Overmyer, *Effa Manley and the Newark Eagles*, The Scarecrow Press, 1933

戦争はマンリー夫妻にさらなる試練を与え

た。戦時下の倹約精神とでもいうのだろうか、娯楽目的のガソリン使用は禁止された。野球は当然、娯楽とみなされた。球団は移動のためのバスの使用を禁じられ、公共の交通手段かマイカーを使わなければならなくなった。しかし、それではコストがかかりすぎる。交渉の結果、前年の四割のガソリンの使用が認められた。ニグロ・ナショナルリーグは比較的近い都市のチームばかりだったので、なんとか移動試合が可能だったが、チームが広域にわたっていたニグロ・アメリカンリーグは試合数を減らすはめになる。だが、問題はガソリンだけではなかった。労働者不足から、バスの買い替えや修理もむずかしくなっていた。

イーグルスの経営向上のためにエファは一九四四年、エイブがずっと入団させたいと願い、何度も打診を重ねていた、歴史上最高の右腕投手といわれ、一九七一年殿堂入りを果たすことになるサッチェル・ペイジの獲得を真剣に考え、ペイジに打診する。すると、返ってきたのは「ガールフレンドになってくれるならオーケー」という答えだった。プライドを傷つけられたエファは即この勧誘をあきらめる。宣伝のためと、ニュージャージー州の共産党の組織に協力を要請したこともあった。一九四六年のニグロ・ワールドシリーズの始球式には、黒人のボクサーでヘビー級チャンピオンのジョー・ルイス（Joe Louis, 1914-81）[7]を呼び、スポーツとしての黒人野球の意義を高めようと努めた。

そうした甲斐あって、イーグルスはこの年、ニグロ・ワールドシリーズでニグロ・アメリカンリーグ優勝チームのカンザスシティ・モナークスを破り、ワールド・チャンピオンとなった。エファにとっては人生で最高の年だった。この年のルパート・スタジアムの観客数は一二万人を記録する。ところが、黒人選手のメジャーリーグへの移籍が始まると、一九四七年の入場者数はその半分の六万人を下まわり、一九四八年には三万五〇〇〇人にまで減少した。結局一九四八年、イーグルスは解散し、球団は一万五〇〇〇ドルで売られ、テキサスのヒューストンに拠点が移された。他の黒人プロ野球チームも同様に次つぎと解散することとなる。一九六〇年になると、まだ人種の住みわけがはっきりしていた南部にニグロ・アメリカンリーグの四チームが残っているだけだった。解散の大きな要因となったメジャーリーグへの移籍のなかでも、ブルックリン・ドジャーズの総支配人だったブランチ・リッキー（Branch Rickey, 1881-1965）による、好投手ドン・ニューカム（Don Newcombe, 1926- ）の獲得は、イーグルスにとって大きな痛手だった。「リッキーはロビンソンとニューカムとキャンパネラ（Roy Campanella, 1921-93 捕手、一九六九年野球殿堂入り）を黒人チームから移籍させておきながら、ありがとうの一つもない」とエファは憤りをあらわにした。謝辞どころか、ドジャーズからは何の見返りもなかった。白人選手ならばありえないことだった。エファはその不公平をメディアに訴えた。その結果、次にラリー・ドビーがクリーヴランド・インディアンズと契約を結ぶときには一万五〇〇〇ドルが支払われた。ニューアーク・イーグルスほど黒人メジャーリーガーのスター選手を輩出したチームはほかにはなかった。

イーグルスの解散が目前に迫っていたころ、エファのこれまでの苦労を踏みにじるような発言がジャッキー・ロビンソンによって下される。彼は黒人向けの月刊誌『エボニー（*Ebony*）』（一九四八年六月号）に、「ニグロリーグのだめなところ」と題した記事を寄せ、所得の低さやバスの乗り心地の悪さ、審判員やコーチの未熟さ、禁酒や夜更かしの禁止などの不満をぶちまけたのだ。もっとも、ロビンソンはこの記事が発表されるまでもなく、自分を育ててくれたニグロリーグの悪口を言い、かつての黒人の仲間を裏切っていた。当然、ロビンソンは黒人スポーツ記者らから反撃を受けたが、こうした記事が掲載されること自体、ロビンソンのみならず、まだまだ黒人のあいだに劣等感や白人への羨望があった証しだ。エファはイーグルスの解散を宣言するが、「ニグロ・ベースボールは死んでない」という文章を投稿し、その火が消えないことを願った。しかし、時代はもはやニグロリーグを必要としていなかった。

一九五二年、エイブが六七歳で死亡すると、残されたエファはＮＡＡＣＰ（National Association for the Advancement of Colored People 全米黒人地位向上団体）のニューアーク支部の活動に専心する。寂しさが高じたのか、一九五三年のクリスマスにワシントンＤＣでミュージシャンの男と再再婚する。しかし、翌年には離婚してしまう。男のほうはエファから得たお金でもっと貧しい女性と一緒になった。一九五五年、エファはニューアークの家を売り、生まれ故郷のフィラデルフィアへ移る。音楽が好きだったことから、レコード・ショップを開き、さまざまな福祉活動に関わる。その一つは女子バスケットボールのリーグ創設のためのアドバイザーだった。ドジャーズがロサンジェルスに移った一九五八年、エファもロサンジェルスに引っ越す。しかし、引っ越した理由は、ピアノで弾き語りをする歌手の男と一緒に暮らすためだった。この四度目の結婚も長くは続かず、一年ほどで解消すると、エファはフィラデルフィアから家族を呼び寄せようと、大きめのバンガローをエリシアン公園（ドジャーズ・スタジアムもこのなかにある）の近くに購入する。夫のために料理をするのはもうたくさん、とエファはこれ以降、結婚しないと決める。しかし、野球への情熱は消えることなく、死ぬまで黒人選手のことを思い、野球殿堂にもっともっとたくさんの黒人選手たちが殿堂入りすることを願って嘆願書を送りつづけたという。その助けになるかもしれないと、スポーツライター、レオン・ハーバート・ハードウィックの助けを借りて、イーグルスのことや選手たちの略歴、メジャーリーグに行った選手についての記録などを本にして自費出版もした。一九七六年のことである。[8] 最後はロサンジェルスの小さな老人ホームに移る。移ってまもなくの一九八一年三月一六日、エファは腹膜炎を起こして亡くなる。

野球殿堂博物館（筆者撮影）

女性が経営上層部で活躍するのはまれだった時代に、性差別が激しかった黒人社会のなかで、しかも今日でも女性が少ないプロ野球球団の経営を司ったエファの功績は飛びぬけている。その功績が認められて、二〇〇六年、エファ・マンリーは野球殿堂入りを果たした。野球殿堂を奉る博物館は現在、ニューヨーク州の中部、クーパーズタウンという田舎町にある。オツェゴ湖に面した風光明媚なところで、自然を愛しインディアンと生活をともにするナティ・バンポーを主人公とする五部作『レザーストッキング・テイルズ（*Leather-Stocking Tales*）』で知られる小説家ジェイムズ・フェニモア・クーパー（James Fenimore Cooper, 1789-1851）の父親が開拓したことから、町はクーパーズタウンと名づけられた。一九世紀の半ばにはシンガーミシンの特許で財を成したクラーク家が住み、学校や病院などを建て多額の寄付をしたことから、今日でも住人は無料で学校教育が受けられる。しかし、町の名所は何といっても野球殿堂博物館である。なぜこの町に建てられたかというと、南北戦争で北軍を指揮するアブナー・ダブルデイ(Abner Doubleday, 1819-93)将軍が一八三九年にこの町で野球を創案した、というアメリカ起源説が二〇世紀初頭に作られたからである。しかし、じっさいはこの創案したとされる年にダブルデイ将軍はウェストポイントに赴任中で不在だった。イギリス発祥のクリケットがラウンダーズというスポーツになり、それが野球となった、という説のほうが有力である(2)。

博物館内には、ベイブ・ルースからハンク・アーロン('Hank' Aaron, 1935-、黒人選手、七五五本の通算本塁打でルースの記録を破る)、ランディ・ジョンソン(Randy Johnson, 1963- 左腕投手、通算奪三振率一〇・六を記録)といった歴史に残る名選手に加え、監督、球団経営者ら殿堂入りした人たちのプレートが並んでいる。サッチェル・ペイジやジャッキー・ロビンソンのプレートももちろんある。日本人選手はまだ殿堂入りこそしていないが、私が訪ねた二〇〇八年の夏には、展示室に野茂選手やイチロー選手の写真がその成績とともに飾ってあった。そんな博物館の一角に堂堂と紅一点のエファ・マンリーのプレートがあり、こちらを振りかえったような彼女の笑顔が彫り刻まれている。そして、次のような文章が添えられている(本章85頁)。

エファ・L・マンリー

ブルックリン・イーグルス　一九三五
ニューアーク・イーグルス　一九三六－一九四八

選手や他の球団主から尊敬された、先駆的な球団主で疲れを知らない市民権運動家。イーグルスの共同経営者として、独創的な広告と宣伝によってチームの財政的な成功を確かなものとした。選手を地元コミュニティに溶けこませ、たえず競合する他のチームと戦い、一九四六年のニグロリーグ・ワールドシリーズでチームを優勝に導いた彼女はファンから敬愛された。チームを代表してリーグの会議に出席し、黒人リーグの選手がメジャーリーグに契約した場合に平等な報酬を得られるよう先例を作った。

エファはこのように、チームの選手からもファンからも慕われ、彼女が育てあげたイーグルスの選手たちは黒人の模範として人びとの憧れの対象となった。「黒人野球の女王」とも呼ばれたエファの活動は野球界に限らなかった。彼女はあらゆる黒人の地位向上に尽くした先駆的な女性だった。

第5章　黒人歌手の挑戦
――ブルースの女王ビリー・ホリデイの「奇妙な果実」

二〇一四年の夏、ひさしぶりにニューヨークを訪れた私はオフブロードウェイの劇場サークル・イン・ザ・スクエアで、オードラ・マクドナルド（Audra McDonald, 1970- ）が主演の『レディ・デイ（*Lady Day*）』を観劇した。古代ギリシアの劇場のように階段状の客席に囲まれた円形の舞台には、所狭しといくつものテーブルが置かれていた。かつてのナイトクラブを彷彿させるように、観客も一部がクラブの客となって舞台上で飲み物を口にしていた。レディ・デイ、すなわちビリー・ホリデイ（Billie Holiday, 1915-59）の人生と歌をたどるこの音楽劇は、超満員の観客で埋め尽くされていた。マクドナルドの人気もさることながら、往年のビリーが歌った曲を聴きに来たブルース・ファンやジャズ・ファンも少なからずいたと思われる。

ブルースは、南北戦争後も奴隷時代と変わらず過酷な労働に従事していた、南部の農村で働く黒人たちのあいだで生まれた音楽である。黒人たちは日日の苦しみや悲しみをブルースに託した。それが一九二〇年代になると、都会で歌われるようになる。蓄音機とレコードの発明と進化が黒人歌手のレコーディングも可能にし、ブルースやジャズ（ニューオリンズでクレオールと呼ばれる、白人と黒人の混血が黒人音楽とクラシックを融合して作ったとされる）が全国的に広まる。多くのブルース・シンガーやジャズ・シンガー、金管楽器やピアノなどのジャズ奏者がニューヨークやシカゴなどの大都会で活躍する。この時代、二人のすぐれた黒人の女性ブルース・シンガーがいた。マ・レイニー（'Ma' Rainey, 1886-1939）とベッシー・スミス（Bessie Smith, 1894-1937）である。

マ・レイニーは生まれ故郷のジョージア州でミンストレル・ショー（一九世紀末ごろから白人が顔を黒塗りにするのではなく、じっさいの黒人に歌ったり踊ったりさせるようになる）の舞台で歌っていたが、そのパワフルな歌唱力を買われてシカゴでレコーディングし、コルネット奏者のルイ・アームストロング（Louis Armstrong, 1900-71, 愛称はSatchmo）らとも共演している。スミスは少女時代から兄のギターに合わせて歌い、歌手としての道を歩んでいた。フィラデルフィアを根拠地にしながら、交通事故で亡くなるまで、ツアー・バンドのスター歌手、ブルースの女帝としてその名をとどろかせた。アームストロングやスミスに憧れた一世代若いビリーは、彼らに倣ってブルース歌手をめざす。彼女が活躍したのは一九三〇年代から五〇年代、ブルースもジャズも都会的センスの音楽として万人に受けいれられ、定着した時代だ。黒人差別は相変わらず続いていたが、スポーツ界と同様、音楽界で黒人が活躍する場は確実に増えていた。

さて、ビリー（本名はエリノラ・ゴフ　Eleanora Gough）は一九一五年四月七日、フィラデルフィア（ビリーは自伝でメリーランド州ボルティモアだとしているが）の病院で私生児として生まれる。父親のクラレンス・ホリデイ（Clarence Holliday, 1898-1937）は黒人楽団のバンジョーとギターの演奏者で歌手としても知られるが（ビリーの歌手としての才能は父親譲りだった）、当時はまだ一七歳で、演奏者をめざしてはいたものの、正式の楽団員だったわけではない。結婚する気は毛頭なかった。したがって、ビリーの母親サラ・ジュリア・ハリス、通称「セイディ」(Sarah Julia Harris ; Sadie, 1996-1945) とは結婚もしていないし、同棲していたこともない。セイディは出産時の記録には別の男性の名前を記入しているが、クラレンスは第一次世界大戦で従軍するまでボルティモアに住んでいたセイディとビリーをよく訪ねていたというから、本当の父親であることはまちがいないだろう。セイディは、クラレンスがいつかきっと自分と結婚してくれるだろう、とひそかに夢を抱いていた。そのため、ビリーも不在の父親を理想化していた。歌手になるとき「ビリー・ホリデイ」を名乗ったのも、父親の姓を名乗りたかったのと、その父親が自分をいつも「ビリー」と呼んでいたからだという。もっとも父親と過ごした時間はほんのわずかで、愛称の「ビリー」は映画スターだったビリー・ダヴ (Billy Dove, 1903-97) から採ったというのが本当らしい。ビリーの芸名については諸説あり、伝記によって少しずつ異なる。最新の伝記には、「ホリデイ」の綴りがデビュー仕立てのころは"Halliday"だったことから、クラレンスの苗字を使いたかったものの、彼とは違う自分をみせたかったのではないか、と書かれている[1]。

クラレンスに捨てられたセイディはビリーが五歳のとき、フィリップ・ゴフと再婚する。ホテルのシェフとして成功していたセイディの父親が新居の家賃を払うなど経済的援助をしてくれたが、その四年後、再婚相手はふと家を出たまま消息不明となる。セイディはまた自活を強いられ、自分が働きに出ているあいだは、異父姉エヴァとその夫の母親マーサ・ミラーが、エヴァの子どもたちと一緒にビリーの面倒を見ていた。ビリーはこのマーサを「祖母」と呼んで慕《した》っていた。ビリーには父親もいなければ、母親も不在のことが多かった。私生児だった彼女には公的な出生証明書がなく、教会の受洗者リストにも市役所にも登録されていなかった。彼女の存在が公的文書に正式に記録されるのは一〇歳のときだ。学校をサボってばかりいたため、保護観察官がカトリック系の厳しい更生施設に入れたのだ。自伝には、規則を破った罰として、死体と一緒に監禁されたという体験が綴られているが、これはビリーの脚色で、じっさいは結核の流行でクラスメートが亡くなると、シスターたちがその子たちのために祈りを捧げていただけだった。ビリーはこの施設で受洗もしている。

一年後、施設から出たビリーは、セイディが料理人として働き始めたレストランで、母親と一緒に働くようになる。以来、彼女は学校教育を受けていない。まもなくセイディはウィリアム・ヒル、通称「ウィーウィー」と呼ばれる愛人の家に転がりこむ。自伝でも告白されている強姦に遭うのは、母親と愛人が留守中の出来事だった。近所に住む強姦の常習犯の餌食となったのである。犯人は捕まるが、ビリーも二度目の更生施設送りとなる。今度はセイディの父親が保釈金を支払ってくれたおかげですぐに釈放され、セイディが働き始めたナイトクラブで手伝いをする。クラブの階下には蓄音機があり、ビリーはここでアームストロングやスミスが歌うブルースを聴くことができた。

一九二九年に入ると、セイディはビリーを連れて、ニューヨークのハーレムに引っ越す。ところが、そこは娼婦の館だった。セイディも娼婦として働き始めた矢先、警察の手入れがあり、未成年のビリーは「治療」のためと病院に隔離される。数ヶ月後、ここを出たビリーは、ナイトクラブに勤め始めた母親と一緒にクラブの仕事を手伝う。このとき、テーブルをまわっては客の前で歌い、チップをもらう醍醐味を覚える。一九三〇年代のニューヨークのナイトクラブではジャム・セッション（演奏家が集まって即興演奏をすること）が流行《はや》っていた。ビリーは臆することなく、そうしたジャム・セッションに歌手として加わっていく。そんな彼女をニューヨークのブルックリンで見出したのがリード奏者のケネス・ホロン（Kenneth Hollon, 1909-74）だった。彼はビリーと組み、一九三〇年から二年間にわたり、ブルックリンやクイーンズ地区で演奏した。ちょうどこのころ、ビリーはフレッチャー・ヘンダスン（Fletcher Henderson, 1897-1952）のバンドで演奏活動をしていた父親のクラレンスと再会する。一九三三年にはハーレム周辺のナイトクラブで彼女の歌を聴いたというバンド仲間にビリーが娘であることを追求されたクラレンスが、二人の関係は極秘にしてくれ、と頼むほど、ビリーは歌手として知られるようになっていた。だが、クラレンスは内心、娘を誇りに思っていた。その証拠に、彼はこのころ、よくビリーを連れてビッグバンドの演奏を聴きに行っていた。

音楽教育を受けたわけではないビリーは、楽譜が読めなかった。けれども、音感にすぐれ、耳で楽曲を覚え、むずかしい歌でも見事に歌ってみせた。彼女のハスキーで、けだるく、物憂げな歌声は、マ・レイニーやベッシー・スミスのようにパンチのあるパワフルな声とは対照的だった。スミスの歌声は何千人という聴衆を前に屋外であってもバンドの演奏にかき消されることはなかった。これに対し、ビリーは酒場のテーブルからテーブルに歩いて行き、ささやくような声で歌うのが常だった。大きな会場では、マイクがなければ歌えなかった。

だが、ビリーの歌は多くの人を陶酔させた。「歌で情景を描き、物語を紡ぎだす」彼女は、聴く者に

「まるで［聴いている］自分のことを歌ってくれているのではないかと錯覚させる」ほどだったという。[2] そんなビリーとの共演を望むバンドやミュージシャンが次つぎに現われる。一九三四年一一月にはハーレムのアーティストなら一度は立ちたいと憧れるアポロ劇場でのデビューを果たす。一九三五年七月には、ジャズ・ピアニストのテディ・ウィルソン（Teddy Wilson, 1912-86）との共演で、レコーディングもかなう。[3] バックバンドには、こののち有名になるユダヤ系白人クラリネット奏者のベニー・グッドマン（Bennie Goodman, 1909-86）もいた。稽古や曲合わせの時間はほとんどないに等しかったが、レコードの出来栄えは素晴らしかった。二〇歳のビリーは順調にスター歌手の道を歩みだしていた。このあと、一九四二年までにビリーは、カウント・ベイシー（'Count' Basie, 1904-84）、デューク・エリントン（'Duke' Ellington, 1899-1974）、ベニー・グッドマンなど名だたる演奏家が率いるバンドと共演し、レコーディングも行なっている。これらのバンドはジャズ・ファンでなくても一度は耳にしたことがあるはずだ。ヘンダスンのバンドの看板スターだったクラリネット奏者のレスター・ヤング（Lester Willis Young, 1909-59）との共演もよく知られている。レコードの売り上げも順調に伸び、ラジオの収録もしばしばあった。

しかし、活躍の中心はあくまでもナイトクラブだった。バスに乗って町から町へと移動してはショーに出演するのが日課だった。ビリーが歌手になってほどなくして、シカゴで黒人の暴動があり、白人と黒人が同じ舞台に立つことが問題視された。曾祖母が白人の妾だった（南北戦争前の南部ではごく当たり前の風習で、これをけしからんとする北部が南部の奴隷主を糾弾したのが戦争の起因の一つだった）せいで、ビリーの皮膚は白っぽかった。シカゴに近い、白人の観客だけを相手にしていたフォックス劇場の公演で、白人の観客の反発を恐れたコンサートの主催者は、顔に黒いグリースを塗って出演するようビリーに要請した。逆に、白人クラリネット奏者アーティ・ショウ（Artie Shaw, 1910-2004）のバンドに誘われたさいには、白人ばかりのバンドに一人黒人が入ったことで、出演を拒まれることもあった。そうでなくても、ツアー中、他のバンドメンバーと同じレストランで食事を取れなかったり、同じホテルに泊まれなかったりした。史実にもとづいた映画『グリーンブック（*Green Book*）』（2018）で一九六二年、黒人ピアニストが南部ツアーで同じ経験をするが、題名の「グリーンブック」とは、黒人が宿泊できる宿をリストアップした黒人旅行者用のガイドブックのことである。これより四半世紀前には北部でも目に余る黒人差別があった。バンドがニューヨークのミッドタウンにあるリンカン・ホテルで演奏することになったときのこと、ビリーはホテルの経営者から正面玄関を使わないでくれ、裏口から入って台所を通ってくれ、と言われた。他の白人のバンド・メンバーが使う楽屋への出入りも禁じられ、代わりに暗い小さな部屋をあてがわれた。バンド内ですら、スター歌手としての給料は支払われず、ビリーは一九三八年、一年足らずでこのバンドをあとにする。

ビリーはこのあと、グリニッチ・ヴィレッジのシェリダン・スクウエア二番地に新しくできた「カフェ・ソサエティ」というナイトクラブで歌うようになる。カフェ・ソサエティはラトビアからの移民二世のビジネスマン、バーニー・ジョセフソン（Barney Josephson, 1902-88）が、白人も黒人も一緒に楽しめる、ヨーロッパのキャバレーのようなナイトクラブを作りたいとの思いからオープンした。一九三八年の一二月、そのオープニング・ナイトを飾ったのがビリーだった。

リンチされた黒人の絵
Howard B. Rock & Deborah Dash Moore eds., *Cityscapes: A History of New York in Images*, Columbia University Press, 2001, p.195

翌年の四月、白人の黒人に対するリンチに反対するユダヤ人教師エイベル・メーロポル（Abel Meeropol, 1903-86、筆名はルイス・アレンLewis Allen）が歌詞を、ソニー・ホワイト（Sonny White, 1917-71）が曲を付けた楽譜を、メーロポルがジョセフソンに見せる。ジョセフソンはインテリや左翼的な客が多いこのクラブにふさわしい曲だからと、それをビリーに歌ってもらうことにした。ビリーが曲のメロディを自分なりに作り変えて歌ったところ、この歌は大ヒットし、この年のレコードのヒットチャート一六位にランクインした。それが「奇妙な果実（Strange Fruit）」（1939）である。「奇妙な果実」とは、木からぶら下がっている、リンチされた黒人の死体のことだ。ことに南部では、黒人に差別意識をもった白人たちが、治安維持と称して素行に問題がある黒人を残虐な方法で殺すことが常習化していた。奴隷制があったころはプランテーションのオーナーが私有財産として奴隷の命をいわば守っていたが、南北戦争が終わり、ジム・クロウ法が定着していく過程で、白人が気に入らない黒人はリンチされ殺されるようになる。その言いがかりの多くが、黒人男性が白人女性を強姦した、というものだった。ほとんどはでっちあげで、黒人は無実の罪で殺された。白人の財産ではなくなった黒人は、自分の身は自分で守らなければならなかった。

ビリーが「奇妙な果実」を歌い始めた一九三九年には、リンチの数も一九二〇年代をピークにじょじょに減少しつつあった。だからといって、リンチが完全に消滅したわけではなかった。だから南部でこの歌を歌うのはむずかしかった。この歌のせいでＦＢＩが彼女の行動を監視し始めたという話もある。重い歌詞に抵抗を覚える客もいて、この歌になると席を立つ者も少なからずいた。公共放送で流すのははばかられ、イギリスのＢＢＣはこの曲を流すことを禁じた。だからといって、ビリーは怒りをむき出しにしてこの歌を歌ったわけではない。もともと彼女の歌は、「ファイン・アンド・メロウ（Fine and Mellow）」や「マイ・マン（My Man）」「ドント・エクスプレイン（Don't Explain）」など、男女の恋愛に伴う悲しさや痛みを歌ったものが主で、社会批判や体制批判はほとんどない。あとで述べる自伝（といっても、ウィリアム・ダフティによる聞き書きである）のタイトル、『レディ、ブルースを歌う（*Lady Sings the Blues*）』にも採用された歌のように、自身の体験を歌うものもあるが、政治的メッセージを伝えるものではない。だから、ビリーは「奇妙な果実」を歌うときも、抗議を込めて、というより、自身の悲しみを込めて歌った。この歌に自身の黒人種としての悲哀を込めただけでなく、二年前に亡くなった父親クラレンスへの思いを重ねた。彼は第一次世界大戦で従軍した際に毒ガス攻撃を受け（これは記録に

『奇妙な果実』を歌うビリー
Chris Ingham, *Billie Holiday*, Unanimous Ltd, 2000

ないので、定かではない）、それがもとで一九三七年に体調を崩す。ところが黒人だという理由で処置が遅れ、ようやく診てくれた病院ではもう手遅れだった。肺炎が悪化して亡くなってしまう。南部テキサスでのことだった。ビリーにしてみれば、父親の死はリンチされたも同然だった。

ナイトクラブでビリーが初めて「奇妙な果実」を歌ったとき、歌のあいだ、レジの音は厳禁で、ウェイターは歌が終わるのをじっと立って待っていた。ビリーの顔に照らされた細い照明のほかは真っ暗だった。歌い終わると、一瞬照明が消された。拍手が大きくなってもアンコールはなかった。代わりに、そこには涙するビリーがいた。このころから、ビリーの歌はたとえ男女の愛を歌っていても、悲しみと怒りが強く表現されるようになる。それが「奇妙な果実」のせいかどうかはわからない。成熟した大人のビリーがそうさせたのかもしれない。あるジャズ評論家はこの歌を「彼女の全人生のメタファー」だとも評した。[4]

「奇妙な果実」の衝撃は大きく、白人の作家リリアン・スミス (Lillian Smith, 1897-1966) がこの歌をヒントに同名の小説『奇妙な果実』を執筆すると、この小説は一九四四年のベストセラーになった。他方、自らの人生を綴ったビリーの自伝も一九五六年、ベストセラー入りする。この自伝『レディ、ブルースを歌う』のほとんどはウィリアム・ダフティがビリーから聞き書きしたもので、ビリー本人の意向もあって真実ではない記述も多い。しかし、実人生以上に波乱万丈な生涯を描いたこの自伝は、出版と同時に一万二〇〇〇部が売れる。日本でも一九七一年に油井正一と大橋巨泉が共訳でこの本を出版し、『奇妙な果実　ビリー・ホリデイ自伝』というタイトルが付けられた。ビリー自身、この自伝の題名を「奇妙な果実」の最後の歌詞の文句、「苦《にが》い作物（bitter crop）」としたかったというから、この邦題は彼女の思いに即しているといえるかもしれない。

この自伝で印象的な記述がある。第二次世界大戦中の妙な空気についての記述だ――

> 戦争の時代――妙な時代であった。
>
> 曾祖母は、ヴァージニアの農園の小屋の窓から、南北戦争をみたという。彼女のような人にとっては、戦争は経験ずみである。こんな人がほとんどいなくなった時代の私たちにとって、戦争は未知のことがらでしかない。
>
> パレード、戦時国債、UFOの旅行、配給手帳、気味のわるい消印のついた手紙――ともかくなにもかもが、まともではなかった。
>
> 私の聴衆も変った。フランネルからカーキ色に、そしてすべての人は暴風雨のときの遭難者のように、お互いに親近感を持ちはじめた。大地震のあとのように、すべての人びとの話題は同じだった。長い間に、それは習癖のようにこびりついた。[5]

黒人兵と白人警官
Howard B. Rock & Deborah Dash Moore eds., *Cityscapes: A History of New York in Images*, Columbia University Press, 2001, p.305

この一文がダフティの手によるものだとしても、戦争がまともではないと感じるビリーの鋭い感受性が伝わってくる。戦争が始まると、たとえば白人兵の恰好の遊び場だったハーレムのダンスホール「サヴォイ・ボールルーム」は風紀を乱す場所だとみなされ、市当局によって強制的に閉鎖された。表向きの理由は、白人兵が黒人娼婦から性病をうつされたというものだったが、本当の理由は、白人兵と黒人女性が一緒に踊ってはならないということだった。その数ヶ月後、今度はブラドック・ホテルの前で黒人女性と白人警官が言い争っていたのを仲裁しに入った黒人兵が銃で撃たれるという事件が起こる。それがきっかけで暴動に発展し、五〇〇〇人の警官がハーレムに配備された。結果、六人が死亡、七〇〇人が負傷、六〇〇人が逮捕される。(6)

戦時中の一九四一年、ビリーはジミー・モンローと結婚し、拠点もマンハッタン五二丁目のナイトクラブ、「ケリーズ・ステイブルズ」に移す。シカゴや西海岸のナイトクラブにも足を運んだ。しかし、結婚生活は順風満帆ではなかった。籍を入れたまま、別居する。仕事のほうは順調で、トランペット奏者の新しい愛人もできた一九四五年五月、ビリーは五二丁目の「ダウンビート・クラブ」のオープニングで歌い、しばらくニューヨークにとどまる。一九四六年二月にはニューヨークのタウンホールでソロコンサートも行ない、一時間一〇分という短い公演だったにもかかわらず、聴衆はビリーの歌に魅了され、大成功に終わる。さらに一九四七年一一月にはカーネギーホールで慈善コンサートを開いた。チケットがあっという間に売り切れたのはいうまでもない。このころ、リズミカルなスウィングジャズの流行が終わり、チャーリー・パーカー（Charlie Parker, 1920-55）に代表される、断片的なフレーズが複雑に組みあわされるビバップスタイルが流行していた。しかし、ビリーは自分のスタイルを貫き、彼女のファン層は依然として厚かった。

名実ともにブルースの女王となったビリーは五〇年代に入ると、テレビ番組への出演を依頼されたり、ヨーロッパ・ツアーを打診されたりする。一九五四年の一月から二月にかけて、スカンジナビア、ドイツ、スイス、オランダ、フランス、イギリスへのツアーを行なう。ツアーのメインイベントは、ロンドンのロイヤル・アルバート・ホールで六〇〇〇人の聴衆の前で歌うことだった。ビリーは一五曲を披露し、「奇妙な果実」を最後に歌って会場を後にした。しかし、彼女は心身ともにボロボロだった。楽屋に戻ると気持ちが高ぶり、涙が止まらなかった。それでも、気丈に振る舞い、コンサートに来られなかったジャズ・ミュージシャンたちのためにと、そのあとフラミンゴ・クラブで歌い、ツアーの最後を飾った。[7] 一九五〇年代の彼女はジャズ・コンサートやジャズ・フェスティヴァルで歌うことによって経済的にささえられていた。しかし、大観衆の前で歌うのはストレスでもあった。彼女が心地よく歌えるのは、ナイトクラブのような小空間だった。自分で一二五人ぐらいが座れるクラブをもちたいと夢を描いていたこともあったようだ。

ビリーは孤独な少女時代を過ごしたせいか、一〇代のころから精神的に不安定で、麻薬やアルコールに依存するようになる。第二次世界戦争が終わりそうなころ、彼女は麻薬中毒を治療しようと自らサナトリウムを探していた。ところが、そのせいで麻薬に手を出していたことが知られ、連邦麻薬局への密告によって逮捕され投獄されてしまう。一九四七年のことだ。その後も麻薬のおとり捜査で騙されて投

ルイ・アームストロング（左）とビリー・ホリデイ（右）
Rebecca Carey Rohan, *Billie Holiday: Singer*, Cavendish Square, 2017, p.21

獄され、計五回捕まったビリーが自伝の後半で説くのは麻薬中毒の怖さ、そして病人として手当てするのではなく犯罪者として処罰するアメリカへの批判である。結局、彼女はそれがもとでからだをこわし、四四歳という若さでこの世を去ることになる。父親のいない家庭で母親も仕事でいないことが多く、孤独だったビリーは歌手として成功しても、心のうちの寂しさを埋めることができなかったのだろう。

　ビリーは麻薬で捕まった最初の裁判で、「私はニグロである自分を誇りに思っています。でも、可笑しいですよね、私に一番厳しい人たちは私の人種なのですから」と述べている。いつも恋をしているようなビリーのまわりには多くのバンドマンがいたが、心から信頼できる人間、彼女の傷ついた心を和ませてくれる人間はいなかった。三人目の夫となるルイ・マッケイとの関係も冷めていた最晩年は足首が腫れ、歩くのも痛いたしかった。それでもヨーロッパでのコンサート・ツアーやフェスティヴァルに呼ばれると、歌いに出かけた。やつれ、骨と皮ばかりとなったからだから絞りだす歌声はか細く、歌というよりささやき声のようだった。それでもなお、ビリーの歌を聴きたいと思う人びとがいたのは、歌に込められた物語に自身の痛みや悲しみを重ねる、その独特の歌い方に魅了されてのことだろう。彼女の歌には技法が優れているとか旋律が美しいとかいったこととは無縁の、人間の魂を揺さぶる力があった。

ところで、歌手ビリーが俳優として出演した珍しい映画がある。題名は『ニューオリンズ（*New Orleans*）』（1947）。ビリーはそのまま歌手としてニューオリンズのナイトクラブで歌を歌っているが、役柄の本業は女中である。このころはまだ黒人女性が女中以外の役で映画出演するのはむずかしかった。ビリーは女中役をしぶしぶ引きうけさせられ、「スターづらした」鼻もちならない「金髪女」の引きたて役にさせられたことに憤りさえ感じた。主人公はオペラ歌手をめざしている若い白人女性だった。演じていたのは駆けだしの女優で、黒人を差別しているのはあきらかだった。この主人公はニューオリンズのナイトクラブでジャズを知り、やがてそれを舞台で披露し、クラシック・コンサートを聴きにきた観客をびっくりさせる、というのが筋書きだった。人種差別が激しかった南部の白人視聴者を配慮しての脚本だった。「スター」に抜擢されたと思って映画出演を承諾したビリーはできあがった作品を観て、この映画が大嫌いになる。ニューオリンズで収録したはずの音楽と風景がほとんど使われていなかったばかりか、ビリーが白いドレスを着て歌う場面が全部削除されていたのだ。結局、この映画は、当時ジャズ界では知らない者はいないといってもよい、あのルイ・アームストロングやビリーのような大歌手が出演しているにもかかわらず、その安直な脚本と鼻もちならない主演女優のせいで評価はさんざんだった。しかし、筋書きはともかく、今日のジャズ・ファンにはビリーとアームストロングが共演していると聞くだけでよだれが出そうな映画であることはまちがいない。

映画としての価値はともかく、この映画はまた、ジャズの歴史を知るには恰好の映画である。ちょうどアメリカが第一次世界大戦に参戦した一九一七年が舞台で、軍港となるニューオリンズから堕落した文化の発信地とされるジャズ・バーが封鎖され、黒人ミュージシャンたちが職を求めてミシシッピ川を北上、シカゴやニューヨークへ大移動するさまが描かれている。そもそもジャズは、クレオール（黒人と白人の混血）がヨーロッパでクラシックを覚え、奴隷の先祖がアフリカからもちこんだ黒人霊歌、ブルース、ラグタイムなどの黒人音楽と混じりあったブラスバンドを演奏したのが始まりとされる。ニューオリンズを追われたミュージシャンが北上する過程で、途中の町にとどまった者もいて、カンザスシティも多くのジャズ・ミュージシャンを輩出している。映画では「サッチモ（ルイ・アームストロング）」が率いるジャズ・バンドがシカゴを演奏の拠点にするが、さらにニューヨークへ移動し、両都市ともジャズの都として栄えることになる。

アメリカは一九二〇年代、正確にいうと一九二〇年から一九三三年まで、連邦政府が禁酒法を施行し、酒類の輸入、製造、販売が全面的に禁止された。背景には飲酒による家庭内暴力や犯罪を撲滅しようとする運動がある。アメリカで最初の禁酒運動が組織されたのは一八〇八年のニューヨークで、その後、東部が中心だった禁酒協会が各地へ広がり、一八三三年までに六〇〇〇を数える支部と一〇万人を超える会員をもつ全国的な組織となる。協会は機関紙を発行するなどして禁酒運動を繰り広げていった[8]。この運動を推進したのは女性たちだった。財産の継承や離婚の権利がなかったこの時代、酒におぼれて家庭内暴力を起こしたり扶養義務を怠ったりして家庭をかえりみない夫に愛想をつかした中流階級の女性たちの怒りから禁酒運動が活発化したのだ。なかでも女性キリスト教禁酒連合の会長に就任したフランシス・ウィラード（Frances Willard, 1839-98）は二〇万人もの女性を組織し、当初は駆けこみ寺のような団体だったものを政治機関をも揺り動かす圧力団体へと変貌させた。かのマーク・トウェインも「禁酒と女性の権利（The Temperance Crusade and Woman's Rights）」（1873）というエッセイにおいて、女性禁酒運動家を支持している。

運動の成果が現われるのは一九世紀末で、州単位で酒類の販売禁止が法制化される。連邦議会もこういった動きにあと押しされた結果、禁酒法を施行する。しかし、巧みに抜け道を考えたギャングが酒の密輸や密造、密売で大儲けをし（映画『ゴッドファーザー』シリーズのモデルとなったアル・カポネはその代表格）、じっさいには法律で縛ることがむずかしかった。「スピーク・イージー（speakeasy）」と呼ばれるもぐり酒場が作られ、表向きはレストランや食堂、カフェでありながら、その奥に酒場や宴会場があり、そこがジャズ・ミュージシャンたちの稼ぎどころにもなっていた。酒を飲みながら音楽を聴いたり、踊ったりする文化がニューヨークを中心に大都市で「ひそかに」ブームになったというわけである。ビリーが「奇妙な果実」などを歌った「カフェ・ソサイエティ」は、グリニッチ・ヴィレッジのシェリダン・スクウェアに面した地下にあり、禁酒法時代にはもぐり酒場だった。

そんなわけで、大恐慌が始まる一九二九年までのほぼ一〇年間は「狂騒の二〇年代（Roaring Twenties）」、あるいは「ジャズ・エイジ（Jazz Age）」などと呼ばれた。小説家のアーネスト・ヘミングウェイ（Earnest Hemingway, 1899-1961）やスコット・フィッツジェラルド（Scott Fitzgerald, 1896-1940）らが伝統的な価値観に反抗し、退廃的で享楽的な日日を送る若者たちを描いたことから、ヘミングウェイの世話をしたパリ在住のアメリカ人作家ガートルード・スタイン（Gertrude Stein, 1874-1946）はこうした若者たちを「失われた世代（Lost Generation）」と命名した。

しかし、闇商売で大金持ちになった男の享楽的な生活を描いたフィッツジェラルドの代表作『グレート・ギャツビー（*Great Gatsby*）』（1925）[9]のような、短くも華やかな人生の裏では、人種差別に苦しむ黒人の若者が大勢いた。第一次世界大戦に従軍し、帰還した黒人兵たちを待っていたのは、偏見に満ちた社会だった。一八九〇年代に「分離すれども平等」という人種隔離政策が南部を中心に採られると、ジム・クロウ法によって、白人にとって脅威とみなされる黒人やその支援者とされる人びとをリンチすることが横行する。とくに白人女性を強姦したという咎《とが》で多くの黒人たちが木の枝に括《くく》りつけられ、絞首刑となった。枝から死体がぶら下がったおぞましい光景が写真にも残されている。こういったリンチによる死体の数は一八八九年から一九四〇年までに三八三三体にのぼり、そのうちの五分の四が黒人だったという。その前近代的な処刑を白人たちは晴れ着や軍服姿で見物していた。こういった差別や偏見が当たり前だった時代には、何の疑問も抱かずにその非人道的社会通念に加担してしまうのが人間の浅はかさなのだろう。無声映画時代のアメリカの大映画監督ディヴィッド・W・グリフィス（David W. Griffith, 1875-1948）も『国民の創生（*The Birth of a Nation*）』（1915）では、南北戦争を舞台にしながら、白人女性を強姦しようとする黒人を登場させ、白い頭巾と白いガウンに身を包んだＫＫＫ、すなわちクー・クラックス・クラン（南北戦争後の一八六八年に南部の白人至上主義者たちが作った秘密結社）が正義の味方さながらに馬に乗って駆けぬける場面を取りいれている。南部の名作といえば映画化もされた『風とともに去りぬ（*Gone with the Wind*）』（1936）が連想されるが、ここでも黒人が女中役として登場し、人種的な偏見が随所にみられる。このため、最近では『国民の創生』は公の場で上映が禁止され、アトランタにある『風とともに去りぬ』の作者マーガレット・ミッチェル（Margaret Mitchell, 1900-49）の家は人種差別反対を訴える人びとの標的にされたこともある。

「奇妙な果実」の歌詞は、生きたまま木に吊るされ、焼かれ、死んだ南部の黒人のグロテスクな死体を果実に譬えて、視覚や臭覚、味覚などの五感に訴えている――

南部の木になる奇妙な果実
葉を染める血、根にしたたる血
南部の風に揺れている黒い死体
ポプラの木からぶら下がっている奇妙な果実

優雅な南部の田園風景
飛び出た目玉にゆがんだ口元
甘く、みずみずしいマグノリアの香り
そこに突然、焼け焦げた肉の匂い

ここにある果実を、カラスがついばみ
雨が摘み　風が吸い
陽ざしが腐らせ　木が落とす
ここにあるのは奇妙な、苦い作物

無惨な死体をありのままに歌ったこの歌を聴いて、かえって人種的憎悪をあおりたてやしまいかと恐れる黒人もいた。今でこそ、この歌の真意が私たちの心を打ち、過去の過ちに思いを馳せることができるようになったが、偏見のなかで歌うには受け手のことも考慮しなければならず、厄介な代物でもあった。しかし、黒人差別がもたらした白人の残虐な行為を見せつけるこの歌は、差別に立ち向かうのちの世代を勇気づけてもいる。一九七七年にはサンフランシスコのゲイシアターがこの歌を取りいれた「奇妙な果実」というショーをプロデュースした。自分たちゲイをリンチされた黒人に重ねての公演だった。

ビリーは公民権運動が日の目を見る前にこの世を去ってしまったが、彼女が残した歌はすでに録音技術があったおかげで今でも聞くことができる。アルコールと麻薬と獄中生活によってからだを蝕まれた晩年の歌はふらつきが多くなったというが、テクニックではない、微妙な感情表現に富んだその歌声は、ビリーの死後も多くのファンを集めることとなる。ややしわがれた声をのばすようにつややかに歌うビリーの声は聴く者の魂をわしづかみにする。

第6章　大人は判ってくれない
――『キャッチャー・イン・ザ・ライ』と『ウェストサイド・ストーリー』

国家としてのアメリカは、ヨーロッパの植民者が作った「アメリカ合衆国」という観点からいえば、歴史が短い。それだけに若さや純粋さが称揚される。歴史が長く、成熟したヨーロッパへの劣等感も手伝って、それに対抗する意味で「純粋無垢（innocence）」であることが強調された。しかし、現実のアメリカ社会はこれまで見てきたように、植民と開拓という名のもとに侵略戦争を繰りかえし、人種差別や性差別を見て見ぬふりをしてきた。社会は不正や欺瞞に満ちていた。「戦争の祈り」を書いたマーク・トウェインの代表的な小説『トム・ソーヤーの冒険』と『ハックルベリー・フィンの冒険』では、いずれも主人公の少年の目をとおしてそんなアメリカの現実をかいまみることができる。南北戦争後、経済発展するアメリカ社会において、大人たちは「文明国家」を築くために「野蛮」なインディアンを社会から排除しただけでなく、自分たちの子どもたちに、文明国家にふさわしい窮屈な道徳観や規律を押しつけた。自由でありたい子どもたちは親に反発し、家出し、いたずらづくしの冒険の旅に出る。いたずらは純粋さと表裏一体なのだ。

トウェインの小説から約七〇年後、やはり社会の規律や規範に馴染めず、退学を宣告されてニュー

『キャッチャー・イン・ザ・ライ』（*The Catcher in the Rye*）

ヨークの町を放浪する思春期の高校生が主人公の小説が爆発的にヒットする。J・D・サリンジャー（J. D. Salinger, 1919-2010）が発表した『キャッチャー・イン・ザ・ライ（*The Catcher in the Rye*）』[1]（1951）である。

アメリカが参戦した連合軍は第二次世界大戦で勝利したが、第一次世界大戦直後と同様、帰還した兵士や若者にとって、たとえ経済的に恵まれた環境であっても、精神的に満たされない状況が待ちうけていた。詳細は次章に譲るが、アメリカは戦後まもなく、戦時中、連合軍として一緒に戦ったソ連とイデオロギーの違いから対立する。追いうちをかけるように中華人民共和国が成立（一九四九年一〇月）し、朝鮮戦争が勃発（一九五〇年六月）すると、共産主義圏に脅威を感じるようになる。そのため、国外のみならず国内の共産主義者とそのシンパへの締めつけが厳しくなり、上院議員ジョゼフ・R・マッカーシー（Joseph Raymond McCarthy, 1908-57）が主導する反共運動が国家的レベルで公然と行なわれる。アメリカとソ連が対立する冷戦構造のなかで、両国は核兵器製造競争を始める。核戦争の脅威が国民を不安に陥れ、政府からは国民の結束が叫ばれる。ナチスドイツが国民を結束するために国内の異分子であるユダヤ人や同性愛者、身体障碍者を抑圧したように、アメリカは共産主義者とそのシンパ、そして同性愛者らを社会から追放し始める。[2]

国家の介入は当然のことながら、国民の生活にまで及び、若者たちには「清く正しい」教育や徴兵制度による軍隊生活が強制され、中産階級の女性には普通の主婦像が期待された。第二次世界大戦中は、戦場に行った若者たちの「銃後を守る」女性の就労率が高まり、女性が外で働くことが奨励されていたが、終戦を迎えると、大多数の中産階級以上の女性は結婚までの腰掛け程度の仕事にしかありつけず、家庭を守るのが女性の役割だとする古典的な価値観が大勢を占めるようになる。ふたたび白人男性中心主義の父権性社会が首をもたげ、女性も黒人も他の有色人種もほとんどが低所得者であるか、無収入の家庭婦人だった。中産階級の女性たちには、郊外の、芝生が敷きつめられた庭のある、しゃれた家に住み、夫と子どもの世話をするのが幸せだと喧伝《けんでん》された。洗濯機や冷蔵庫なども登場し、電化製品を製造する企業は、気楽で幸せな家庭生活が送れるという宣伝を繰り広げた。もちろん、このような、押しつけられた「幸せ」、「強いアメリカ」を誇示するマッチョ的ナショナリズムに疑問をもつ人びとは少なからずいた。しかし、たいていのアメリカ人は国家が喧伝する神話に賛同するか、もしくは社会の圧力と不穏な空気のなかで、自分もいつ疑われるか知れない不安を抱え、内向きになっていく。他者と違う自分を表にさらけだすのははばかられ、誰しもがむりやりにでもそんな社会に自分を順応させようと、でなければ忍耐強く時が過ぎるのを待とうと努めていた。戦争は終わったのだから、ビリー・ホリデイが戦争中に感じたような「妙な」空気はなくなるはずだった。だのに、また新たに不自由で不寛容な空気がアメリカ社会を覆い始めていたのである。それを一番敏感に感じたであろう世代が『キャッチャー・イン・ザ・ライ』の主人公、ホールデン・コールフィールドのような思春期を迎えた若者たちだった。

『キャッチャー・イン・ザ・ライ』にはこんな一節がある。

戦争に行かなくちゃならないなんてことになったら、きっと僕は耐えられないだろうと思う。間違いなくだめだね。もし連中が君をただ表にひっぱり出してずどんと撃ち殺しちまうとかそういうことだったら、まだ我慢はできるんだ。でも君は軍隊にうんざりするくらい長いあいだ入っていなくちゃならない。それがなにしろ困った点なんだよ。兄のＤＢはなにしろ四年間も軍隊に入っていた。戦場にも行った。Ｄデイに敵前上陸もした。でも彼は戦争よりも軍隊のほうをより憎んでいたと僕は真剣に思うんだ。

ホールデンはこのあと、アメリカでおそらく最もよく知られた戦争小説、ヘミングウェイの『武器よさらば』を「インチキ本」と呼ぶ。これに対し、戦争景気で沸いた第一次世界大戦後の若者たちの虚飾と退廃を描いたフィッツジェラルドの『グレート・ギャツビー』を絶賛する。さらに、「いずれにせよ、原子爆弾なんてものが発明されたことで、ある意味では僕はいささかほっとしてもいるんだ。もし次の戦争が始まったら、爆弾の上に進んでまたがってやろうと思う」とまで言う。不届きな、と思う読者もあろう。しかし、戦争の恐ろしさは直接戦争を描くことではない。ホールデンの語りから伝わってくるのは、そういう戦争を肯定し、そのための準備をしている社会、あるいは帰還兵士を英雄扱いする戦後社会のほうがどれほど恐ろしいか、ということだ。そこでは、じっさいに戦場におもむき、敵と戦って死んだ、あるいは命拾いをしても戦争のトラウマを抱えつづける兵士の苦しい心境を想像する余地などないに等しい。想像できていたら、軍隊の存続や人類を破滅に導くような武器を開発するようなことは到底ありえない。

しかしながら、トウェインが「戦争の祈り」をとおして嘆いているように、大多数の人間は自分が属する国家が戦争で勝利することを祈り、そのための犠牲を良しとする。だから軍隊も武器もなくなるどころか、増殖増産されつづけるのだ。『キャッチャー・イン・ザ・ライ』が発表された一九五〇年代初頭、「原子爆弾」についてはヒロシマやナガサキに投下された、という以外、その破壊力に関する情報はまだほとんど公開されていなかった。しかし、米ソの核兵器製造合戦はニュースで大きく取りあげられ始めていた。欧米の人びとは、すでに使用された原子爆弾がもたらした悲劇に思いを馳せるよりも、核戦争が起こるのではないかという不安におびえていた。爆弾もろともこの世とおさらばしたい、というホールデンの切なる願いは、この小説に一貫して流れる、社会への不信、自己の挫折と切り離せない。

『キャッチャー・イン・ザ・ライ』が発表されたころには作者サリンジャーはすでに三〇歳に達し、小説のなかの、ノルマンディー大作戦に参加した兄のDBに近い年齢だった。しかし、自身の思春期のころの体験や戦争中の軍隊体験がホールデンの反抗精神の礎になっていると思われる。小説は、成績不良で高校を退学させられることになったホールデンが三日間さまよい歩くニューヨークの町が舞台である。その間、彼は出会う人間たちの行動を観察し、疑問に思ったり、かつて出会った友人知人のことを回想したりする。最終的に、西部へ行って人生の再出発をしようと決心するのだが、そのまえに自分が唯一信頼している妹のフィービーにどうしても会っておきたくて、両親の留守中、家に帰宅する。ところが、フィービーも一緒に家出すると言いだす。セントラルパークの回転木馬にフィービーを乗せ、自分はどしゃぶりの雨に打たれているうちに彼のなかで気持ちの変化が生じる。小説はここで終わるが、どうやらホールデンは高校生活に復帰するらしい。小説の冒頭で別れの挨拶をしに行った歴史の先生に向かって、ホールデンは「心配しないでください」「今はひとつの段階を通過しているだけです」と言っているが、大人になるための「通過地点」、いわば「通過儀礼」がこの小説の主題だというわけである。

ホールデンは勉強が嫌いで酒を飲んだりタバコを吸ったりするが、非行少年というには小心者で、こと女性にかけては興味津津でありながらうぶで上手につきあうことができない。自分が片恋慕している女性が女たらしの友人とつきあっていると知ると、嫉妬と怒りがこみあげてくる。やっとつきあってくれる女性を見つけたかと思うと、その彼女が顔見知りのアイヴィー・リーガー（東部の名門八大学アイヴィー・リーグの出身者）の男とおしゃべりをしたというだけで腹を立て、「スカスカ女」と悪態をつき、彼女を逆上させてしまう。ニューヨークの町を放浪中に泊った宿では、エレベーターボーイに娼婦を紹介されるが、その娼婦が自分とあまり年の違わない少女なので、すっかりその気になれなくなる。かといって、どうやって話しかけてよいかもわからず、お金だけを払うはめになる。それも一〇ドルのところ、「五ドルだって聞いてる」と言い張ったがために、さきのエレベーターボーイ、つまりはヒモの男と娼婦に言いがかりをつけられ、さらに五ドルを巻きあげられる。

恰好つけのホールデンは、自分の年齢を偽って大人の紳士たらんと行動しようとするたびに失敗する。朝食をとろうと入ったサンドウィッチ・バーでは二人の尼僧に会い、一〇ドルを寄付するが、食事代もおごろうとすると固く辞退される。あとで一〇ドルでなく、もっと寄付すればよかったなどと反省しきりのホールデンは、自分が稼いだわけでもないお金をそうやって浪費していく。最後は妹にお金を無心し、家出を決行しようとするホールデンは恰好の悪い意気地なしにしかみえない。もはや道化にしかみえないホールデンが最後に訪れる、昔退学した別の高校の老教師宅では、カウチで寝ている最中、尊敬していたその老教師の手が自分の頭を愛撫しているのにびっくりして、慌てて口実を作って退散する。うまくいかないことの連続のなかで、自身の行動を棚にあげて他人をさげすむホールデンの語り口がユーモラスで、ときに支離滅裂なのに愛嬌がある、そんなどこか憎めないキャラクターが万人を魅了し、『キャッチャー・イン・ザ・ライ』は人気を博したのだろう。

タイトルの「キャッチャー・イン・ザ・ライ」は、スコットランドの詩人ロバート・バーンズ（Robert Burns, 1759-96）の詩「ライ麦畑で出逢ったら（*Comin Thro' the Rye*）」（日本では「故郷の空」、あるいは、なかにし礼作詞でザ・ドリフターズが歌った「誰かさんと誰かさんが麦畑」で知られる）を、ホールデンが「ライ麦畑でつかまえたら」と勘違いしていたとして付けられた。原曲のバーンズの詩がライ麦畑に隠れた男女の性の営みをおおらかに謳っているのに対し、ホールデンは、何千人という小さな子どもたちが遊んでいるライ麦畑の端にある崖っぷちで、崖から落ちそうになる子どもを見つけ、かたっぱしからつかまえ、命を救う人間になりたい、という夢をこの一節で表わした。この象徴的な夢の真相を明かせば、落ちているのは自分なのに、ホールデンはそんな自分を顧みず、他の「落ちそうな」子どもたちを助けたいと考えている、というわけだ。妹のフィービーに対しても、自分は学校嫌いなくせに、ちゃんと学校に行けよ、と説教をする。そして最後には、一緒に家出したいというけなげな妹の言動で、いわば我にかえるのである。

ホールデンの夢のなかのライ麦畑には「ちゃんとした大人」は「一人もいない」。ホールデンから見て、現実にちゃんとした大人がいないのだから、夢のなかにも大人が登場しようがない。でも夢のなかの子どもたちは遊んだり走ったりして、自由を謳歌している。大人から解放されている。ホールデンが避難先として夢みる西部も本当は「ライ麦畑」なのかもしれない。この小説にはもう一つ、象徴的なエピソードがある。ホールデンが好んで歩きまわるセントラルパークには池があり、そこに見かけられるはずの「アヒル」(原語は"duck"なので、家禽ではない「野鴨」ではないかと思うが、邦訳はみな「アヒル」になっている)がいないのは越冬で南下したのか、誰かが連れていってしまったのか、ホールデンは気になっている。飛んでいったのか、あるいは檻に閉じこめられているのか、ゆくえ知れずの「アヒル」の宿命に、社会になじめない、「醜いアヒルの子」である自分を重ねているのだ。

ニューヨークはさまざまな人種や民族、それもアメリカ人だけでなく外国人が集まっている世界都市である。ところが、この小説には変な人たち、少なくともホールデンには変態と思われる人間はたくさん登場するが、人種や民族の違いに触れる記述はほとんどない。しいていえば、ホールデンがニューヨークを放浪中に、あるバーで昔の友人のルースという若者と会う約束をする場面で、ルースの彼女が中国人だと明かされるぐらいだ。あとはカトリック信者同志だとなぜか友情が深まるらしいという話を面白がっている箇所でアイルランド人に言及されるぐらいで、ほとんど人種や民族への言及はない。サリンジャー自身はアイルランド人の血とユダヤ人の血を引くが、ユダヤ人への言及もない。小説に登場するのはほとんどが白人であろう人びと（ニューヨークという土地柄から、そのなかには相当数のユダヤ人がいると思われるが）、それも裕福な人びとだけである。ただし、ルースという友人からゲイやレズビアンの話を知ったというくだり、そして泊めてもらった先生からゲイかもしれない行為を受けて慌てふためくくだり、あるいは「おかまみたいな」といった形容がよく使われていることなどから、同性愛者の存在は身近なものとして意識しているようだ。もっともホールデンの意識のなかでは同性愛者に対する偏見も見られ、その点では時代の限界を越えるものではない。

サリンジャーがこの小説を発表した一九五一年は、まだ第二次世界大戦が終わって数年しかたっていない。ヨーロッパ戦線で戦って帰還した若者たちは、心に傷を負った者も多く、サリンジャーも例外ではなかった。彼は四週間で連合軍七〇〇〇人が死亡するという最悪の戦闘の一つ、ヒュルトゲンの森の戦いに参加し、多くの戦友を失っている。また、ナチスの強制収容所を解放したアメリカ兵の一人でもあった。そのときに目にしたであろう、骨と皮ばかりでかろうじて生きながらえていたユダヤ人の姿や殺された死体は、その後の人生を変えるほどの衝撃であったにちがいない。二〇一七年に製作され、二〇一九年の一月に日本でも公開されたサリンジャーの伝記映画『ライ麦畑の反逆児（*Rebel in the Rye*）』には、そうした戦時中のサリンジャーの兵士姿が、帰還後に精神の病に侵された男の回想として描かれている。サリンジャーの作品の背景に戦争体験が隠れていることは今日では周知の事実なのだ。

サリンジャーはポーランド系ユダヤ人の父親とアイルランド系カトリック教徒の母親とのあいだに生まれた。ユダヤ人の定義は母親がユダヤ人かどうかで決まる。その意味ではサリンジャーは「ユダヤ人」ではない。しかし、母親は結婚を機にユダヤ教徒に改宗している。そのため、彼も一三歳でバー・ミツバ（ユダヤ教の成人の儀式）を受け、自分はユダヤ人であるという意識が強かった。ナチスのユダヤ人迫害は血縁とは無関係だったから、彼がヨーロッパで生まれていたら収容所に入れられていたかもしれない。だから彼が強制収容所を解放するときに見たユダヤ人は、自分の同胞と映ったとしても不思議ではない。それだけに衝撃は非常に大きかったようだ。サリンジャーが自身をユダヤ人として意識していた証拠は、『キャッチャー・イン・ザ・ライ』のなかでホールデンがアイヴィー・リーガーを毛嫌いしていることからもわかる。アイヴィー・リーグでは当時、ユダヤ人入学者の数があらかじめ決められていたという。しかし、作者の分身ともいえるホールデンがユダヤ人であるという記述は小説のなかにはないし、かといって母親の出自であるアイルランド系であるということも書かれていない。二〇一八年に『キャッチャー・イン・ザ・ライ』論を出版しているジョゼフ・ベンソンによれば、ホールデンはいわば「隠れユダヤ人（a closet Jew）」なのだ。[3] 白人少年のエリートだけが通うプレップ・スクールに代表される、ワスプが中心の白人社会では、そんなホールデンは異端児だった。そして、万が一にもユダヤ人やアイルランド人の血を引いていることを表に出せば差別に会う危険があったのである。

サリンジャーが、そしてホールデンが隠しているのはユダヤ人の血筋を引いているということだけではなかった。彼が大人の女性を愛せず、思春期の少女に恋心を抱きつづけてきたことは、サリンジャーの恋人だった女性の一人、ジョイス・メイナード（Joyce Maynard, 1953- ）による暴露本『ライ麦畑の迷路を抜けて（*At Home in the World*）』[4]（1998）や、彼とつきあったという別の女性の証言によってよく知られている。

女性とうまくつきあえない、セックスができない、同性愛者におびえる、などのホールデンの小心の陰には、作者のロリコン癖が隠れている。サリンジャーが一九六五年を境に世間から身を隠しつづけたのも、このロリコン癖がばれることを極端に恐れたせいではないか、とベンソンは推察する。その原因は、戦争前に恋人だったウーナ・オニール（Oona O'Neill, 1925-91、ユージーン・オニールの娘）が彼の兵役中にチャーリー・チャップリン（Charlie Chaplin, 1889-1977）と結婚してしまったという失恋の痛手や、戦争直後に結婚したドイツ人女性がじつはナチス側のスパイだったという、うんざりするような体験によるものではないか、とも推理している。要するに、ホールデンにしてみれば、大人はみんな、男も女も純粋無垢ではなく、軍人のように、あるいはマッチョなスポーツ選手のように、敵に対し、そして弱者に対し、暴力的な態度を振りかざす存在だった。だからそうではない自分は仲間に入れない、そういう疎外感が、『キャッチャー・イン・ザ・ライ』のホールデンという「反逆児」を作りあげたのである。

第二次世界大戦が終わって、戦勝国アメリカは世界の覇者でもあった。勝者でありつづけなければならない立場にあった、ともいえる。だから、台頭してくるソ連や共産主義の国ぐにに対し、脅威を感じ始めたのである。新たな敵に立ち向かうためにアメリカを一つにしなければならないと政府は考え、国内にいる共産主義者とそのシンパを抑圧し始めた。考え方やイデオロギーの違いのみならず、強者の論理がまかりとおる社会が形成されつつあった。そこでは、社会的弱者である「子ども」の自由を大人たちが奪っていた。『キャッチャー・イン・ザ・ライ』でホールデンが糾弾する大人たちは権威だけを振りかざし、サーマー校長の言葉に集約されるように、「人生はルールに従ってやらなければならない競技」だと、規則でもって子どもたちを縛りあげた。[5] 戦争が終わっても、また次の戦争のために――じっさい朝鮮戦争が進行していた――徴兵制度はなくならなかった。やがてヴェトナム戦争へと突き進んでいくアメリカにおいて、若い命が大人の身勝手な戦争のために失われていくことになる予兆がそこにはあった。

そんな社会にノーを突きつける反逆児、ホールデンは、映画『理由なき反抗（*Rebel Without a Cause*）』（1955）のジェイムズ・ディーン（James Dean, 1931-55）を先取りしていた。それだけに、『キャッチャー・イン・ザ・ライ』は危険な小説とされるいっぽうで、社会の閉塞感に不自由な思いをしている若者たちに歓迎され、初版から一〇年間で一二五万部が売れた。その後、公民権運動のなかでこの小説は若者であれば誰しもが抱く、社会への不満を表わす作品として受けいれられやすい土壌が生まれる。他方、作家サリンジャーは対照的に社会から姿を消し、ニューハンプシャー州の田舎の自宅で隠遁生活を始める。小説のほうは小説のほうで勝手にひとり歩きし始める。一九八〇年代にはホールデンに自分を重ね、この小説が動機だとする殺人者たちが現われる。ビートルズのジョン・レノン（John Lennon, 1940-80）を殺害したマーク・デイヴィッド・チャップマン、レーガン大統領を暗殺しようとして未遂に終わった事件の犯人ジョン・ヒンクリー・ジュニア、女優のレベッカ・シェイファーを殺害したロバート・ジョン・バルドーである。

そんなわけで、サリンジャー本人が世間から遠のいていっても、大物作家は世間を騒がせつづけた。彼が亡くなった今もなお、サリンジャーをネタにした映画や舞台作品が作られている。前述の『ライ麦畑の反逆児』のほかに、二〇一五年には小説を脚色する許可をもらいたくて隠遁中のサリンジャーに会いに行く高校生を主人公にした『ライ麦畑で出会ったら（*Coming Through the Rye*）』も製作され、二〇一八年に日本でも公開された。また、アニサ・ジョージ（Anisa George, 1982- ）という脚本家兼演出家は『ホールデン（*Holden*）』（2015）という戯曲を書いた。この劇では、精神の病に冒されたサリンジャーが、自分の娘を回想したり、白人至上主義者のテロリストや、チャップマンやヒンクリーといった殺人者の幻影にさいなまれたりする。『キャッチャー・イン・ザ・ライ』の映像化や舞台化はサリンジャーが禁じていたから、版権が切れるまでしばらくは実現しないと思われるが、サリンジャーをめぐる舞台用の脚本や映画のシナリオは作家亡き今、増産されつつある。二〇一九年は作家の生誕一〇〇年でもあり、さまざまな催しが繰り広げられることと思う。その第一報ともいえるニュースが二〇一九年二月一日の、隠遁中にサリンジャーが書きためたという作品の出版計画である。遺族が遺稿の出版に承諾した、とはいえ膨大な量なのでしばらく先になりそうだ、というニュースである。[6]サリンジャーのファンにはたまらない、わくわくする話だ。

さて、一九五一年にサリンジャーのこの代表作が発表されてから六年後、同じくニューヨークを舞台にした、思春期の若者が主人公のミュージカルが誕生している。一九六一年に映画化もされた、アメリカを代表するミュージカルの一つ、『ウエストサイド・ストーリー（*West Side Story*）』（1957）である。このミュージカルはサリンジャーが表に出せなかった、エリートの白人以外の民族や人種、貧しい人びとが住んでいたニューヨークのウェストサイドという地域を舞台にしている。しかし、ふがいない大人

『ウェストサイド・ストーリー』（*West Side Story*）

たちが登場し、エネルギッシュな主人公ら思春期の若者たちと対照をなす点、「反逆児」をテーマとしている点では、『キャッチャー・イン・ザ・ライ』と共通している。しかも、演出・振付のジェローム・ロビンズ（Jerome Robbins, 1918-98）も脚本のアーサー・ローレンツ（Arthur Laurents, 1917-2011）も作曲のレナード・バーンスタイン（Leonard Bernstein, 1918-90）も、そして最終段階で加わった作詞のスティーヴン・ソンドハイム（Stephen Sondheim, 1930- ）も皆そろってユダヤ系でありながら、作品中では「隠れユダヤ人」としてそれをあきらかにしていない点も共通する。しかもこの四人は同性愛者もしくは両性愛者で、性的マイノリティであるが、もちろん当時は表立って明かされてはいない。

　ブロードウェイでもハリウッドでも当時から多くのユダヤ人が活躍していたが、彼らは敢えてそのことを表に出さず、あたかも自分が非ユダヤ人の白人のようにふるまっていた。俳優のなかには自分がユダヤ系とわからないような芸名を敢えてつける者もいた。しかし、『ウェストサイド・ストーリー』の制作過程を覗《のぞ》くと、その創作段階ではかならずしも最初から「ユダヤ人」を排除していたわけではなかった。ロビンズがバーンスタインとローレンツに、シェイクスピアの『ロミオとジュリエット』を自分たちと同時代のニューヨークに設定する劇を作りたいと発案したのは一九四九年のことだった。彼は、リトル・イタリーのイタリア人カトリック教徒の娘とマルベリー・ストリートの敬虔なユダヤ教徒の少年が復活祭と過越しの祭りで出会う、「イーストサイド・ストーリー」というミュージカルを考えていた。[7] その五年後、ロサンジェルスで再会した三人は、ちょうど若いギャング集団の闘争がニュースになっていたこともあって、メキシコ人とアメリカ人とがぶつかる話にしたらどうかと考える。もしこれが実現していたら、現在もなお続く不法移民問題を扱ったミュージカルとして大きく注目されていたにちがいない。いずれにせよ、ロビンズが当初考えていたユダヤ系ギャングの選択肢はいつの間にかなくなっていた。これが、開幕の四年前に共産主義者だとして非米活動委員会（次章参照）に召喚されたロビンズが証言を強要された屈辱的体験と関連しているかどうかはわからない。[8] だが、警察権力に刃向かい、大人たちを信用しない、怒りと憎しみを抱えた少年たちを創造した動機の一つに、この体験があったのではないかと思われる。

一九五〇年代は若者の多くが「沈黙する世代[9]」と呼ばれるほどに社会に順応していた、いや、順応させられていた。ところが、五〇年代のなかばごろから若者の非行が社会問題化する。他方、一九五二年にアメリカの自由連合州として内政自治権を得たプエルトリコから出稼ぎ労働者がたくさん入ってくる。ニューヨークのウェストサイドでは、貧しいプエルトリコ移民の家族らがひしめきあって居住していた。最終的に、抗争しあう若者ギャング団は、プエルトリコ人の「シャーク団」と、白人のなかでもしばしば差別の対象となっていたポーランド系（もしくはアイルランド系）アメリカ人の「ジェット団」に決まった。

劇中シャーク団の女性陣と男性陣が歌う「アメリカ」は、アメリカに希望を抱く女性陣と、差別のなかでもがき、故郷に帰りたいと思う男性陣とが、夢と現実のギャップを照らしだす。他方、ジェット団が歌う「クラプキ巡査殿！」は、ろくでなしの父親からも母親からも愛されない非行少年を病人扱いする大人たちをこきおろす。警官も判事も精神科医も社会福祉士も、大人は誰一人として本気で少年を更生させようとしない。少年を預かって更生する責任を棚あげし、あっちの施設からこっちの施設へとたらいまわしにする。少年たちの歌は、警察を筆頭に正義感をかざす大人たちとその権力を転覆する。

［判事を真似て］
クラプキ巡査殿、あんたはほんとに堅物だね
こいつに必要なのは判事じゃない、精神科の治療だ
治さにゃならんのはこいつの頭
こいつは頭が錯乱しているんだ

［中略］
親父《おやじ》はろくでなし
おふくろはくそったれ

祖父《じい》さんは酔っ払い
祖母《ばあ》さんはマリファナを売っている
姉貴はひげをはやし
兄貴はドレスを着ている
なんてこった、だから俺はいかれちまったんだ

［精神科医を真似て］
そのとおり！
クラプキ巡査殿、あんたはまぬけだね
こいつに必要なのは医者じゃない、ちゃんとした仕事
社会がこいつをだめにした、
社会学的にみて病気なんだ

［中略］

［社会福祉士を真似て］
ヒエー！

クラプキ巡査殿、あんたまた、しでかしたんだね
この子に必要なのは仕事じゃない、檻に一年入れとくことだ
誤解云々なんてんじゃないの
この子は心底、ろくでなしなんだから![10]

主人公がアメリカン・ドリームを達成してハッピーエンドで終わるミュージカルが多いなかで、『ウエストサイド・ストーリー』は、恋人の死(原作の『ロミオとジュリエット』と異なり、ロミオに当たるトニーが殺され、ジュリエットに当たるマリアが生きのこる)で終わる。『ウエストサイド・ストーリー』は同時代のアメリカ社会を痛烈に批判する、深刻な社会問題を主題に据えた、いわば革命的なミュージカルだった。この作品はまた、ロビンズの冴えわたるダンスの振付でも他を抜きんでていて、ミュージカルを構成する物語と歌とダンスのうち、ダンスにかなり力を注いでいる点でも斬新だった。しかも、ダンスの激しい動きが、憎しみあうシャーク団とジェット団のいらだちから生まれる緊張感や不安を表わしたり、かと思うと虚勢を張ってみたり憤ってみたり、と若者たちの揺れ動く心情をみごとに表現していた。

しかし、非行少年の抗争、ナイフや銃での殺しあい、強姦などの描写をよく思わない人びともいて、アメリカの悪いイメージを喚起するからとベルギーとロシアでの海外公演が見送られたこともある。[11]とはいうものの、一九六〇年代の公民権運動のなかで人種間の抗争や暴動が日常茶飯事になると、現実がフィクションを超え、初演当時は時代を先取りしていた『ウエストサイド・ストーリー』が現実のド

キュメントとして捉えられるようになる。さらにミュージカル・ナンバーの「マリア」や「トゥナイト」、「どこかで」といった歌がテレビやラジオの歌番組でも流れるほどヒットし、『ウェストサイド・ストーリー』はミュージカルの王道を駆けのぼる。一九六一年にナタリー・ウッド（Natalie Wood, 1938-1981）主演で映画化されると、映画はアカデミー賞の一一部門を総なめした。じつはプエルトリコ人のマリアを演じたウッドはロシア系白人俳優で、ダンスもまともに踊れなかった。それでも抜擢されたのは、当時のハリウッドではまだまだ人種の壁があり、白人の人気女優でなければ主役を演じることができなかったからである。

『ウェストサイド・ストーリー』主演のナタリー・ウッド
Clifton Daniel, *Chronicle of America*, Simon & Schuster, 1989, p.793

私は二〇一一年一月、再演改訂版『ウェストサイド・ストーリー』の舞台をサンディエゴで観た。脚本家のローレンツがまだ生きていたこともあり、脚本にはローレンツ自らが手を入れたらしい。プエルトリコ訛りの英語をスペイン語に置きかえ、「アメリカ」を歌うときには男女に別れて相反するアメリカのイメージを歌うのではなく、女性の一人がプエルトリコ派になってアメリカ派の他の女性たちと対立することになっていた。アメリカに吸い寄せられる移民が拡大している今日、プエルトリコに限らず世界中がアメリカ化している現代では、歌のなかの郷愁をそそるプエルトリコの風景は現実味がなくなっているのかもしれない。全体に女性たちが魅力的に描かれ、大人たち（原作通りであるが）や男性の影が薄くなっていたのも、二一世紀の現実の反映なのだろう。

ところで、本章のタイトル「大人は判ってくれない」は、フランスの映画監督フランソワ・トリュフォー（François Truffaut, 1932-84）が一九五九年に発表した映画のタイトルである。この映画の主人公の少年は親に反抗して嘘や盗みを繰りかえす。欧米の少年少女たちの鬱積する心の内部を描いたという点では『キャッチャー・イン・ザ・ライ』と共通する。反抗する少年の物語はいつの時代にも共通する普遍的なテーマであるとはいえ、戦争が終わったというのに不自由さのなかで生きているという空気感が一九五〇年代の欧米諸国に漂っていたのだろう。若者たちの不満は次の一〇年間にとうとう爆発する。公民権運動、学生運動、ヴェトナム戦争反対デモ、マリファナやヒッピー生活といったカウンター・カルチャーが若者たちを突きうごかすことになる。家庭に閉じこめられていた主婦たちも立ちあがる。その火付け役となったのが、『女らしさの神話[12]（*The Feminine Mystique*、邦題は「新しい女性の創造」）』（1963）を書いたベティー・フリーダン（Betty Friedan, 1921-2006）で、これがいわゆる「第二波フェミニズム」の始まりである。

第7章　二〇世紀の魔女狩り
――社会派劇作家アーサー・ミラーの『クルーシブル』と『ヴィシーでの出来事』

前章で述べたように、一九五〇年代のアメリカは共産主義者とそのシンパを抑圧した。これを先導した上院議員ジョゼフ・R・マッカーシーの名前をとって「マッカーシズム」と呼ぶこともあれば、共産主義者を中国の革命旗の色を表わす「赤」と呼ぶことから、「赤狩り（Red Purge; Red Witch-hunt）」と称することもある。英語表記からわかるように「魔女狩り」を連想させる。じっさい、その排斥のやりかたはまさに「魔女狩り」に等しかった。ユダヤ系で共産主義に共鳴していた、アメリカの代表的な社会派劇作家のアーサー・ミラー（Arthur Miller, 1915-2005）は、アメリカが植民地だった時代にマサチューセッツでじっさいに起こった「魔女狩り」になぞらえて、この時代の「赤狩り」を世間に訴えた。ダニエル・デイ・ルイス（Daniel Day Lewis, 1957- ）とウィオナ・ライダー（Wiona Ryder, 1971- ）主演で一九九六年に映画化もされた戯曲『クルーシブル（*The Crucible*）』（1953）という作品だ。[1]

魔女狩りの歴史は古く、紀元前一二〇〇年のエジプトであったという記録があるが、多くはヨーロッパ中世に登場する。とくに異教徒に対する異端審問で、ユダヤ人らが迫害の対象となった。社会の規律や慣例に従わない「反逆者」や「異端児」が標的にされた。一〇〇年戦争で戦い、フランスの国難を救った、かのジャンヌ・ダルク（Jeanne d'Arc, 1412?-1431）も一四三一年五月に、異端者として火あぶりの刑に処せられている。[2]

さて、そんな魔女狩りがマサチューセッツ植民地のセーレム村で起こったのは一六九二年のことである。村の教会の牧師サミュエル・パリスの家で、西インド諸島出身の召使いティテュバから占いを習っていた少女たちが幻覚に取りつかれた。それは魔女のしわざとされ、少女たちが名指しした人びとが魔女として逮捕された。魔女の疑いをかけられた人びとは二〇〇人にのぼったが、そのなかで投獄された者のうち、裁判にかけられ、処刑されたのは二〇数名だった。いずれも正式な裁判ではなく、予備審判の判事ジョン・ホーソーン（作家ナサニエル・ホーソーンの四代前の先祖）らによる強引な訊問によって、魔女であるという自白を強要させられたうえ、無実の罪で処刑された。処刑された人のなかには、妻の助命を嘆願したプロクター牧師や、派閥争いに巻きこまれてスケープゴートにされたバローズ牧師（パリスの前任牧師）なども含まれていた。最終的にティテュバは裁判費用を捻出するという名目で奴隷として売られ、妊婦だったプロクターの妻は特赦を受け、命拾いをする。まもなく新総督フィリップが任命され、正式の判事サミュエル・シューアルが着任すると、ようやく事態を重く見たシューアルが、魔女容疑による投獄を禁止し、被疑者を全員釈放した。一七一一年以降、魔女とされた人びとを無罪とする特赦や州法が制定されたが、スザンナ・マーティンはじめ五人が無罪を勝ちとったのはなんと二〇〇一年のことだった。名誉回復を求めていた子孫の一人は、「世間は忘れても子孫にはなお重大な問題だった。

汚名をそそぐまで何代もかかった」と語った。[3]

セーレムの「魔女狩り」から二六〇年後の一九五〇年代に行なわれた、共産主義者とそのシンパを迫害する「赤狩り」は、まさに現代の「魔女狩り」だった。赤狩りの始まりともいえる衝撃的な出来事は一九五〇年、ジュリアス（Julius Rosenberg, 1918-1953）とエセル（Ethel Rosenberg, 1915-53）・ローゼンバーグ夫妻が第二次世界大戦中、原爆の機密情報をソ連に漏らしていたとして、スパイ容疑でＦＢＩに捕まり、三年後に死刑に処せられたことだった。著名な左翼の作家らがこれをでっちあげだと抗議しつづけるが、一九九五年になって、夫妻が機密情報をソ連に流していたというのは本当だったと判明する。しかし、死刑にするほど重い罪だったのかどうかは疑問が残る。一九五〇年二月にマッカーシーが上院特別調査委員会の委員長に就任すると、下院に設置された非米活動委員会（House Un-American Activities Committee, 通称ＨＵＡＣ）[4]に共産主義者とそのシンパを召喚し、取り締まりを始める。これらの人びとは罪を犯したわけでもないのに、非米活動委員会に呼ばれ、自身が共産主義者かどうかを問われ、共産主義者の仲間の名前を挙げるよう強要された。イエスと答え、仲間の名前を挙げるのを拒否すれば、ただちに投獄、失業、財産没収といった制裁が待っていた。

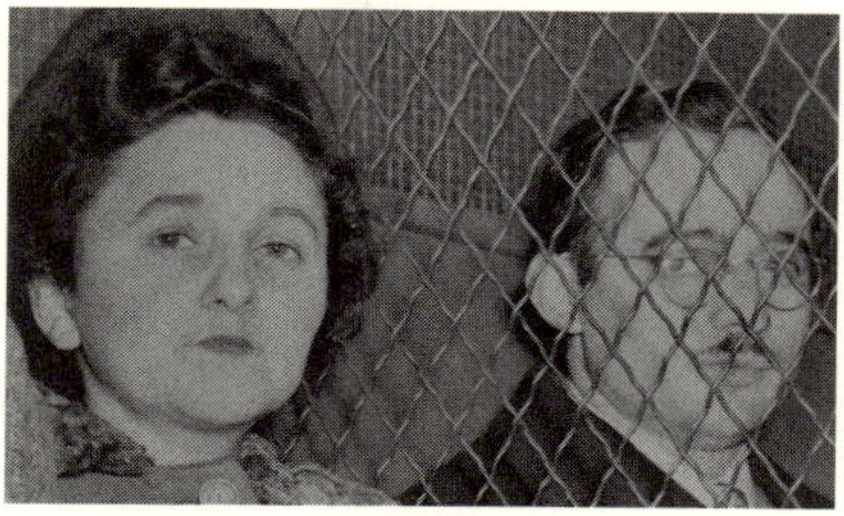

ローゼンバーグ夫妻

共産主義者の集会に参加していたミラーも一九四九年、召喚され、尋問された。しかし、ちょうど国民的人気俳優だったマリリン・モンロー（Marilyn Monroe, 1926-62）と結婚（1956-61）していたこともあり、証言を拒否したにもかかわらず、救われた。この、いわば「集団的ヒステリー」では、ハリウッドで働く多くの人びとが召喚されて職を失った。下院からの召喚や証言を拒否した「ハリウッド・テン（Hollywood Ten）」と呼ばれる一〇人の映画の脚本家や監督らは議会侮辱罪で有罪とされ、見せしめとしてこの制裁を受けた代表的な人びとである。二〇一五年に公開された映画『トランボ　ハリウッドで最も嫌われた男（*Trumbo*）』の主人公の脚本家ダルトン・トランボ（Dalton Trumbo, 1905-76）もその一人で、ハリウッドで仕事をすることができなくなる。しかし、彼は知人の名前を使ってひそかに脚本を書きつづけた。アカデミー賞に輝いた映画『ローマの休日（*Roman Holiday*）』（1953）の脚本を書いたのはトランボだったことも、のちに判明する。このほか、貧しい労働者を暖かい目で描くチャップリンも共産主義的な思想の持ち主だとされ、アメリカから永久追放され、その後はスイスで生涯を終えている。他方、『欲望という名の電車（*A Streetcar Named Desire*）』（1951）や『エデンの東（*East of Eden*）』（1955）で知られる映画監督エリア・カザン（Elia Kazan, 1909-2003）は、共産主義者の名前を挙げる代わりに仕事を続けられるように司法取引をした。[5] そのとき、カザンが名前を挙げた「共産主義者」のなかには、映画化もされた小説『マルタの鷹』を書いた作家ダシール・ハメット（Dashiell Hammett, 1894-1961）や、ハメットのパートナーだった劇作家リリアン・ヘルマン（Lillian Hellman, 1905-84）がいる。ハメットは投獄中に病で倒れ、出所後まもなく亡くなる。ヘルマンは戦前、ミラーもうらやむ売れっ子劇作家だったが、赤狩り以降、ハメットとの生活などを綴るエッセイを残すものの、劇作に復帰することはなかった。

自らは投獄されずにすんだミラーは、赤狩りに対する怒りを作品にぶつけた。ミラーはのちにこの時代を振りかえり、共産主義を駆逐するためになされたのは、「危険分子のみならず、思想やそれと疑われる言語をも」摘みとることだった、と語っている。思想をコントロールするために言語を奪う、というのは統治者が迫害する人種や民族に対し、つねに行なう暴力の一つだ。しかし、民主主義国家であったはずのアメリカがそれを自国の普通の市民に課したというのだから恐ろしい。人びとの恐怖を煽って国を統治するのは全体主義国家がすることである。ミラーがこの国で最初におかしなことが起こっていると感じたのは、パスポートが押収されたときだった。彼が書いた『みんな我が子（*All My Sons*）』（1947）のヨーロッパ初演に出席するためにベルギーへ行くことになっていた。渡航を拒否された理由は、アメリカのためにならないから、というものだった。次には『みんな我が子』が、兵隊のモラルを脅かすとして、ヨーロッパの駐屯地での上演リストから外された。やがて、ミラーが書いたすべての劇が米軍内で上演禁止処分となる。[6]

ミラーが非米活動委員会に召喚されたのは一九五六年のことだった。『みんな我が子』を演出し、そのみごとな舞台でブロードウェイ公演も可能にしたカザンはその四年前、すでに保身のため、HUACに召喚された際に共産主義者の仲間たちを裏切っていた。ミラーにとってカザンは恩人であり、兄のように慕っていただけに、カザンから証言するという決心を聞かされたときはショックだった。しかし、ミラーの憤りはカザンにではなく、彼に証言を強要し「裏切り者」にしてしまうHUACに向けられた。ミラーのなかで、赤狩りを批判する劇として『クルーシブル』を書く決心は固まっていた。一七世紀末に魔女狩りが行なわれたセーレムの地を訪れ、調査もした。セーレムを離れる日の夕刻、彼はラジオのニュースで、カザンが証言したことを知る。
ＨＵＡＣの召喚で行なわれたのは徹底的な訊問と共犯者の名前を挙げることだった。これはまさに三〇〇年前にセーレムで行なわれた「魔女狩り」と同じだった。犯罪や違法な行為とは無縁の普通の市民がある日突然、誰かに「お前もグルだ」と言われ、有罪判決を下される、これほど理不尽なことはない。ミラーは『アーサー・ミラー自伝（*Timebends*）』（1987）のなかでＨＵＡＣでの尋問を「パワー（権力）のゲーム」だと一蹴している。権力で相手をねじ伏せようとする、ただそれだけのことだ、と。[7]
ミラーはこの時代について、『クルーシブル』をコメディにしたいと思ったほどバカバカしいと感じた、とも述べている。なぜなら現実は茶番でしかなかったからである。しかし、茶番にしてはあまりに深刻な出来事だった。窒息しそうなほど重苦しい空気が社会を覆っていた。だからミラーはセーレムでの魔女狩りという歴史的な事件を描くことによって、一九五〇年代の赤狩りを非難したのである。
『クルーシブル』の戯曲には、上演のさいには示されることのない、セーレムの現実についての詳細な説明がミラーのコメントとして記されている。それを読むと、魔女狩りという狂気の沙汰が生まれた理由がわかる。セーレムでは、メイフラワー号に乗ってやってきた夢あふれる新教徒たちが新大陸でぶつかる、あらゆる困難があった。開拓、そして土地の獲得は容易ではなく、先住民とよい関係を築けなければ、いつ襲撃されるかわからない、森林と闇との格闘が待っていた。朝も夜も勤勉に働く人びとは、本を読む時間すらなく、小説家も存在しようがなかった。ミラーがここで敢えて小説家の不在に言及しているのは興味深い。いつの時代も抑圧的社会からの抜け道を作る役割を担うのが小説家や作家、芸術家だという自負が窺える。遊んでいる暇などない、ゆとりのなさが硬直した社会を形作っていたことをミラーは重くみる。そこでは、教会が社会を統制し、人びとの行動を縛っていた。神権政治が敷かれ、少しでも社会の規律に従わない者は為政者、すなわち教区牧師に密告され、罰を受けた。それは恐怖政治と紙一重だった。自分がいつ密告されないとも限らない不安におびえ、人びとは互いに疑心暗鬼になった。自分が助かるために、隣人を陥れることも厭わなかった。単なる嫉妬心から無実の人間を訴え、死に追いやることもありえた。魔女狩りを影で手引きした人物、トマス・パトナムもそういう人間だった。ミラーは一ページにわたり、パトナムの執念深さを綴っている。村一番の金持ちの家に生まれた彼は、インディアン戦争で手柄を立てたが、いつも高姿勢だったため村人から嫌われていた。彼は義理の弟が派閥争いで負け、教区牧師になれなかったことを恨んでいた。そこで、代わりに牧師となったバローズ牧師を、借金を返さないと言いがかりをつけて刑務所に放りこんだ。これは魔女狩り以前の出来事である。パトナムは、派閥争いに手を貸し義理の弟の牧師就任を阻んだナース夫妻にもその恨みを晴らしたいと思っていた。そのうえ、土地の所有をめぐって夫妻に反感

『クルーシブル』舞台
Arthur Miller, *Timebends: A life*, Methuen, 1987

をもっていた。夫妻から購入した土地で木の伐採をしていたプロクターにも、そこは自分の土地だと言い張った。魔女狩りの一件ではどうもパトナムがうしろで糸を引いていたようだ。

さて、「魔女狩り」の発端は、現教区牧師のパリスの家で、パリス家の女中ティテュバが娘たちと森で集会をし、何やら秘密の儀式をしているという噂をパトナムが耳にしたことだった。当時の厳しい父権制下にあって、女性は不自由な生活を強いられていた。この集会はそんな女性たちの鬱屈した気持ちを発散する場だったのだろう。ところが異教徒にたぶらかされての出来事として、パトナムはたぶらかした人たちを罰する「魔女狩り」を提案する。被疑者の特定は、その噂を流すアビゲイルを筆頭に、数人の少女たちによってなされた。彼女たちは悪魔に取りつかれた演技を繰りかえしては、魔女、すなわち悪魔として自分に取りついた人物の名前を挙げていく。名前を挙げられた人びとは逮捕され、幽閉される。死刑を宣告されることもある。そのなかには、プロクターの妻で妊娠中のエリザベスもいた。アビゲイルはかつて、自分の雇い主だったプロクターと性的関係をもったが、自分の愛を受けいれてもらえず、捨てられたことを憎んでいた。エリザベスを葬り去ってプロクターとよりを戻そうと思ったのかもしれない。法廷の場面でプロクターは必死に妻の無実を訴え、こうなったのは自分がアビゲイルと不適切な関係をもったせいだと告白し、アビゲイルを「売女《ばいた》」だと激しく非難する。しかし、法廷内でも悪魔に取りつかれた演技をするアビゲイルと少女たちに肩をもつ判事らは、法廷を侮辱したとして彼を逮捕する。彼は教区牧師が気に入らないからと教会に行かず、息子には洗礼を受けさせないでいたため、村のコミュニティにとっては脅威でもあった。死刑と向きあわされたプロクターは、死刑執行の日に

「告白」をしようと決める。「告白」とは、自身が悪魔と交流したと認め、判事が名指す「魔女」の容疑者が悪魔であることを証言することだった。証言すれば死刑を免れることができるからだった。これこそまさに「赤狩り」で行なわれた、仲間への裏切りである。しかし、プロクターは自分が悪魔に身を売ったことは認めても、仲間を悪魔呼ばわりすることはできなかった。結局、彼は死刑となる。劇はそこで終わるが、ミラーは後日談を記している。劇の終盤でこの町から姿を消したアビゲイルはボストンで娼婦となり、プロクターの妻は死刑をまぬがれ、夫の死刑から四年後に再婚する。そして、最後の死刑囚の刑が執行されてから二〇年後にこの事件は幕を閉じ、死刑にされた家族への謝罪がなされたことは先述のとおりである。

為政者の傲りと判断ミスが魔女狩りという悲劇を招いたことはたしかだが、それによって利用されたアビゲイルも少女たちも、犠牲者となった民衆もまた、プロクターのように、それぞれに脛《すね》に傷をもつ人間である。そういう人間の欲望と罪意識、憎しみと愛、嫉妬と自尊心、自由と忍耐がぶつかりあうドラマは普遍的な人間像を浮かびあがらせる。ミラーが描いているのは、抑圧的な環境に置かれたとき、人間はどのような心理状態に置かれ、どのように行動してしまうかであって、そこでは劇の主軸になっている事件が史実どおりかどうかは問題ではない。人間のなかにある罪意識という幻想が魔女というモンスターを作りあげてしまったことが問題なのである。「赤狩り」も同じだ。共産主義者は危険だという幻想から迫害は始まった。

だから、『クルーシブル』が世界で上演されるたびに、これが一九五〇年代のアメリカ国内の問題にとどまらず、それぞれの国の歴史のなかで起こった類似の事件を観客に呼びおこすのだった。この劇が人間の普遍的な不安をみごとに描いているからだ。黒人を自由にさせておいたら危ない、インディアンを生かしておいたら危ない、という不安や恐怖が白人を差別的な思考へと駆りたてたように、国境を封鎖しなければテロリストが入ってくる、という恐怖が移民や難民への圧力を強める。皆、根っこにあるのは「他者」への恐怖である。恐怖のなかでは人間は自由な発想を妨げられる。頭が固くなる。あれかこれかの二者択一に執着する。セーレムでは神か悪魔か、ミラーがこの劇を構想した時代には共産主義か資本主義か、二者択一が求められた。この二元論を批判したミラーの、「敵はいつも性的行為の罪を着せられた」という指摘は当を得ており、黒人を「悪魔」とし、「性的行為」を理由にリンチしてきたアメリカの白人社会をも喚起する。『クルーシブル』をとおしてミラーが伝えるメッセージは時代を超えて、いつの時代にも、どこの社会にも潜む抑圧の実態を前景化する。本章冒頭で挙げた、一九九六年のアメリカ映画『クルーシブル』では、当時大統領だったビル・クリントン（Bill Clinton, 1946-）の、ホワイトハウス実習生モニカ・ルウィンスキー（Monica Lewinsky, 1973-）とのセックス・スキャンダルを匂わせる演出が施されていた。二〇〇六年、イギリスのロイヤル・シェイクスピア・カンパニーでこの劇を演出したドミニク・クック（Dominic Cooke, 1966-）は、テロリズムに対するヒステリーとキリスト教原理主義の台頭を生んだブッシュ米大統領とブレア英首相との類似性を『クルーシブル』に重ねたという[8]。

ミラーの作品は『クルーシブル』に限らず、一貫して、民衆を苦しめる社会への批判を照射する。出自がユダヤ系であることから、作品にはしばしばユダヤ系の人物が登場する。当然ながら、戦時中のヨーロッパでのユダヤ人迫害の事実にも目を向けている。とくにフランスのヴィシー政権（一九四〇年、ナチスドイツにパリが占領されると、フランスの非占領地域にある町ヴィシーに一九四四年まで親ナチスのフランス政府が置かれた）が行なったナチスドイツへの協力は、警察によるユダヤ人摘発と強制収容所への輸送というかたちで公然と行なわれた。ミラーの『ヴィシーでの出来事（*Incident at Vichy*）』（1964）は、そんなヴィシー政権下の警察の待合室で、ユダヤ人と疑われてここへ連れてこられ、尋問されるのを待っている人びとの心情を描いた作品である。[9] これもまた魔女狩りや赤狩りに匹敵する、いや、それ以上に憂えるべき出来事である。被疑者たちはどうすれば自分がユダヤ人でないことを証しすることができるか、どうすれば逃れられるかを模索し、尋問を前に皆、疑心暗鬼になった。だから、ユダヤ人であることを隠すために偽造パスポートまで購入している者もいたこの時代に、見るからにユダヤ人と見える老人は、わざと自分を目立たせることによって、まわりの人間たちに自責の念を与えているようにみえた。いっぽう、かならずしも外見でユダヤ人とわかるわけではないのに、ヴィシーの警察が、鼻が高い（ユダヤ人の特徴とされてきた）かどうかで被疑者を捕まえているさまは、この迫害のいかがわしさを強調している。つまり、ユダヤ人もユダヤ人でない者もみんな時代の狂気に翻弄されてしまっているのだ。ミラーが「赤狩り」に対して感じたと同じ「茶番」がこの劇でも展開されているのである。

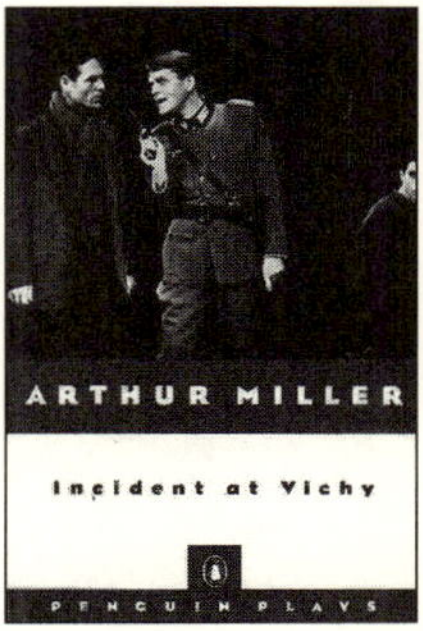

『ヴィシーでの出来事』
（*Incident at Vichy*）

しかし、この劇においても、茶番だと笑えない深刻さがそこにはある。そもそも被疑者の誰も罪を犯しているわけではない。ごく普通の市民であるのに、道を通行中に警察に捕らえられ、尋問される。身分を証明できる文書を携帯していなければ、あるいは身分証明書が偽造と判明すれば、そしてユダヤ人であることが判明すれば、即刻、強制収容所送りとなる。ただ「ユダヤ人」であるという理由だけで犯罪人扱いされ、この世から抹殺される。なかには「ユダヤ人」ではない者も少なからずいた。『ヴィシーでの出来事』には「ジプシー」や貴族だというオーストリア人フォン・ベルクが登場するが、彼らもユダヤ人同様、迫害を受けた。フランスでは戦時中、外国人の多くがフランス国内の収容所に収監されていた。もちろん、ユダヤ人が真っ先にアウシュヴィッツのような強制収容所に送られたのはいうまでもない。最終的に六〇〇万人を超えるユダヤ人を殺害したナチスドイツの非人間的な行為は言語道断で、欧米をはじめとする先進諸国では今日、二度とあってはならない出来事として共有されている。

『ヴィシーでの出来事』で、ミラーはなぜそんなにも多くのユダヤ人がナチスの殺害に抵抗しなかったのか、その理由の一端をユダヤ人の被疑者ルボーのなかに巣食う罪意識にみている。「やつらがあんなふうにひどいことを俺たちに言いつづけたからだろう……で何年も何年も言われているうちに……それを信じてしまうというわけじゃないけど……信じてしまうんだ、少しね」とルボーは言う。『クルーシブル』で魔女とされた人びともこれと同じ罪意識によって追いこまれた。やましいことなど皆無なのに、魔女だと言われたことによって、そうかもしれない、と思ってしまう人間の弱さを、ミラーはルボーという一人の人間をとおして描いている。そうなると人間は外から追いつめられるだけでなく、自らを追いつめてしまい、結局敵の思う壺にはまってしまうのである。

ミラーは『クルーシブル』と同様、こういう追いつめられた状況に置かれたときの被疑者の心理を中心に、尋問とその先の不安や恐怖を描きだしている。被疑者モンソーの次の言葉は胸に突き刺さる。「俺たちはフランスの領土内にいる、誰も俺たちにひと言も言ってくれなかった、けど俺たちはすでに強制収容所行きの列車に乗っていて、一年後にはそこで死ぬんだ」。自分が気づかないうちに、いつの間にか社会から排除されるという宿命とともに、誰も助けようとする者がいないという社会状況がこの二行に集約されている。モンソーはユダヤ人の迫害が戦争前から始まっていたことも指摘する。この異様な空気は「赤狩り」でミラーが体験したものと同じで、第二次世界大戦中のフランスで起こっていたことは冷戦中のアメリカで起こっていたこととつながっている。それは社会に全体主義や愛国主義が蔓延することへの警告でもある。戦争にしろ赤狩りにしろ、最悪の状況に至る前に、いつの間にか抑圧は始まっていて、気づいたときには時すでに遅く、取りかえしがつかない、というのが人間の世で繰りかえされてきた現実なのだ。そういう悪循環は、人種差別が公然と行なわれてきたことを指摘する、モンソーの次のせりふからも読みとれる。

『ヴィシーでの出来事』舞台
Arthur Miller, *Timebends: A life*, Methuen, 1987

ロシア人は中産階級を糾弾し、イギリス人はインド人やアフリカ人や、非難できるとなりゃフランス人でもイタリア人でも罵倒した。どの国にも人種の違いのせいで誰かを非難してきた。アメリカ人もだ。彼らが黒人に対してしているようにさ。人種のせいで人類の大半が迫害されている。

ただし、モンソーの言葉は憤りというよりも諦めに近い。聴き手の精神分析医のルデュックのほうがその悪循環に対し、憤りをあらわにする。

だから腹が立つんだ。今のこの苦しみがあまりに無意味なせいで。どうしたって教訓にならないし、意味をもたせようったってできないもんだから。だから同じことが永遠に何度も繰りかえされてしまうんだ。

ルデュックはこのあと、この繰りかえされる残虐な暴力を「まったく、純然たる無駄 (total, absolute waste)」と呼ぶ。人間が人間を殺してなんになるのか。そういう根本的な疑問が、このひと言に集約されている。

このように、ナチスの愚行を歴史的に繰りかえされる暴力の一つとして捉えるミラーは、つねに俯瞰的な視点でこうした出来事を捉えている。『クルーシブル』で「小説家」の不在が狂気を生んだ、と記述しているミラーは、『ヴィシーでの出来事』では、人間の勤勉がもたらす悪を被疑者の一人、ルボーに指摘させている。「あんた、歴史を読んだことがないのか？　国民が［ドイツ人みたいに］勤勉に働き始めたら、人殺しを始めるんだ」と。ルボーはさらに、ロシア人が危険になったのは、彼らが働き方をおぼえたせいだ、と続ける。勤勉に働くこととは、統制された社会のシステムに従うことでもあり、怠けたり遊んだりするゆとりを許さない。小説を読むのはもってのほかだとされる。したがって、そこでは人間的な感情が疎外され、敵愾心が生まれやすくなる。

『ヴィシーでの出来事』で、警察署に集められた人びとはさまざまで、裕福な人もいれば貧困にあえぐ人もいる。若者もいれば老人もいる。階級の違いからぶつかりあう人たちもいる。なかでも共産主義者で労働者のバヤールは、貴族のフォン・ベルクに議論をふっかけ、イデオロギー論争を繰り広げる。ナチスが禁じた書物のリストに共産主義的な本が含まれていたことはよく知られているが、モンソーはシンクレア・ルイス（Sinclair Lewis, 1885-1951）やトマス・マン（Thomas Mann, 1875-1955）、フリードリッヒ・エンゲルス（Friedrich Engels, 1820-95）などの本を処分しようと排水溝に投げこんだところを目撃され、捕えられたのだった。しかし、この劇においては、そんな息苦しさのなかにあっても、互いに疑心暗鬼になっても、自分をさらけ出す人間たちのあいだに信頼感が芽生えてくる。そして、人間的な行動とはなにかを我われに問いかけている。劇の最後でルデュックに気持ちを揺りうごかされたフォン・ベルクは思いきった行動に出る。それをあと押ししたのは、かつて自分がかわいがっていた従弟がじつはナチスに入党していたという衝撃的な事実だった。彼はルデュックからその話を聞かされるまで、そのことを知らなかった。彼はルデュックを救い、身代わりになる決心をする。ルデュックよりも先に警察の尋問を受け、新しいパスポートを手にした彼は、自分のあとに尋問されるはずのルデュックにそのパスポートを手渡し、逃がしたのだ。それに気づいた警察側の軍大佐とフォン・ベルクがにらみあったところで、新たに捕まった男たちがやってくる。けっして理解しあえない警察と被疑者たちのあいだで、同じことが繰りかえされるだろうことが示唆されて、劇は幕を閉じる。

じつは『ヴィシーでの出来事』は、じっさいにヴィシー政権下のフランスで、偽造パスポートを持ち、初対面の紳士に救われた元精神分析医のルドルフ・ローウェンスタイン博士をモデルにしている。また、モンローとの離婚後にミラーが再婚した妻インゲの友人で、ナチスにむりやり協力させられ、苦しんだオーストリア人貴族ジョーゼフ・フォン・シュワルツェンベルク公もモデルの一人だった。

この劇は一九六〇年の後半、反ユダヤ主義が再浮上していたソ連では発禁処分に遭い、ナチスに協力していたことへの批判の再燃を恐れたフランスでは一九八〇年代になるまで上演されなかった。しかし、アメリカではマッカーシズムの記憶も生なましい時期だっただけに、劇中の登場人物たちの恐怖を自分たちに重ねてみていた観客もあったにちがいない。そういう意味では、戦時中のフランスの親ナチ的姿勢を批判するというよりは、共産主義者や同性愛者を迫害した一九五〇年代のアメリカ社会に対する怒りが込められていたといえる。

ところで、これより少し前、同じくユダヤ系の作曲・作詞家コンビ、リチャード・ロジャーズ(Richard Rodgers, 1902-79)とオスカー・ハマースタイン二世(Oscar Hammerstein II, 1895-1960)は、ナチスに制圧されたオーストリアの実話をもとにミュージカルを制作している。ジュリー・アンドリュース(Julie

Andrews, 1935- ）主演の映画（1965）で知られるミュージカル『サウンド・オヴ・ミュージック（*Sound of Music*）』（1959）だ。一九三八年に設定されたこのミュージカルは、ナチスの制圧に抵抗するオーストリア人一家が無事、中立国のスイスへ逃れていくところで終わっており、背景にナチスへの批判があることはあきらかである。トラップ家の合唱団という実話にもとづいているので、反ナチが前景化されているのは当然であるが、ミュージカルはナチスが行なっていた非道には触れていない。ナチスへの不安と恐怖が描かれるにとどまっている。しかし、この作品を創った人びとも初演当時の観客も、すでにホロコーストについての知識があったため、このミュージカルは強い反戦のメッセージを伝えるものとなった。同時に、赤狩りの経験も、このミュージカルの背後にある異様な空気感を理解するうえで観客に共有されていたにちがいない。

ミラーといえば『セールスマンの死（*Death of a Salesman*）』（1949）が最もよく知られている。原作の大柄なセールスマンを小柄なセールスマンに置きかえた、ダスティン・ホフマン（Dustin Hoffman, 1937- ）が主演した映画（1983）もある。ラジオやテレビのなかった時代、セールスマンはアメリカじゅうを駆けまわって商品を売る、今でいうビジネスマンで、憧れの職業だった。しかし、二〇世紀になると他の宣伝手法がセールスマンにとって代わり、セールスマンの出る幕がなくなる。『セールスマンの死』はかつての栄光を失ったセールスマンの落胆と失望、そして自殺を描いた作品であるが、競争を勝ちぬく男社会を描いたこの作品で女性は添え物でしかない。父親にしか目がなく、その父親に対する尊敬を失って絶望する息子世代も、偽物の「父親像」を理想だとしてはばからない。そんなマッチョ社会のアメリカを描いたこの作品に共感する人間が多いとすれば、それはこの戯曲が消費社会のアメリカのひずみを描いているからだろう。資本主義の浸透は一時的には中流階級を量産したが、一部の人間だけが富を得、大多数が中流から下流へと落ちていく近ごろでは、「セールスマンの死」も他人事ではない。抑圧され迫害される人びとに目を向けてきたミラーの作品群は今日もけっして色あせてはいない。ミラーは、芸術が社会を変える、という信念のもと、八九歳で亡くなるまで精力的に劇作を続けた。この信念からみえてくるのは、戦中戦後のアメリカ、そして世界には変えていかなければならない現代社会の諸問題が山積していたという事実である。

第8章　「私はあなたのニグロではない」

――ラウル・ペック監督、ジェイムズ・ボールドウィンの未完の作品を映画化

人種差別が激しかった二〇世紀前半、エファ・マンリーやビリー・ホリデイのような発言権をもった女性たちが黒人の労働環境の向上やリンチ反対のために立ちあがっていたことはすでに述べた。差別に反対する黒人たちの組織もすでに存在した。リンチや白人による暴力を訴えるＮＡＡＣＰやＮＵＬ（National Urban League 全国都市同盟）といった団体だ。同じころ、ニューヨークのハーレムを中心に「ハーレム・ルネッサンス」と呼ばれる黒人文化が花開く。そうしたなかから、クロード・マッケイ（Claude McKay, 1890-1948）、ラングストン・ヒューズ（Langston Hughes, 1902-67）、ゾラ・ニール・ハーストン（Zora Neale Hurston, 1891-1960）、リチャード・ライト（Richard Wright, 1908-60）といった文筆家も現われ、今日の黒人文学の礎が築かれる。こうして、アフリカ系アメリカ人の人種の平等に向けて社会の変革をめざす活動は少しずつではあるが、実を結びつつあった。

二〇世紀も後半に入り、ちょうど「赤狩り（マッカーシズム）」もマッカーシーの辞任とともに幕が降りようとしていたころ、南部の分離主義にピリオドを打つ裁判があり、原告黒人側が勝利する。これにより、統合主義へ向けて拍車がかかる。第4章で詳述した、一九五四年の「ブラウン対トピーカ教育委員

会裁判」である。

そのころ、アメリカ国内の人種差別に我慢がならず、一九四八年からパリに暮らしていた黒人作家ジェイムズ・ボールドウィンは、自伝的な処女作『山に登りて告げよ（*Go Tell It on the Mountain*）』（1953）や同性愛を主題にして取り沙汰された小説『ジョバンニの部屋（*Govanni's Room*）』（1956）で、小説家として頭角を現わし始めていた。公民権運動が盛りあがりを見せ始めた一九五七年、大勢の人びとにツバを吐かれながら白人学校に通い始めた少女の写真を新聞報道で見たボールドウィンはいても立ってもいられなくなり、帰国する。そして公民権運動の渦中で、人種問題に加えて同性愛や異人種間の恋愛等タブーに挑戦した代表作『もう一つの国（*Another Country*）』（1962）、人種問題について発言した評論集『誰も私の名は知らない（*Nobody Knows My Name*）』（1961）や『次は火だ！（*The Fire Next Time*）』（1963）のほか、戯曲『白人へのブルース（*Blues for Mr. Charlie*）』（1964）などを発表する。

そんなボールドウィンが遺した未完の回想録「この家をおぼえておけ（"Remember This House"）」をもとに、作家が書こうとしたであろう内容を映像化し、作家自身の声と言葉を再現した映画がある。ラウル・ペック（Raoul Peck, 1953- ）が監督した『私はあなたのニグロではない（*I Am Not Your Negro*）』（2016）というドキュメンタリー映画だ。ボールドウィンはこの遺作で、公民権運動がピークを迎えた一九六〇年代に人種差別と闘い、暗殺された三人の黒人指導者、メドガー・エヴァーズ（Medgar Evers, 1925-63）、マルコムX（Malcolm X, 1925-65）、マーティン・ルサー・キング・ジュニア（Martin Luther King Jr., 1929-68）への挽歌として、三人の軌跡を遺そうとした。映画はこの三人の指導者とその死を悼むボールドウィンの声をとおし

左から、メドガー・エヴァーズ、マーティン・ルサー・キング・ジュニア、マルコムＸ
『私はあなたのニグロではない』DVD 発売中／3,800 円（税抜）／発売元：マジックアワー

て、黒人差別と人種的偏見がいかに白人によって一方的に作られたものであるかをあきらかにする。分離主義が白人から黒人を理解する機会を奪い、無知と無関心を植えつけてしまった点を強調し、人種の壁を打ちやぶる必要性を説く。この映画ではまた、一九六〇年代に撮影されたドキュメントや映画、生前、公の場で人種問題について語ったボールドウィンの姿などの映像が、近年なお続く黒人への差別や暴力を映した画面と共に、パッチワークのようにつなぎあわされている。

　このドキュメンタリー映画でボールドウィンが最初にその死を悼むエヴァーズはＮＡＡＣＰのミシシッピ州支部の指導者で、ボイコットやデモによって人種隔離政策を批判していた人物である。しかし、それをよく思わない白人優越主義者によって殺害されてしまう。ボブ・ディランの「やつらのチェスのポーン（将棋の歩にあたる）にすぎない（邦訳は「しがない歩兵」、“Only a Pawn in Their Game”）」がエヴァーズ暗殺事件を歌にしているので、知っている人もあろう。『私はあなたのニグロではない』では、エヴァーズの弔いの場面でこの歌が流れ、ディランが歌う姿も流れる。チェスゲームの駒にすぎない暗殺者はこの歌のなかで「貧しい白人」とされ、自分たちよりも名声や富をもつ黒人エヴァーズへの憎しみから殺人に至ったと説明される。また、歌の最後では、死んだエヴァーズの墓にも「チェスの駒にされた男」と刻まれている、と歌われる。殺人犯も殺害されたエヴァーズも駒として利用された、その怒りをどこにぶつけてよいかわからない、そんなやるせなさが歌に込められている。しかし、じっさいの殺人犯バイロン・ディ・ラ・ヴェックウィズはこの歌にあるような「貧しい白人」ではなく、エヴァーズ同様、第二次世界大戦に参加し、名誉除隊された「中流階級の白人」だった。彼のエヴァーズ殺害の動機は、個人的な差別意識に加え、連邦政府が人種分離政策を骨なしにしようとするこの時代のアメリカの体制に不満を表明したいというものだった。[1] しかも彼は一九九四年まで有罪判決を受けずにいた。それほど南部の黒人差別は激しかった。[2]

ブラウン対トピーカ教育委員会裁判で黒人側が勝訴し、黒人でも白人が通う学校や大学に入学できると最高裁が判断した一九五四年、エヴァーズはミシシッピ大学のロー・スクールに入学願書を提出する。しかし、入学を拒否されたため、彼は大学に対し抗議した。同大学は一九六一年にジェイムズ・ハワード・メレディス（James Howard Meredith, 1933- ）という黒人学生の入学を初めて認めるが、それまで長い闘いが続く。この間、アラバマ州タスカルーサでは、アラバマ大学で入学を許可された黒人女性が白人たちの反対に会い、訴訟に発展する事件が起こるが、女性が大学を非難したことから入学を取り消されてしまう。さらに一九五八年にはアーカンソー州リトルロックで公立高校四校が廃校になり、二校が無差別校となると、白人の差別主義者たちがデモを起こし、警察が出動する騒ぎとなる。また、ルイジアナ州ニューオリンズでも公立学校の人種差別撤廃に反対する白人が暴動を起こし、黒人を襲撃したため、黒人側が報復攻撃に出る、という騒ぎがあった。

こうした学校や大学における人種差別のほかに、ジム・クロウ法が黒人を除外していたのは選挙権である。合衆国憲法ではアメリカ市民であるかぎり、選挙権も被選挙権も認められているはずだが、ミシシッピ州をはじめ南部諸州では、その権利を保障している合衆国憲法修正第一五条に抵触しないように、選挙をするさいに人頭税を徴収したり、読み書き試験を課したりした。すなわち、人頭税を納入したという領収書をもっていない者、文章が読めない者、文字が書けない者を有権者として登録できないようにしたのである。当然、教育を受けていない、貧しい黒人たちは有権者になれず、選挙権を剥奪されることとなってしまっていた。そんな黒人の有権者登録を推進していた三人の若者（二人の白人と一人の黒人）が暗殺されるという事件がミシシッピ州フィラデルフィアで起こる。暗殺されたケネディ大統領の遺志を継いだリンドン・B・ジョンソン（Lyndon Baines Johnson, 1908-73）第三六代大統領政権下、公民権法（Civil Rights Act）が制定されたさなかの一九六四年の夏のことである。[3]

そういった差別の撤廃に尽力し、公民権運動の旗手として活躍するのが、『私はあなたのニグロではない』でエヴァーズの次に取りあげられるマルコムXとキング牧師である。二人の指導者は一見、対照的だ。白人と同じ権利と平等を求めた穏健派のキング牧師に対し、マルコムXは急進派のブラック・ナショナリズムの指導者である。キング牧師が白人と平等な社会的・経済的地位を求めたのに対し、マルコムXは黒人至上主義を説き、厳密に黒人だけの社会を建設しようとするアメリカ黒人イスラム教団体、ブラック・ムスリムの指導者だった。キング牧師がインド独立の父マハトマ・ガンジーに倣い、非暴力の運動を推奨したのに対し、マルコムXは黒人の優越主義を唱え、時と場合によっては武装蜂起も厭わなかった。しかし、どちらも白人中心社会を疑問視し、全力で黒人の地位向上のために尽くした指導者だった。

聖職者の家に生まれたインテリのキング牧師とは対照的に、マルコムXは二〇歳で強盗犯として逮捕され服役している。服役中にブラック・ムスリムと出会い、釈放後デトロイトで黒人イスラム教団体の指導者になる。しかし、アメリカのブラック・ムスリムがじつはイスラム教をねじまげたまがい物だと感じ、ネーション・オヴ・イスラムの教祖のイライジャ・ムハンマド（Elijah Muhammad, 1897-1975）や教団内の他の仲間と対立し、教団を脱退する。そして、イスラム教のメッカを巡礼後、志を同じくする仲間とともに新しい教団、ムスリム・モスク・インクを立ちあげる。さらに、アフリカ系アメリカ人統一機構を設立する。その目的は、アメリカ国内の都市のゲットーをまとめ、それらを連合した独自の共同体を作り、白人とは独立した黒人の生き方を追求することだった。だが、こうしたマルコムXの一連の行動に危機感を抱く者によって、彼は暗殺されてしまう。[4]

しかし、一九八〇年代になって、マルコムXのまっすぐで誠実な生き方がゲットーに封じこめられていた黒人の若者たちのあいだで共感を呼ぶ。マルコムXは若者たちのヒーローと化したのだ。ラップミュージシャンのグループBDP（ブギダウンプロダクションズ）が彼の演説から採ったタイトルの曲「バイ・オール・ミーンズ・ネセサリー（By All Means Necessary）」（1988）を発表すると、次には黒人映画監督スパイク・リー（'Spike' Lee, 1957- ）が白人プロデューサーと組んで映画『マルコムX（*Malcolm X*）』（1992）を監督する。ただし、この伝記映画は、黒人よりも白人の観客に向けられたものだった。じっさい、白人にも黒人にも受けいれられるような映画を作るのはほぼ不可能で、リーは自分の思いをこの映画で表現することができなかった。その結果、映画のなかのマルコムXは現実のマルコムX像とは似ても似つかないものになってしまった。白人女性との恋愛に重きが置かれ、家族や黒人コミュニティとの結びつきが希薄な、ハリウッド映画特有の「一匹狼」の主人公は、マルコムXが抱えていた黒人ゆえの痛みや怒り、黒人のために武装蜂起もやむを得ないと考えた公民権運動の英雄像からはほど遠かった。アフリカ系アメリカ人でフェミニズム運動に貢献した批評家のベル・フックス（bell hooks, 1952- ）は、映画『マルコムX』を次のように批判している。

『マルコムX』はセンチメンタルでロマンチックなドラマで、黒人の怒りや攻撃性を生んだ厳しい現実を忘れさせようともくろんでいる。この映画は視聴者が現実に立ち向かい、挑戦し、変えようとする気持ちを起こさせない。受身の反応、行動しないことを称賛している。闘うようにではなく、泣くように作られている。[5]

この記述からわかるのは、現実のマルコムXは一筋縄ではいかない、厳しい現実に立ち向かい、黒人優位主義を説くことによって、白人におもねることのない社会を黒人の仲間とともに築こうと闘った「戦士」だったということだ。

ボールドウィンは、戦闘的だったマルコムXに敬意を抱いていたものの、ブラック・ムスリムはおろか、ブラック・パンサー（急進的な黒人解放運動の結社）にもNAACPのような組織にも加入していなかった。彼はそうした活動からは身を引き、書き物をとおして発言しつづける時代の目撃者だった。彼は自分にはない闘志に燃え、道半ばで燃え尽きたマルコムXの死を深く嘆いた。それはエヴァーズの死に対したときとはあきらかに違っていた。エヴァーズのときには個人的な哀悼の意を表わせばよかったが、今度はそうはいかなかった。差別撤廃に向けて人種闘争が激しくなる現状を目の当たりにして、黒人種全体の未来への不安がボールドウィンを襲っていた。彼は、エヴァーズとマルコムXという二人の死が黒人解放運動の挫折へと方向転換させてしまう危機感に駆られる。

そんなボールドウィンの不安を決定的にするのが三人目の黒人公民権運動の旗手、キング牧師の死だった。キング牧師は言わずと知れた、有名な公民権運動の指導者である。彼が黒人のみならず、白人からも支持されたのは、その温和な姿勢と、白人の社会をある意味で容認しながら黒人差別をなくそうと努める姿勢があるからだった。それは急進的な黒人からすれば、「アンクル・トム」のように思えた。じっさい、『私はあなたのニグロではない』のなかに登場するマルコムXは、「マーティンは二〇世紀版の、現代のアンクル・トム、信仰心の厚いアンクル・トムだ。かつてアンクル・トムのせいで農園で黒人がKKKに攻撃されても無抵抗だったみたいに、攻撃を甘んじて受けいれさせている」と批判している。[6] フックスの言葉を借りれば、自分たち黒人のことを考えろ、というマルコムXに対し、敵を愛せ、というのがキング牧師だった。

キング牧師が注目されるきっかけとなったのはローザ・パークス事件である。一九五五年一二月のある日、アラバマ州モンゴメリーで、クリスマスのための買い物をし、大きな荷物をもった黒人女性ローザ・パークス（Rosa Parks, 1913-2005）が混んだバス内で空いていた白人席にすわった。人種分離政策により、南部ではバス内も前のほうが白人席、後ろのほうが黒人席と決まっていた。車社会のアメリカでバスを使う人間の多くが黒人だっただろうから、白人席が空いていたにちがいないことは容易に想像できる。日頃からパークスはこのような黒人差別法は間違っていると感じていた。だから、法を遵守しようとする運転手にとがめられても席を立たなかった。運転手との口論の末、パークスは逮捕されてしまう。この事件が起こったモンゴメリーの町のバプティスト教会に前年から赴任していたキング牧師は事件を知ると、抗議の意味を込めてバス乗車拒否というボイコット運動を計画する。一年以上の長きにわたるボイコット期間中、黒人たちはバスを使わず、抗議運動に加わった人びとのなかで自家用車をもつ者の援助を受けて抵抗した[7]。一九五六年一一月、連邦最高裁はバス車内における人種分離法を違憲とする判決を下し、この運動は成功裡に終わる。

警察に放水される黒人たち
John A. Garraty, *The Story of America*, Holt Rinehart & Winston, 1991, p.1055

この成功を機に、キング牧師はさまざまな非暴力による運動を起こす。アラバマ州バーミングハムでは一九六三年、抗議デモを行ない、留置所に入れられたこともある。このとき、留置された大人たちに代わって六〇〇〇人の黒人の子どもたちがデモ行進した。警察がデモ隊に対し、棍棒や電気の流れる家畜用つき棒でたたいたり、警察犬をけしかけたり、高圧ホースで放水したりする映像はメディアをつうじて全米に知れわたった。かくして世論は黒人側に傾き始める。同年八月、キング牧師は首都ワシントンＤＣでリンカンの奴隷解放宣言一〇〇周年を記念する大集会を企画する。これが「ワシントン大行進（March on Washington for Jobs and Freedom）」と呼ばれた集会で、二〇万人が参加した。このときリンカン記念堂の前でキング牧師が演説した「私には夢がある（I have a dream）」は、人種の壁のない未来を希望する、心揺さぶる演説として世界中に知れわたる。

しかし、それから一ヶ月もたたない九月の半ば、バーミングハムの黒人教会に爆弾が投げこまれ、四人の少女が亡くなるという悲劇が起こる。[8]また、その半年後には、アラバマ州セルマからモンゴメリーに向かうデモ隊に対し、州軍が出動して催涙ガスや警棒で応酬するという「血の日曜日事件（*Bloody Sunday*）」と呼ばれる出来事も起きた。しかし、キング牧師はひるまなかった。同じ三月にモンゴメリーにデモ隊を向かわせ、このときは無事にモンゴメリーにたどりつくことができた。こうした運動が評価され、キング牧師は一九六四年度のノーベル平和賞を受賞する。しかし、高まる運動に対し、警察は神経をとがらせ、ロサンジェルス郊外ワッツ市の黒人スラム街では、蛇行運転していた黒人が警察に検挙された。ところが、それが黒人暴動に発展し、州兵が鎮圧に乗りだす。この事件は「ワッツ暴動（Watts Riots）」と呼ばれ、三四人が死亡、数千人が巻きこまれる大惨事だった。この時期、全米で白人と黒人との衝突が絶えなかった。

一九六八年四月、キング牧師は遊説のために訪れていたテネシー州メンフィスで、集会のための音楽の打ちあわせ中、白人男性ジェームズ・アール・レイの銃弾によって暗殺されてしまう。無抵抗と非暴力を訴えつづけていたのに、皮肉にも銃という暴力の犠牲になってしまったのである。自分より若くして亡くなった三人の死をボールドウィンが深く悲しんだことはいうまでもない。

『私はあなたのニグロではない』の大半はこの三人の黒人指導者への追悼であるが、もう一人の黒人女性作家への哀悼も語られている。劇作家のロレイン・ハンズベリー（Lorrain Hansberry, 1930-65）である。三〇代の前半で癌を患い、死も覚悟していたハンズベリーは、ボールドウィンや歌手で俳優のリナ・ホーン（Lena Horne, 1917-2010）、公民権運動家のジェローム・スミス（Jerome Smith）らとともに一九六三年五月二四日、ケネディ大統領の弟で司法長官だったロバート・ケネディ（Robert Kennedy, 1924-68）と面会する。深南部の白人の小学校に通うことにした黒人少女のエスコートを大統領にしてもらいたい、というのがこの面会の焦点だった。大統領の前で少女にツバを吐く人間がいたら、それは国家に対してツバを吐くことになるからというのがその理由だった。しかし、そんなことをしても意味がないとロバートは言い、感情的になった若いスミスが、「この国を守るために銃をとるか」というロバートからの質問に「絶対にとらない！　絶対に！　絶対に！」と答えると、二人のあいだに険悪なムードが生まれる。面会の最後に口を開いたのはハンズベリーだった。「私は黒人の男性については心配していません。［中略］でも、バーミングハムで黒人女性の首を踏みつけている白人警官の写真を見せられるような文明国家についてはとても心配です」と訴える彼女に、ロバートは初めて視線を向ける。[9] ワスプではなく、アイルランド人でカトリック教徒でありながら、一世代か二世代前にアメリカに移住してきてあっという間に大統領の座を射とめた「白人」のケネディを兄に持ち、自らも次期大統領選に出ようと考えているロバートに、何世代も前にアフリカから強制的に連れてこられ、子子孫孫に至るまで酷使され差別されている黒人の気持ちはわからなかった。アメリカでは警官の多くがアイルランド系アメリカ人である。ハンズベリーが嘆いたのは、大統領と出自が同じであろう「白人男性」による「黒人女性」への暴力が日常化しているアメリカの光景である。

ハンズベリーは戯曲『日なたの干しぶどう（*A Raisin in the Sun*）』[10]（1959）で注目された。黒人で、しかも女性で初めてブロードウェイ進出を果たした奇才の劇作家である。この劇は一九六一年、シドニー・ポワチエ（Sidney Poitier, 1927- ）主演で映画化もされた。簡単に筋書きを紹介すると、亡くなった父親の保険金を使ってシカゴの黒人居住区から白人居住区へ引っ越す家族の物語だ。その保険金で店をもちたいドラ息子、大学へ行きたい娘に対し、家族の指揮権を握る母親が家の購入にその大半を当てることに決める。娘の教育費にとっておいた分はドラ息子の仲間の黒人にだまし取られてしまう。それでも引っ越すことで心機一転を狙う一家は、新しい家に移るのを楽しみにしていた。ところが、いざ引っ越そうとすると、白人住民の代表に、引っ越しを断念するよう圧力をかけられる。不安におびえながらも、一家はそれに屈せず、ドラ息子は自分の子どもの前で、引っ越し先で誇り高く生きていこうと決心を表明する。公民権運動の目標の一つは、黒人と白人とのあいだの垣根を取りはらうことだが、この劇が初演されたころは、それはまだ夢の夢、非現実的な理想だった。北部の都会であっても、だ。いや、それどころか、アメリカの多くの地域で、いまだに白人と黒人はそれぞれ別の居住地域に住んでいることが多い。黒人が白人居住地域に入ってくれば、白人はそこから出ていき、やがてそこは黒人居住区になる、というのがアメリカの都市部で繰りかえし起こっている悪しき習わしである。

それでも、白人中産階級が観客の大半を占める劇場においては、白人のなかに飛びこんでいって白人のモラルに従って生きていこうとする黒人、アンクル・トム的黒人ファミリーが好感をもって受けとめられ、この劇は成功したのだろう。だが、現実はそう甘くはない。ハンズベリーに一目置くボールドウィンだが、この劇についての批評は手厳しい。女性の登場人物が皆、母親も嫁も娘も、「ドラ息子」をなんとか一人前の男にしようと頑張っているけれど、劣等意識を植えつけられてきた黒人男性がそうなれる可能性は低く、たとえ一人前になれたとしても、かえってそれはこの社会では危険だという。なぜなら、「アメリカはニグロが一人前になることをけっして望んでないし、たいていは彼らを人間として扱っていない。マスコットかペットか物でしかない」のだから[11]。したがって、このモラルに目覚めた息子がりっぱな人

『日なたの干しぶどう』舞台
Bruce McConachie, *American Theater in the Culture of the Cold War: Producing & Contesting Containment, 1947-1962*, University of Iowa Press, 2003, p.182

生を歩むだろう可能性はきわめて低く、その将来は暗澹たるものなのである。このボールドウィンの危惧は、一九八九年、PBSテレビ局の「アメリカン・プレイハウス」シリーズで取りあげられた『日なたの干しぶどう』を見れば一目瞭然だ。フックスはこのテレビドラマ化された劇を見て、劇の初演当時は、「ドラ息子」が白人居住区に住みたいという黒人たちの「憧れ（yearning）」を象徴していたはずなのに、彼は一九八〇年代の白人視聴者の黒人男性への偏見が満ちあふれた、「危険」な「黒人男性テロリスト」になってしまっていた。[12]公民権運動を経てもなお、黒人に対する白人の偏ったステレオタイプ化が大衆文化をささえつづけているのだ。

黒人も白人とともに平等に暮らせる社会が近い将来訪れるだろうと夢見たハンズベリーは、三四歳という若さで亡くなる。ロバート・ケネディとの面会でボールドウィンが最後に耳にしたという彼女の言葉は印象的だ。「主なる神が私を呼んでいる。雷の音をたてて私を呼んでいる。私がここにいるのも長くはない」。そして、この面会がボールドウィンにとって彼女との最後の別れでもあった。それを暗示するように、面会の帰りにはなんと大きな雷の音がしたのだった。映画『私はあなたのニグロではない』でもこの別れの記述が語られている。

『日なたの干しぶどう』はハンズベリーの死後、長いあいだ、あまり大きく取りあげられることがなかったが、二〇〇四年、音楽や映画のプロデューサー、ファッションデザイナー、俳優など多彩な顔をもつショーン・コムズ（Sean John Combs, 1969- ）がブロードウェイでこの劇を再演し、コムズ自身も主役のウォルターを演じるというので、マスコミの注目を浴びた。私は二〇〇四年の四月一日にこの舞台を観たが、その後、二〇〇八年、ほぼ同じキャストでテレビドラマ化されている。

『私はあなたのニグロではない』の脚本は二〇一七年、ペック監督のイントロダクションつきでペンギン・ブックスに収められた。以下、この脚本中のボールドウィンの声を聞きながら、いまだにアメリカ社会の根深い人種差別と偏見に対し、どのように変革を迫ったのかを追ってみたい。一四歳にして説教師に目覚めたボールドウィンの言葉は今日なお、いや、人種的偏見が再燃している今日だからこそ、我われの心に深く沁みるはずである。

私が生まれた偉大なる西洋の家［国］は一つ、私もこの家の子です。ただしこの家で一番憎まれている子どもです。それというのも、アメリカ人は、私の肉体が彼らの肉体の一部で、彼らの骨でできていて、彼らによって作られたという事実を認めることができないからです。私の血も私の父の血もこの大地にあるのです。

思えば、白人が黒人を奴隷として強制的に連れてきたにもかかわらず、一九世紀の半ばには「アフリカへ帰れ」という運動（第2章参照）がまことしやかに起き、白人は黒人をアメリカ社会の一員として考えようとはしてこなかった。この「残酷なシステム」のなかで「恐ろしいのは……私もアメリカ人だという事実です」ともボールドウィンは嘆く。さらに、黒人もインディアンも殺してきたアメリカの歴史に言及し、ようやく今、「埋められた遺体が土のなかから声を挙げ始めたのだ」と語る。

ロバート・ケネディ元司法長官が言った「四〇年後には黒人の大統領が生まれる可能性もある」という言葉をおぼえています。白人の耳には黒人解放宣言に聞こえたはずです。ハーレムの人びとには違って聞こえました。……ハーレムの床屋の視点では、ロバート・ケネディはここにやって来たばかりなのにもう大統領への階段をのぼっている、その彼が四〇〇年前からここにいる我われに、「お前も従順にしていれば、四〇年後には大統領にしてやる」と言っていると聞こえるのです。

大統領候補選挙に出馬を表明していたロバート・ケネディは願いむなしく暗殺されたが、彼の予言どおり、彼の発言から四〇数年後、「黒人」の大統領、バラク・オバマが誕生した。「従順」にしていたからか。だが、オバマはそもそも奴隷の血をひく黒人ではない。新しく移住してきたアフリカ人の血を引いている、ムラートの黒人だ。彼の登場で改善された問題もあるが、アメリカ社会から差別がなくなったわけではない。「ハーレムの床屋」はオバマ時代をどんな思いで見ていただろうか。おそらく、ほとんど何も変わっていない、と思っていたのではないだろうか。皮肉なことに、次に大統領となったトランプは、中流の白人保守層の支持で大統領への階段を駆けのぼった。黒人やヒスパニックが多い貧困層のための医療制度、オバマ・ケアを転覆させようとしている。『私はあなたのニグロではない』は、「私はこの国でニガーではない、白人がニガーを生みだした。何のためかと、白人がそれを問えれば未来はある」と語るボールドウィンのせりふで終わる。ボールドウィンが亡くなって三〇年以上が立つが、彼が望んだ「未来」の到来はまだまだずっと先のようだ。

今日なお、白人のなかには黒人への不当な偏見をもつ人びとがいる。それどころか、歯に衣着せぬ差別発言を繰りかえす大統領の登場で、差別してもいいと勘ちがいする白人優越主義者が増加している。そんな白人に向け、黒人を主人公にする映画がこのところ立てつづけに作られ、二〇一九年度アカデミー賞にノミネートされたり、受賞をしたりしている。一つは実話をもとにした、黒人差別の激しかった一九六二年に黒人ピアニストとイタリア系用心棒の奇妙なコンビが行なった演奏旅行を扱ったコメディ『グリーンブック（*Green Book*）』（2018）、二つ目は白人仲間と組んでＫＫＫに先入する黒人刑事を主人公にした『ブラッククランズマン（*BlacKkKlansman*）』（2018）、そして三作目がボールドウィンの小説を映画化した『ビールストリートの恋人たち（*If Beale Street Could Talk*）』（2018）である。『グリーンブック』の監督はピーター・ファレリー（Peter Farrelly, 1956-）という白人で、黒人と白人の立場を逆転させながら、白人に黒人のステレオタイプをしゃべらせ、笑いをとる点が見ていて心地よくないが、いまだ白人大衆におもねるハリウッド映画の限界なのかもしれない。あとの二作品はアフリカ系アメリカ人が監督である。『ブラッククランズマン』は『マルコムＸ』を監督したスパイク・リー、『ビールストリートの恋人たち』は『ムーンライト（*Moonlight*）』（2016）でアカデミー賞作品賞を受賞した気鋭の監督バリー・ジェンキンズ（Barry Jenkins, 1979-）だ。二〇一九年度のアカデミー賞では、イギリスのロックバンド「クイーン」をモデルにした『ボヘミアン・ラプソディー（*Bohemian Rhapsody*）』が四冠を獲得したが、これらの三作品はそれぞれ作品賞・脚本賞・助演男優賞、脚色賞、助演女優賞を受賞している。ここではボールドウィンの小説『ビールストリートに口あらば』(1974)(映画では右記のように邦題が代わり、映画の上映に合わせて新たな翻訳本も出版された)[13]に触れておこう。

『私はあなたのニグロではない』で示されたように、ボールドウィンは三人の公民権運動の指導者たちの死を深く悲しみ、暗殺行為によって抗議運動が封じこめられることに怒りをおぼえていた。そんななさなかに友人の黒人男性が殺人犯として起訴されるという事件に遭遇し、『ビールストリートに口あらば』が生まれる。語り手の女性主人公ティッシュは、恋人のファニーと結婚間近で、新居を探していた。そんななか、白人の警察官に目をつけられたファニーが強姦犯として起訴される。身に覚えのない罪だった。ちょうどその犯罪が起きたころ、彼はやはり無実の罪で二年間服役させられたという友人ダグラスと一緒にいた。しかし、被害女性は警察が任意同行したファニーを犯人だと言い、その後公判には出席せずにプエルトリコへ帰国してしまった。ダグラスも別の罪で遠くの刑務所に収監されていて、証言台に立ってもらえない。ティッシュの母親が被害女性に会いにプエルトリコまで出かけるが、女性はファニーが犯人だと主張し、自分に構わないでくれ、と彼女をつっぱねる。白人弁護士も助けとならず、ファニーは独房のなかで何年も過ごすこととなる。ファニーとのあいだに子どもを身ごもっていたティッシュは父親のいない赤ん坊を生む。小説は、出産したファニーの赤ん坊の泣き声で終わる。「……赤ん坊の泣き声がする。赤ん坊は泣いて、泣いて、泣いて、泣きつづける。まるで死者の目を覚まそうとするかのように」。

この最後の一節からは、『私はあなたのニグロではない』のなかで、「埋められた遺体が土のなかから声を挙げ始めた」と語ったボールドウィンの言葉が思いかえされる。赤ん坊が象徴する未来、すなわち、しいたげられて死んでいった過去の亡霊たち、エヴァーズやマルコムXやキング牧師ら死者とともに闘っていく未来が暗示されている。映画は数年後に減刑を申請したファニーに、ティッシュと息子が面会する場面が付けくわえられている。ハリウッド的ハッピーエンディングが、映画全体を貫く甘美な恋愛ドラマに明るい未来を約束している。ボールドウィンが果たしてこの結末を好意的に受けとめられるかは、死人に口はないのでわからない。しかし、現実はまだまだ闘いのさなかである。一九六〇年代、七〇年代であればなおさらである。

「私は人間だ」と言って行進する黒人たち
Clifton Daniel, *Chronicle of America*, Simon & Schuster, 1989, p.784

　さて、黒人たちの命を張っての公民権運動の成果は、ジョン・F・ケネディ大統領の暗殺を受けて副大統領から大統領となったジョンソン大統領によって「公民権法」というかたちで実ることとなった。そのジョンソン政権は、公民権法を制定したという意味では評価できるが、ヴェトナム戦争への関与という点では最悪の政権だった。北ヴェトナムを支援する南ヴェトナム解放民族戦線が組織力を発揮するなか、北爆を決行したアメリカは、ヴェトナム戦争を泥沼化させる。ジャングルのなかでの〈ゲリラ戦に手を焼いたアメリカは最新兵器を導入し、枯葉剤を巻くなど残酷な手段を使い、ヴェトナムの人びとを苦しめていた。戦争を取材するジャーナリストによる報道写真をつうじてヴェトナムの惨状を知ったアメリカの若者たちは立ちあがった。体制に不満を抱く学生たちを中心に、公民権運動がヴェトナム戦争反対の運動へと転換し、アメリカ中で反戦運動が繰り広げられる。かのキング牧師もヴェトナム戦争反対運動を指揮し始めていたが、志半ばで銃弾に撃たれてしまう。

アメリカ政府もそんな国民の声に押され、リチャード・ニクソン（Richard Nixon, 1913-94）第三七代大統領は一九六九年、北爆を全面停止し、ヴェトナムから米軍を撤退させる。その結果、南ヴェトナム軍は弱体化し、北ヴェトナムが勝利する。しかし、このインドシナの混乱は隣国カンボジアにも波及し、反米を掲げた共産主義的独裁者ポルポト政権が発足し、高学歴でリベラルなインテリ層が大量虐殺される。ヴェトナム、そしてそれに続くカンボジアの混乱は、アメリカの介入が果たして正しかったのかが問われる事態となった。

この一九六〇年代終わりごろに比べ、近ごろでは戦争が世界のどこかで進行し、アメリカが少なからずそれらに関わっているにもかかわらず、ヴェトナム戦争のころのような反戦デモがあまり見られない。イラク戦争の間違いに気づいたアメリカ国民はブッシュ政権時にいくらかの反戦デモを行なったが、イラクからの早期撤退を唱えてオバマ大統領が当選すると、反戦デモの規模は縮小し、反戦の声は最近ではほとんど聞かれなくなった。

最近のデモは海外の戦争に対してというよりは国内の政府に対するものが多い。「反戦」から「反共和」へとその中身も変化し、戦争はより見えにくくなった。かつてのような徴兵制はなく、貧しい層の若者が生活の安定を求めて従軍したり、私企業による戦場派遣社員が戦場へ行ったりする時代である。加えて、コンピューターやドローンの開発で無人飛行機による爆撃など戦争の形態も変化している。戦争だけでなく、社会的弱者が権利を求めてデモやストライキをすることもかつてほどの勢いを失っている。その代わり、インターネットやスマートフォンの普及でSNSによる組織化が可能になり、多くの人が総動員されて目に見える運動をする必要がなくなった。かつての公民権運動や学生運動のような、からだを張っての闘いは影を潜めている。しかし、団結し訴えるという手段が消えたわけではない。未来に向けて、死者たちにささえられて、闘いはつづくだろう。少しでもより良い社会にしていくために。差別をなくしていくために。

第9章　メキシコ系アメリカ人の公民権運動とチカーナ・フェミニズム
――シェリ・モラガの『英雄たちと聖者たち』と『飢えた女――あるメキシコ人のメーディア』

トランプ政権は何ごともアメリカ第一、自国主義を貫くなかで、とりわけメキシコからの不法移民の国外退去を求め、メキシコとの国境に壁を作ることを政策の一つに掲げた。しかし、その歴史を振りかえってみれば、現在のアメリカ合衆国を築いたのは、その始祖とされるピューリタン植民者、すなわち「ピルグリム・ファーザーズ（Pilgrim Fathers）」から「建国の父祖」と呼ばれる合衆国憲法起草者まで皆、イギリスやオランダ、ドイツなどからの移民である。その後もアメリカは、南北戦争後の労働者不足を補うかたちで東欧や南欧、アジアからの移民をたくさん受けいれてきた。

アメリカ合衆国に限らず、南北アメリカ大陸および西インド諸島を制覇し、先住民を迫害、もしくは利用して政治的にも経済的にも権力の座についたのはヨーロッパからの植民者たち、そしてその子孫らである。とくに中南米は北米よりも一足先にスペインやポルトガルの植民地になっていた。その植民のきっかけとなったのが、イタリア人、コロンブス（Christopher Columbus, 1451-1506）による「新大陸の発見」である。そのころまでにインドや中国はヨーロッパから東へ向かう海路でつながっていたので、地球が丸いとすれば西へ航路を進むとアジアにたどりつくだろうと考えたコロンブスら一行は、スペイン宮廷の援助を得て、大西洋を西に向かって航海した。そのため、一行は最初に到着した西インド諸島の一つ、グハナハニ島をインドと勘違いし、島に住む先住民を「インディオ（Indio）」（英語の「インディアン」、すなわち「インド人」）と呼んだ。以来、新大陸の先住民はそう呼ばれるはめになってしまった。

ヨーロッパでもとくに植民活動に熱心だったのがスペインで、スペインが植民した新大陸の領土は広範囲に及んでいた。アメリカ合衆国の西部は、一八二一年にメキシコがスペインから独立するまで、スペインの領土だった。イギリスの植民者と違い、スペイン人の征服者、とりわけ統治者や聖職者たちは先住民を「神の息子」とみなし、インディオと白人との結婚も奨励した。そのため一九世紀に入るころには、メキシコ人の多くが「メスティーソ（mestizo、女性はmestiza）」と呼ばれる、インディオと白人との混血だった。したがって、アメリカ西部フロンティアに入植した人びとの大半はメスティーソである。といってもメキシコの中心部から遠く離れた北のフロンティアに居住するメキシコ人は少なく、国の統治はかならずしもうまく機能していなかった。未開拓だったこの地域で細ぼそと暮らしていたのは先住民族のインディオだった。

スペインから独立したばかりのメキシコ北部の領土はまもなく、アメリカ合衆国によって侵略されることになる。創立当初は東部の一三州だけだった合衆国の大統領に、アパラチア山脈の西側の開拓地で生まれ育ったアンドリュー・ジャクソンが就任すると、彼は西漸運動を推進する。その結果、一九世紀の半ばまでにアラスカとハワイを除く今日あるアメリカ本土が合衆国のものとなった。西漸運動のなかで、アメリカ合衆国軍はメキシコ軍と戦い、その領土を勝ちとったのである（第3章参照）。したがって、今日いうメキシコ系アメリカ人の一部は、先住民族も含めてこの侵略によって「アメリカ人」にされた「メキシコ人」の子孫である。残りのメキシコ系住民は一九一〇年代のメキシコ革命とそれに続くメキシコの動乱を逃げてきた人びと、あるいはそれ以降も貧困と経済破綻にあえぐメキシコから仕事を求めて国境を越え、そのまま住みついた新移民たちだ。低賃金や日雇いで働くため、とりわけカリフォルニアのブドウ農園をはじめ、農業労働者、季節労働者には不法移民が多かった。

二〇世紀初頭の欧米諸国では、日清戦争（Sino-Japanese War, 1894-95）や日露戦争（Russo-Japanese War, 1904-5）で日本が大国に勝利したことが引き金となって、黄色人種を脅威とみなす議論が活発化する。「黄禍論（Yellow Peril）」と呼ばれるこの議論により、中国や日本からのアジア移民に対する差別法が作られると、アメリカ国内では農業従事者が不足する事態に陥った。これを補ったのがメキシコや植民地フィリピンからの移民だった。彼らは移動労働者として農場を点々とし、衛生設備の悪い掘っ立て小屋に収容されていた。そんなわけで一九二〇年代の労働者不足の時代にはメキシコからアメリカに容易に入国することができた。ところが、一九二九年の大恐慌以降、不法入国者の取り締まりが厳しくなる。一九三〇年代に入ると、アメリカにいたメキシコ人の三分の一から二分の一の四〇万人が帰国を余儀なくされた[1]。しかし、すでに第二世代のアメリカ生まれも多く、彼らは貧しい農村から都市部へと移住していった。とはいえ、相変わらず生活は厳しく、「バリオ（barrio）」と呼ばれるスラム街で、貧困や差別と闘わなければならなかった。なかには非行の末に犯罪組織に入る若者もいて、彼らは一九四〇年代の初め、「パチューコ・ギャング（pachuco gang）」と呼ばれた。肩パッドの入った大きな長いジャケットに、ヒップからひざにかけて太く、ひざから足首までが細いズボン、というその独特なファッションから、「ズートスーター（Zoot Suiter）」とも呼ばれる。そのいでたち、虚勢をはった態度、非行の数かずは、自尊心がもてない、疎外された状況にある彼らの不安感の裏返しだった。

Zoot Suit
『ズートスーツ』DVD
ユニバーサル・ピクチャーズ・ジャパン

一九四〇年代の初め、そんなパチューコの存在を顕在化させる事件がたてつづけに起きる。一つ目は、一九四二年、ロサンジェルス郊外のスリーピーラグーンにある貯水池で、パチューコ・ギャングの一人が敵対するギャングの一味によって殺害されるという事件だ。当局は見せしめにパチューコのメンバー一七名を第一級あるいは第二級殺人罪で起訴した。二つ目は、翌年の一九四三年に起きた「ズートスーツ暴動（Zoot Suit Riots）」と呼ばれる事件である。これは、サンディエゴに駐屯していた米海兵隊がロサンジェルスのバリオを襲撃し、パチューコではない若者たちにも暴行したことがきっかけで、他のバリオにも波及した暴動騒ぎのことである。連邦政府の介入がなければ、暴動はもっとエスカレートしたかもしれない、白人によるメキシコ人差別と迫害を象徴する事件だ。メキシコ系アメリカ人の公民権運動にも貢献した、その名も「農民劇団（El Teatro Campesino）」という労働者集団を率いる劇作家のルイス・バルデス（Luis Miguel Valdez, 1940- ）は、この暴動をメキシコ人側から捉えた劇『ズート・スート（*Zoot*

Suit)』（1978、三年後に映画化）を創作している。劇のなかではパチューコがバリオの誇り、ファッションリーダーとして恰好良く描かれている。「チカーノ（Chicano）」（メキシコ系アメリカ人の総称、女性は「チカーナ Chicana」）の解放運動の一環として書かれたこの劇は評判になり、ブロードウェイでも上演された。しかし、バリオで生活する人びとの自負心を育て、意識を向上させるために書かれた、英語とスペイン語が飛びかう舞台は、商業演劇を求める白人観客にはその意図がじゅうぶん伝わらず、ブロードウェイ公演はさんざんだった。[2] チカーノの問題をブロードウェイの観客に理解してもらうには時期尚早だったようだ。

さて、第二次世界大戦後の経済成長に伴い、メキシコからの移民は急速に伸び、職を求めて非合法にアメリカに入国する者があとを絶たなかった。その一部は国境のリオグランデ川を泳いで渡ることから、「ウェットバック（wetback、水にぬれた背中）」と呼ばれた。国境すべてを警備するのは不可能なため、発見を逃れ、非合法に越境するメキシコ人を減らすのは困難を極めた。たまに国境警備隊の軍事作戦で大量のメキシコ人が強制送還されることはあっても、密入国者が減ることはなく、いたちごっこが続いた。こうしたメキシコからの不法入国を手引きする「コヨーテス（coyotes、女性はcoyotas）」と呼ばれる道案内人もいて、当局は手をこまねいていた。もちろん、ただ見過ごしてばかりいたわけではない。納税者からすれば、税金を支払わない不法移民に公共的利益を与えるのはけしからん、という考えもあって、カリフォルニア州では一九九四年に、「非合法に入国した移民は医療や福祉、教育などのサービスを受けられない」とする法案が提案されたこともある。しかし、全米で五〇万人とも一〇〇万人ともいわれる、メキシコからの不法移民は、これまでアメリカ経済の底辺をささえてきたことも事実だ。低賃金労働者が欲しい雇用者にとって、不法移民はなくてはならない存在だった。

しかし、二一世紀に入ってから、じつは不法移民の数は激減している。ことに二〇〇一年の同時多発テロ以降、テロリストの侵入を防ぐという理由からすでに国境警備員の数は増員され、国境警備費も増加の傾向にある。それ以前に比べ、入国は極めて困難になっている。逆に季節労働者のようなかたちでメキシコとアメリカを行き来するのもむずかしくなっているため、国内にすでにいる不法移民は帰ろうにも帰れないでいる。トランプ政権はそういう不法移民の摘発に乗りだしたわけだが、強制送還される親とアメリカ生まれの子どもたちが引き離されるという事態に人道的課題が生じている。それでもなお、トランプ大統領は、メキシコとの国境沿いに壁を建設すると主張し、大統領の権限である非常宣言までも振りかざし、国境封鎖も視野に入れている。なぜなのか——それは次章に譲り、ここでは、アメリカにおけるチカーノ、すなわちメキシコ系アメリカ人の闘いに焦点を当てていくことにする。

メキシコを含む中南米や西インド諸島からの移民とその子孫を総称して「ヒスパニック（Hispanic、スペイン語を話す人びと）」と呼んでいるが、ヒスパニックの当人たちはあまりこの表現を好んではいない。なぜなら、植民者のスペイン人よりもむしろ被植民者であるインディオをルーツと考えたい彼らからすると、「ヒスパニック」という言葉にはヨーロッパがルーツだという印象しかなく、そこに自分たちのアイデンティティを重ねることができないからである。加えて、この用語は一〇年に一度行なわれる人口調査で一九八〇年から加えられた選択項目なので、政府が押しつけたものであって自分たちで選んだ呼称ではない、という意識も働いている。そのため、彼らは今日では「ヒスパニック」ではなく、「ラティーノ（Latino、女性は「ラティーナ　Latina」）」を好んで使う傾向がある。人口調査のカテゴリーも二〇〇〇年から「ヒスパニックあるいはラティーノ」と変更され、さらに「二種以上の人種の混血」というカテゴリーも設けられた。しかし、人口調査はあくまでも自己申告なので、かならずしもこのカテゴリーどおりに申告しているとは限らない。この人口調査を遡ると、一九二〇年にはメキシコ系アメリカ人がワン・ドロップ・ルールに適合されることなく、白人とされていた。ところが、一九三〇年には黒人や白人とは区別され、メキシコ系というカテゴリーが新たに創設された。ちょうど不法移民への取り締まりが強化された時期と、メキシコ系の人たちに対する差別が厳しくなった時期が重なる。

メキシコ系アメリカ人は、合法的な移民とその子孫の数でいっても他の中南米・西インド諸島からの移民よりはるかに多い。二〇一〇年の時点で全ヒスパニック人口の六三パーセントを占めている。そのヒスパニック人口は二〇〇〇年を境に、それまでマイノリティのなかで最大多数を誇っていたアフリカ系を押さえて堂堂の第一位、最大多数派マイノリティにのしあがった。二〇一〇年には一三・一パーセントの黒人人口をはるかに上まわる一六・九パーセントを占めるまでになった。二〇一〇年には現在の三倍の数に増え、全人口の二九パーセントをヒスパニックが占め、非白人人口が六割を超えるだろうと推測されている。[3]もちろん、この数値は、出生率の低下や、入国制限による移民の減少、多人種との結婚による非ヒスパニック化現象を考慮に入れたうえでの予測値である。白人中流階級の支持者にささえられているトランプ大統領が中南米からの移民の数を抑えたいとする動機には、こういった数の脅威もあるにちがいない。だが現実はといえば、貧困率の高さや識字率の問題を抱えているヒスパニックの大半がアメリカ社会の中枢で活躍するようになるには、もう少し時間がかかりそうだ。

「ラティーノ」のなかでも、メキシコ系住民らは、アフリカ系アメリカ人たちが起こした公民権運動に倣い、一九六〇年代の半ばから始まった公民権運動のなかで、自分たちアメリカ生まれのメキシコ系アメリカ人を「チカーノ」と呼ぶようになる。チカーノの公民権運動の指導者には、カリフォルニアの農業労働者の救済のために組合を組織し、ストライキやボイコット運動を繰りかえしては自分たちの権利を勝ちとっていったセサール・チャベス（Cesar Chavez, 1927-93）や、学生を束ねて「チカーノ青年会議」を組織したルドルフォ・コーキー・ゴンサレス（Rodolfo 'Corky' Gonzales, 1928-2005）などがいる。彼らはアステカ・インディオの伝説上の故郷「アストラン（Aztlán）」を自分たちのルーツとみなしている。アストランは一一六八年に、アステカの人びとが現在のメキシコ方面に南下したときに、あとにした故郷の呼び名で、今日では神話上にしか存在しない。その故郷はメキシコの北西部にあったとされ、地理的にみてアメリカ南西部にあったと信じられている。ところが、そこは一九世紀の前半にアングロ・サクソン系アメリカ人の侵略によって奪われたので、その奪われた自分たちの土地を取りもどすというのが運動の骨子だった。同時に、それは白人の侵略によって失われた、アステカの戦士の闘争心を回復する、というねらいもあった。

しかし、闘って土地を奪いかえすという考え方はきわめて男性的で、女性が加わる余地はなかった。じっさい、チカーノの公民権運動は男性主導で女性は参加しにくく、参加しても補助的な役割しか与

シェリ・モラガ（筆者撮影）

えられなかった。封建的なチカーノ社会にあっては、女性が力をもつのはほぼ不可能だった。例外は、チャベスとともに農業労働者組合の共同創立者として闘ったドロレス・ウェルタ（Dolores Huerta, 1930- ）くらいだろう。チカーノの運動における男尊女卑は、ルーツが同じインディアン部族には見られない。もともと母系社会だったインディアン部族においては女性が強く、よく働く。しかし、メキシコでは、スペインに征服され、スペインの文化が導入された時点で、母系制は父権制にとって代わられ、男性中心社会が形成されてしまったのである。人種的にも白人、インディオ、黒人の血が混じりあい、「ハイブリディティ（hybridity、異種混交）」が進むなかで、「メスティーソ」と呼ばれるスペイン人とインディオの融合人種が多数派を占め、そこではカトリック信仰と封建制が手を結んでしまっていた。

こうしたことから、チカーナ、すなわちメキシコ系アメリカ人女性の運動は、男性のチカーノの運動よりも遅れて始まる。しかし、この女性たちの運動は、白人が中心のフェミニズムとは別のかたちの団結を強め、彼女たちはアフリカ系の女性やアジア系の女性らとともに、アメリカの有色人種の女性たちを先導する役目も果たしてきた。一九八〇年代に始まるこの運動の中心となった活動家が、作家のシェリ・モラガ（Cherríe Moraga, 1952- ）とグローリア・アンサルドゥーア（Gloria Anzaldúa, 1942-2004）である。二人は有色人種、すなわちアフリカ系、アジア系、ラテン系、ネイティヴ・アメリカンの女性たちが書いた小説や詩、戯曲などを集めた『わたしの背中というこの橋（*This Bridge Called My Back*）』（1981）というアンソロジーを共同編集する。この作品集は出版以来、大学のチカーナ・スタディーズやエスニック・スタディーズ、あるいはフェミニズムのコースの教科書となった。この教科書の序文では、白人フェミニズムに対抗し有色人種を結集した「第三世界フェミニズム」が定義、提唱されている。有色人種の女性たちの運動は、白人中心で始まった「第二波フェミニズム」とたもとを分かちつつも、類似性よりも各人種、集団のあいだの「差異」を強調しているため、「第三波フェミニズム」運動と分類されることもある。

もちろん、この運動の中心にいる人びとはアメリカ国内で高い教育を受け、社会的地位もあるので、「第三世界」といってもアメリカ国内における「第三世界」であって、いわゆるアジアやアフリカなどの「第三世界」を代表する、グローバルな意味での貧困層や弱者を念頭に置いているわけではない。グローバルな意味での「犠牲者」と同列に扱われかねない、この概念はどうなのか、という意見もあろう。しかも、「第三世界フェミニスト」にはさまざまな人種が入り乱れ、異性愛者もいれば同性愛者もいる、という多様な「差異」から成る集合体なので、一枚岩ではない。したがって、あくまでも政治的な集団として必要なときに合体する、ゆるやかな集合体だった。

運動の先頭に立っていたモラガとアンサルドゥーアはともに白人とチカーノの混血で、純粋なメキシコ系ではない。二人はまた同性愛者だった。自分たちを「チカーナ・レズビアン（Chicana Lesbian）」と呼び、人種とジェンダー、さらには性において三重に差別された自分たちのような女性が、互いを結ぶ「橋」

をかけることによって団結し社会変革をしようと仲間を結集した。自己体験に根ざした彼女たちの主張はきわめて現実的で、自らの経験がチカーナの解放運動に直結すると考えていた。白人男性中心主義に疑問を投げかけ、「他者性」を強調している点では白人フェミニズムの理論家たちの主張にも近いが、チカーナ・レズビアン運動では白人女性が経験しえない、思いがけない現実に直面することも多い。抑圧された人間の立場から具体的に、抑圧の現実を一つ一つ変革するというのは容易ではない。矛盾との闘いの連続である。そんな経験に根ざして社会変革を提唱していく自身の理論を、モラガは「肉体のなかで形成された理論（theory in the flesh）」と呼ぶ。個個の現実に即して理論も自由に変化しうるものでなければならない、というのがその「理論」だった。したがって、モラガの政治的姿勢、理論の構築は、自らの体験によってつねに修正され、柔軟に変化する。その典型的な例があとで述べる、彼女の出産体験だ。この体験が自身の姿勢を捉えなおすきっかけになり、より柔軟な思考が彼女のなかに生まれる。[4]ここからは、モラガの作品に焦点を当て、そんな彼女の声に耳を傾けたい。

　モラガの作品にはしばしば神話上の人物が登場する。それはモラガに限らない。チカーノの作家全般に共通する特徴である。彼らは神話を自分たちの集団的記憶として共有し、自分たちのアイデンティティの根源にしている。スペイン人に植民されたメキシコではカトリック信仰と土着のインディオの伝説や神話が混ざりあい、カトリック信仰で崇拝される聖母マリアと土着信仰の女神とが合体した「グアダルーペの聖母」という聖母像が形成された。この聖母はスペインの征服後まもなく、メキシコ市北西のテペジャクの丘に出現したとされる。グアダルーペの聖母はメキシコ人にとっての守護神として、メ

ラ・マリンチェ

キシコ人の男たちに祀りあげられてきた。したがって、男性を中心として始まったチカーノの公民権運動は、自分たちが「目覚めた」ことを表わす「グアダルーペの聖母が現われた」日に始まったとされる。[5]

メキシコの伝説では他に三人の母親像が頻繁に登場する。一人目は、スペインの征服者エルナン・コルテス（Hernán Cortéz, 1485-1547）の通訳で愛人でもあったラ・マリンチェ（マリンツィン・テネパル（Malintzin Tenepal, 1502?-27?））と呼ばれる女性である。勇敢でリーダーシップもあったとされる彼女だが、インディオでありながらスペイン人の植民に協力したため、インディオからすれば「裏切り者」だった。チカーナ・レズビアン運動では、男性異性愛中心主義の社会のなかで、女性でかつ同性愛者である自分たちをこの「裏切り者」のラ・マリンチェに重ね、その知性と指導力を見倣って社会変革の先頭に立とうと互いに誓いあった。二人目は「泣く母」ラ・ヨローナという、夫に捨てられて気が狂い、子どもを川に沈めたとされる悲劇のヒロイン。三人目はアステカの豊饒の女神、大地母神のトーナンツィン。いずれも従順と謀反、純潔と官能、処女と娼婦という、相反するイメージをあわせもつ。保守的で封建的な男性社会のなかでしいたげられ、忍従を強いられてきた歴史に終止符を打とうとするチカーナ・レズビアンたちは、これら三人の母親像が抱える負の面を逆手にとり、自ら「裏切り者」を引きうけ、変革の道を探っている。

モラガは自己の反映である「裏切り者」のチカーナ・レズビアンを主人公に、数多くの戯曲を発表している。ここではチカーノの公民権運動と関わりの深い『英雄たちと聖者たち（*Heroes and Saints*）』（1992）と、エウリピデスの『メーデイア』を翻案し、一人のレズビアンの悲劇を描いた『飢えた女――あるメキシコ人のメーデイア（*A Hungry Woman: A Mexican Medea*）』（1995）を取りあげる。[6]

『英雄たちと聖者たち』（1992）は、チカーノの公民権運動のなかで実際に起きた事件をモデルにしている。それは一九八八年の九月、農薬の薬害に抗議したチャベスの片腕だったウェルタが、第四一代大統領に就任することになるジョージ・ブッシュ（George Bush, 1924-2018）候補の政策に抗議する会見の席上で、サンフランシスコ市警に殴打されたという事件だ。カリフォルニアではこのころ、ブドウの栽培地域一帯で、農薬のせいで癌を発症する子どもや、身体的な障害をもって生まれてくる赤ん坊の数が著しく増えていた。それに対し、何ら対策が講じられなかったため、チャベスは真夏の八月に三六日間の断食を行ない、政府の無策に抗議した。ウェルタが警官に殴打されたのはその数週間後のことである。

この戯曲でウェルタはアンパロという名前で登場する、抗議運動のリーダーだ。彼女は家庭を「牢獄」と捉え、コミュニティのために尽くす、まさしく神話上の「ラ・マリンチェ」だった。その彼女が警官に殴打され、抗議運動の指揮をとれなくなったため、それまで家に閉じこもっていた、身体的な障害のあるセレシータが運動の先頭に立つ。セレシータは農薬のせいで首から下の身体の部分がなく、頭だけで生まれてきた。それまで家のなかで牢獄に閉じこめられたような生活をしていた彼女は、外に出て運動に加わりたいと神父に懇願する。なかなか頭を縦に振らない神父の承諾と助けを取りつけるために、セレシータは神父を誘惑する。間がさした神父は彼女が舌で性行為をするのを許してしまう。彼女の願いを聞きいれざるを得なくなった神父は、彼女を抗議集会に連れていくと約束する。すると、家のなかの祭壇に置かれていた頭だけのセレシータが、聖母マリアのように光り輝く。「グアダルーペの聖母が現われ」、セレシータは「目覚めた」のである。彼女は集会で労働者たちを前にして、自分たちの血となる食物が育つ大地を解放し、自由にしよう、と演説をする。そして神父とともにブドウ畑に入って行ったときだ、抗議運動の鎮圧を図る農場主が雇ったヘリコプターから銃で撃たれ、二人とも殉教する。労働者たちはこれに怒り、ブドウ畑を燃やしてしまう。畑は一面、血の色に染まる。

セレシータはチカーノ運動に目覚める「グアダルーペの聖母」であると同時に、神父を誘惑し、運動の指導者になる点で、女性に従順と貞淑を強要するチカーノ社会に反旗を翻す「ラ・マリンチェ」でもある。大地を解放する原動力になったという点では大地母神「トーナンツィン」にも相当する。資源を搾取され、農薬で汚染された大地は、しいたげられた自分たち、チカーナ・レズビアンの宿命とも重なるため、母なる大地の解放はチカーナ・レズビアンの身体の解放も意味していた。

現実のドキュメントを神話に作りかえ、チカーナの立場から自分たちメキシコ系の民族解放を謳った『英雄たちと聖者たち』に対し、モラガのもう一つの作品、『飢えた女』は囚われの身のチカーナ・レズビアンが主人公の、近未来ディストピア演劇だ。時代は二〇二〇年初頭という、執筆年からすれば「近未来」、アメリカが内乱によって、少数民族が支配する七つの国家に分裂している。その一つはチカーノの異性愛男性中心主義国家アストランだった。ところが、主人公メーデイアは今、アストランから追放され、荒地と化したかつてのアリゾナ州フィーニックスの監獄の精神病棟に隔離されている。チカーナの解放運動に尽くしたメーデイアは、新たに許嫁《いいなずけ》を見つけた夫に捨てられ、自分の息子を殺すところは原作、エウリピデスの『メーデイア』をなぞっているが、許嫁とその父親を殺害することはない。彼女はルナという女性と性的関係をもったため、同性愛を禁じるアストランから流刑に処され、フィーニックスの精神病棟に幽閉されているのだった。

劇の大半は回想シーンで、メーデイアの身に起きたことが語られる。彼女の夫は彼女に離婚を迫るばかりか、一四歳になる息子チャック＝ムール（アステカの戦士、を意味する）の親権を奪おうと画策する。息子はひとしきり思案したのち、その名前が象徴するとおり、戦士になるためにチカーノの国アストランに向けて旅立とうとする。夫のもとへ行こうとする息子の決断に激怒したメーデイアは、息子に薬草を飲ませて殺害する。さらに劇の最後では、恋人のルナが差しいれた毒草を飲んで自殺する。殺人と自殺という死をもってしか解放の手だてがないこの劇に、将来的展望は開かれない。原作のギリシア劇では、殺人者メーデイアは悪女として描かれているにもかかわらず、新たに生きる場所を見つけるが、『飢えた女』には恋人と共に生きるという選択肢すら与えられていない。劇全体に死のイメージが充満する。コロス（ギリシア劇の合唱隊）に当たる四人の女性が骸骨の仮面をかぶって登場し、メーデイアのまわりで歌い、踊り狂う。彼女たちはアステカの神話に登場するシファアタテオという、出産直後に死んだとされる女性戦士で、死の女神ともいえる。なぜ、モラガのメーデイアはそんなにも死に取りつかれているのだろうか。

すでに述べたように、モラガは他のチカーナ・レズビアン作家と同様、チカーノの伝統に背いた「裏切り者」のラ・マリンチェに自分を重ねている。彼女は白人の父親とチカーナの母親とのあいだに生まれた。白人の教育を受け、家では母の言語であるスペイン語を使うことを許されなかった。自分のなかにあるチカーナの部分を抑圧されて育ったのである。しかし、社会に出れば、白人からはメキシカン、メキシカンからは白人として白い目で見られ、さらにはレズビアンであるがゆえに異性愛者から差別され、孤独感にさいなまれていた。しかし考えてみれば、白人と結婚し、娘と母語で会話することを禁じられていた母親もまた、チカーノ社会を裏切った「ラ・マリンチェ」だった。自分の孤独を母親の孤独と重ねつつ、モラガは母親から継承した「ラ・マリンチェ」こそが、自分と母親との絆なのだと考えるようになる。母の人種であるチカーナだけを抱き、愛情を注げば、母親との結びつきを強固にできるとも考える。ところが、モラガはこの考えを変えなければならない事態に遭遇する。それは、モラガが人工授精によって妊娠し出産をしたときのことだった。女しか愛さない、女しか抱かない、と決めていたのに、生まれてきたのは男児だったのである。女児が生まれてくることを期待していたので、ショックだった。しかも、未熟児で生まれたその息子は生死のあいだをさまよっていた。母親として息子を抱きしめ、育てていく決心に至るまでの心の揺れを、モラガはエッセイ『待機しながら（*Waiting in the Wings*）』(1997) にしたためている。[7]

『飢えた女』でチカーノの国アストランへ行こうとする息子を許せず殺してしまった母親メーデイア

の揺れる気持ちや、コロスとして登場する、出産後に死んだ神話上の女性が彼女のまわりで踊り狂うさまは、生まれてきた息子に対するモラガ自身の葛藤を表わしていた。女性だけに愛情を注ぐと決めていたモラガが、たとえ息子であっても「男」を愛さなければならないという自己矛盾、やがては自分を抑圧する「男性」となって母親の自分のもとから去っていくのではないかという恐怖、それらが自らの手で息子を殺したギリシア悲劇のヒロイン、メーデイアの苦悩と重なった。

モラガが自身の葛藤と向きあいながら、ふと我にかえると、生きようと懸命に闘っている息子が集中治療室にいた。息子がなんとか生きのびて欲しいと願う母親のモラガは、死の不安と恐怖におびえていた。それは彼女を襲う悪夢となって現われる。『飢えた女』の劇中に現われる、死んだ胎児の悪夢である。胎児の死体がルナの両腕のなかにあった。そのうしろでは、死神のようなコロスが大蛇のようにメーデイアを囲むように踊り、泣き叫んでいる。子どもを亡くしたラ・ヨローナの悲嘆の嗚咽《おえつ》のようにも聞こえる。ヨーロッパの源流である古代ギリシア悲劇とチカーノの神話を融合させることによって、モラガはチカーナ・レズビアンが母の歴史を継承する道を探っていた。現実の母親や恋人との絆の延長上に、ヨーロッパの神話上の女性とチカーノの伝説上の母親がいたのはたしかだった。メーデイアの恋人ルナの名前も月の女神を意味し、神話上の女神を象徴している。歴史の起源を神話に求め、そこから現在、未来につながる歴史、すなわち母の歴史が継承されていることが確認されている。

けれども、『飢えた女』のメーデイアは息子を殺害してしまうので、母の歴史を息子に継承させることはできなかった。そこで、モラガは『待機しながら』のなかで、息子を出産した実体験から、どうすれば母の歴史を男女の性を問わず継承させていけるだろうかと、改めてその道筋を探している。彼女は自分が母親になって初めて、生と死の循環のなかで歴史が作られているということを意識する。自分がその歴史の参加者として、過去から未来へとつながる歴史を継承している、という思いを強くする。そして、その歴史を継承させることができるのは女性、「母親」なのだ、と再確認する。したがって、チカーナ・レズビアンの根幹に「母親」を据えた、当初のモラガの理論設定はまちがっていなかった。

ただ、そこに、すなわち彼女の人生のなかに、息子という、母親ならば愛さずにはいられない「男性」が、しかも死を乗りこえてこの世に生まれてきた「人間」が加わった。モラガは最初から、白人同性愛者が理想としてきた「クイア・ネーション」[8]も、異性愛者のチカーノが主張する「チカーノ・ナショナリズム」も、運動としては限界があると考えていた。そこでモラガが考えたのは、彼女が「クイア・アストラン」と呼ぶ、チカーナ・レズビアンの理想郷の建設だった。それは、異なる人種、階級、セクシャリティ、ジェンダーの人たちが互いに、差別しあうことなく愛しあえる場所を作ることだった。「クイア・アストラン」の理想は、モラガ自身の出産体験によって、より現実味を帯び始める。説得力をもつ理論になったのである。

この章を閉じる前に、エジプト系アメリカ人作家オマル・エル＝アッカド（Omar El Akkad, 1982- ）の小説『アメリカン・ウォー（*American War*）』（2017）に触れておきたい。『飢えた女』と同じように、アメリカ全土が南北戦争のときのように分裂し戦場と化すというSFである。アメリカで出版されるや否や、日本でも邦訳が出版された。[9] 南北戦争から一五〇年以上がたつというのに、新しく移民としてアメリカに入ってきて、この戦争とはまったく縁のない人びとが南北戦争を近未来のアメリカの姿に重ねるのは、それだけこの戦争がアメリカの歴史においてトラウマ的出来事だったからだろうか。『飢えた女』がカリフォルニアでメキシコからの不法移民への圧力が強まった一九九〇年代半ばに書かれ、『アメリカン・ウォー』が二〇〇一年の同時多発テロ以降に起きたアラブ系移民への抑圧的空気のなかで書かれたのは、人種差別や同性愛嫌悪が引きおこす、国の分断の危機への不安を一番感じとっているのが、こうした抑圧された人びとだからなのだろう。彼らが描くディストピアは、いずれも近未来という設定ではあるものの、抑圧的な現実社会を反映している。二つの作品はいずれも諷刺やパロディではすまされない問題を我われに投げかけている。ことにエル＝アッカドは、戦争に環境破壊という、我われが今直面しているグローバルな問題も採りいれ、アメリカの、そして人類の未来を案じている。

第10章　いま、移民や難民とどう向きあうべきか
――これまでのアメリカ、これからのアメリカ

本書はここまでおもに黒人や女性、有色人種や同性愛者など、白人異性愛男性中心主義社会のアメリカで差別され疎外されてきた人びと、二重、三重の苦しみを背負う「他者」に焦点を当ててきた。しかし、アメリカという国家はその歴史の初めから、「他者」である「移民」によって成りたっていることを忘れてはならない。アメリカ合衆国は、ヨーロッパからの「移民」、また考えようによっては宗教的な迫害を逃れてきた「ピューリタン」という、今日的にいえば「難民」によって建国されたといえる。にもかかわらず、その「移民」であった白人がアメリカ大陸に古くから居住していた先住民族である「インディアン」を迫害し、その多くを殺害（殺人や虐殺のほかに、ヨーロッパからもちこんだ病気による大量死も含まれる）し、自分たちの国を作り、自分たちこそが先住者であるかのようにふるまっている。そして、しばしばワスプと呼ばれるアングロ・サクソン系プロテスタントの白人が中心であるこのアメリカ社会では、あとから入ってきたワスプではない移民を差別し、抑圧してきた。

一九世紀から二〇世紀にかけてはアングロ・サクソン系でもプロテスタントでもない、民族も宗教も異なる人びとが、ときには難民として移住してきた。ストウ夫人は『アンクル・トムの小屋』のなかで、

オーストリアによって迫害されたハンガリーからの難民を受けいれた史実に言及しているが、そのころアメリカに移住してきたのはハンガリーからの難民だけではなかった。ストウ夫人がこの小説を執筆していた一八四〇年代後半から一九五〇年代にかけて、主食のジャガイモの不作が原因の「ジャガイモ飢饉（Potato Famine）」による食糧難のせいで、カトリック教徒が大半を占めるアイルランドから、たくさんのケルト系住民がアメリカに移住してきた。飢饉のせいで一〇〇万人が餓死し、一〇〇万人がアメリカに渡ったとされるアイルランドでは、一八四四年には八四〇万人いた人口が一八五一年には六六〇万人に減少した[1]。その後も貧困やイギリスの支配から逃れようとするアイルランド人はあとを絶たず、今日の同国（イギリスの一部である北アイルランドを除くアイルランド共和国）の人口は四〇〇万を割っており、四〇〇万人以上いるとされるアメリカに居住するアイルランド系住民の一〇分の一にも満たない。アイルランドからの移民より少しあと、今度はロシアや東欧から大量のユダヤ系移民がアメリカに渡ってきた。ロシア帝国時代末期、「ポグロム（pogrom）」と呼ばれるユダヤ人大虐殺が行なわれたためだ。同じころ、貧困にあえぐイタリアからも移民がたくさんやってきた。その多くが「マフィア」の根拠地であるシチリア島からの移民で、彼らは禁酒法が布かれたアメリカでギャングとして闇社会を牛耳っていた。ことに、ナポリ出身の移民アル・カポネ（Alphonse Capone, 1899-1947）は巨額の富を得て、シカゴの暗黒街に君臨していた[2]。

こうした移民がアメリカに入ってきて、祖国では敵同士だった民族も同じアメリカ人として生きていくことを高らかに謳う芝居がアメリカ人の共感を得てヒットする。ユダヤ系イギリス人作家イズラエル・ザングヴィル（Israel Zangwill, 1864-1926）が書いた『メルティング・ポット（*Melting Pot*）』（1908）である。ワシントンＤＣで幕を開け、翌年ニューヨークでも上演された。「メルティング・ポット」という言葉や概念は新しいものではなく、独立戦争中の一七八二年にフランスからやってきた移民が使ったという記録もあり、一九世紀にはエマソンも使っている。[3] しかし、異なる移民が皆アメリカ人としてアメリカ社会に同化し融合するという、「移民社会アメリカ」の理想を表わす言葉として浸透するのは二〇世紀初頭になってからで、ザングヴィルのおかげだといってもよい。しかし、一九六〇年代、公民権運動の高まりのなかで、異なる人種や民族が祖先から伝承されたそれぞれの文化や慣習を尊重しながらアメリカという国を形成するという、今日でいう「多文化主義（Multiculturalism）」の考え方が生まれると、鍋のなかで中身が溶けあって均一化する「メルティング・ポット」から、椀のなかの個個の食材が独立しながら混在する「サラダ・ボウル（salad bowl）」という言葉に取って代わられる。「サラダ・ボウル」は、一九五九年、歴史家のカール・ニューマン・デグラー（Carl Neumann Degler, 1921-2014）が創ったとされる用語である。

一九世紀の半ば以降、アメリカに移住したのはヨーロッパ出身者だけではなかった。南北戦争で失った六二万人の戦死者をはるかに上まわる移民が、内戦後のアメリカの産業経済の発展には必要だっ

鉱山で働く中国人と白人
John A. Garraty, *The Story of America*, Holt Rinehart & Winston, 1991, p.435

た。とくに鉱山や大陸横断鉄道の建設工事には、中国からの移民が多く携わっていた。彼らは苦力《クーリー》と呼ばれる下層労働者で、本国でもアメリカでも過酷な労働に従事していた。中国に少し遅れて、朝鮮や日本からも移住者がアメリカに入っていき、カリフォルニアやハワイなどで農地開拓や農業に従事する。しかし、よく働くアジア系移民に対し、先に移民していた白人労働者たちが不満を募らせる。その結果、外国人工夫税法（1850）〔4〕や中国人排斥法（1882）、外国人土地法（1914）など、さまざまな差別的法律を施行して、アジア系移民を苦しめていく。

そんななか、前章でも言及したように、欧米諸国で「黄禍論」が白熱し、排日運動や日系移民への襲撃事件が多発する。アメリカ政府は日本からの移民をなんとか食い止めようと、一九一七年に移民法を定め、一六歳以上に識字テストを課すことにする。日本語の読み書きですらできない、貧しい農村からの日本人移住者が英語を読んだり書いたりなどできるはずもなく、定住を断念せざるを得ない移住希望者があぶれていたことは想像にかたくない。一九二一年には移民割当法が施行され、日本ばかりでなく、他国からの移民も数を制限された。一九二二年には、小沢孝雄という日本人が帰化を求めて合衆国を相手に裁判を起こすが、これも連邦最高裁に却下される。その二年後の一九二四年には排日移民法が施行され、日本からアメリカに入国するのもむずかしくなる。すでにアメリカで生活の基盤を築いていた日本人は、日本にいる女性と写真を交わす、「写真花嫁」という見合い手段をつうじて女性を日本から呼びよせ、結婚し、子どもをもうけていた。アメリカで生まれた子どもはアメリカの国籍が取れるため、二世や三世はアメリカ人として教育を受けることもでき、それなりにアメリカ社会に順応していた。とところが、一九四二年、太平洋戦争が始まると、日本はアメリカの敵国となる。アメリカ本土にいた日本人や日系人は日本に戻るか、アメリカで財産を没収されて収容所に入るか、二つに一つだった。歴史上、ナチスドイツの強制収容所はそのむごさゆえに世界中に知れわたっているが、アメリカやフランスも収容所を設け、外国人を収容していたことはあまり知られていない。アメリカが収容したのは日本人と日系アメリカ人だった。同じく敵国だったドイツやイタリアからの移民とその子孫は参戦したばかりのころに短期間収容されたが、すぐ解放された。非白人の日本人への人種差別はあきらかだった。

ことはフランクリン・ローズヴェルト（Franklin Roosevelt, 1882-1945）第三二代大統領が一九四二年二月一九日に、特別行政命令九〇六六号（United States Executive Order 9066）を発令したことから始まる。敵国日本の血を引いているからというだけで財産を没収され、着の身着のまま列車やバスに乗せられ、僻地に作られた収容所（当時は「強制収容所（concentration camp）」という言葉ではなく、疎開、隔離、集合センターなどといった言葉が使われた）へと連れていかれた。収容所は掘っ立て小屋の長屋のような作りで、建物のなかは床も壁もなく、大勢の家族がプライバシーもなく、ひしめきあって共同生活をしなければならなかった。紐を吊って毛布をかけ、隣人家族との境を設けたという話もある。トイレもシャワーも共同で、隣との境に仕切りはなかった。おまけに、収容所が建設されたのは砂漠地帯や何もない荒野で、砂埃や冬の厳しい寒さに耐えていかなければならなかった。周囲を鉄条網で囲われ、脱走しないようにと見張りの塔も設けられていた。ナチスの強制収容所と違っていたのは、ほぼ三年間という収容期間中、見張られていながらも、自分たちの工夫で少しでも心地よい空間にしていく努力に対し、アメリカ兵らが比較的協

トーヨー・ミヤタケ

力的だったということくらいだろう。学校から趣味のサークル、野球チームなどが作られたことは、中村雅俊やジュディ・オングが出演した映画『アメリカン・パスタイム（*American Pastime*）』（2007）や、写真家トーヨー・ミヤタケ（1895-1979）が収容所で組み立てたカメラで撮影された写真の記録[5]などからわかる。

戦争中の日系人に対して行なわれた、もう一つの差別的処遇は、一七歳以上の成人に課された「忠誠心テスト」である。とくに質問二七と質問二八は深刻だった。質問二七は、「あなたは命令を受けたら、どんな地域でも合衆国軍隊の戦闘任務に就くか」という問い、質問二八は「合衆国に忠誠を誓い、合衆国を守り、日本国天皇をはじめとする外国への忠誠を否定するか」というものだった。この二つの質問にノーと答えた者は反逆者として、収容所のなかでも最も厳しく劣悪だったトゥールレイク収容所に送られ、アメリカ兵に刃向かう者は容赦なく拷問され、場合によっては死に至らしめられた。二つの質問はアメリカ国籍をもたない日系一世には残酷な質問だった。これに対し、アメリカ生まれの日系二世はこれらの質問に躊躇なくイエスと答える者も多く、収容所から出してもらえたが、そのうちの多くが若者で、ヨーロッパ戦線の最前線へ送られた。その数およそ三万三〇〇〇人だったという。戦後、勇敢に戦い、ドイツを打ち負かしたとされる日系アメリカ兵の部隊、四四二部隊を扱った『二世部隊（*Go for the Broke!* 当たって砕けろ！）』（1951）という映画が作られたが、これは国家に忠実であれば、このように勇敢に戦い、帰還兵は勲章を授かり英雄視されることもある例として、反抗心の強い他のマイノリティの模範としての役割を担った。だが、じっさいはこの部隊に配属された日系二世の多くが激戦地で亡くなっており、戦死者の数は他の部隊の三倍にのぼった。悲劇はそれだけではない。年長者を敬う日本の伝統的家族が、天皇に忠誠を誓う一世とアメリカに忠誠を誓う二世とで分裂することもあり、「忠誠心テスト」は家族の絆をも引き裂いたのだった。

さらに言えば、家族の絆を引き裂いたのは忠誠心テストだけではなかった。戦争をきっかけに、日本で教育を受けた兄弟と、アメリカに住んでいた兄弟が敵と味方となって戦わなければならないはめになった家族もいる。アメリカでスパイとして訓練され情報局に配属された人びとの人生を追ったドキュメンタリー映画『二つの祖国で　日系陸軍情報部』(2012) は、兵士らのインタビューをもとに、そんな引き裂かれた兄弟の悲しみをも浮きぼりにしている。

日本人移民がアメリカ国籍を取れるようになったのは、一九五三年に移民国籍法が定められてからだ。収容所で暮らした日系人らは戦後、政府に補償を請求する。その結果、一九九〇年に最初の補償小切手が一〇七歳の一世の手に届き、以降、二〇〇一年、最後の補償金が送られるまで、約八万二〇〇〇人が補償され、日系人収容の歴史に幕が降ろされた。しかし、この歴史をまったく知らないアメリカ人も多い。[6]

すでにみてきたように、一九世紀末から二〇世紀初頭にかけてのアメリカは人種差別が激しく、移民に対しても厳しく取り締まった。一八九〇年、ニューヨーク、マンハッタン島南にあるエリス島に移民入国管理事務所が設置（一九五四年閉鎖）された後、一九〇五年にはサンフランシスコ湾エンジェル島に「西のエリス島」が建設され（一九一〇年から一九四〇年まで使用）、入国が制限されるようになる。しかし、このあいだにも、アメリカ・スペイン戦争やアメリカ・フィリピン戦争の結果、植民された国ぐにから多くの移民がアメリカに入ってきた。今日なお自治領のプエルトリコからはパスポートなしでアメリカへの入国が可能である。また、経済が不安定な中南米からの移民の流入は、実質的には止められず、その結果、アメリカには多くのラテン系の移民がいる。

サンディエゴとメキシコとの国境の「壁」（筆者撮影）

前章で述べたとおり、メキシコからの移民の増加は二〇世紀初頭のメキシコ革命以降、顕著である。そして今日はまた、中流階級の白人の支持をとりつけたトランプ政権下で、移民に対する圧力が強まっている。公約に掲げた、メキシコとの国境に壁を築くという計画を譲らず、不法移民を取り締まり強制送還するなど、移民への圧力を強めている。二〇一八年の中間選挙では、下院で共和党が敗北したにもかかわらず、大統領は強気姿勢でいる。そのため、壁建設の予算が議会を通らなかった二〇一九年一月には、公的機関が動かなくなり、さらに二月半ば過ぎには大統領に権限のある非常事態宣言を出してまで壁の建設を強行すると豪語している。他方、このときとばかり、中米諸国からアメリカをめざして難民が一度に何千人と押し寄せる事態がニュースで報道されたが、彼らの多くはアメリカに入れず、メキシコ北部で足止め状態だ。

難民排除の動きはトランプ政権ばかりではない。世界中で活発化している。その一番の理由がテロリストの入国を恐れてのこととされる。そもそも反テロリスト感情が生まれるきっかけとなったのは、二〇〇一年九月一一日にニューヨークの世界貿易センターとワシントンＤＣの国防省ペンタゴンで起こった同時多発テロ事件だった。当時のアメリカ大統領ジョージ・Ｗ・ブッシュがイラン、イラク、北朝鮮を「悪の枢軸国」と呼び、「テロとの戦い」と称して、報復戦争をイラクに対して始めたころから、欧米諸国でテロへの不安が広がった。イラク戦争以降、シリアの内戦やパレスチナなど中東諸国で混乱が続いたのに乗じて、ＩＳ（イスラム国　Islamic States）のようなテロリスト集団が一時、イラクやシリアの広い地域を支配し、非人道的な行為を繰り広げるという事態も生まれた。ヨーロッパ各国でもテロが頻発し、ＩＳで訓練を受けたテロリストの帰国希望者の処遇に苦慮している。

ブッシュは「テロとの戦い」を強調して、じっさいには見つからなかった生物化学兵器を「隠しもっている」という誤った情報によってイラクを戦火に巻きこみ、湾岸戦争のときから憎いと思っていた独裁者サダム・フセインを倒すのに成功した。だが、そもそも「テロ」とは殺戮の手段であって「敵」を名指しするものではない。アメリカをはじめとする先進国を憎む、顔の見えない集団や個人が「テロ」という手段で大量殺戮を起こすのであって、「国家」が起こす戦争とは異質のものである。テロリストの大半は（強制的に自爆を強要されている者も多いため）自らが望むか望まないかにかかわらず、経済的格差のなかで貧困にあえぐ人びと、もしくは第２章で言及したジョン・ブラウンのような狂信者である。したがって、それを戦争という暴力でもって押さえつけようとしても限界がある。暴力はさらなる憎しみと暴力を生むだけで、テロリストを育てることはあっても減らすことにはならない。

では、移民や難民が生まれる背景は何なのか。二〇〇一年の同時多発テロに続き、二〇〇五年八月のハリケーン・カトリーナの災害で政治的無策を露呈したブッシュ政権に対し、この「自然災害」（カッコを付けたのは、かなりの割合で「人災」であるからだ）の直後、イギリスの作家で評論家のジョン・バージャー（John Peter Berger, 1926-2017）は次のような厳しい批判を投げかけている。

現在の合衆国政府の思惑は、グローバルな企業利益と最富裕層の生存を最優先することと密接に結びついている。［中略］政治的指導者は皆ときに真実をごまかすことがあるが、ここでは（存在する貧困層との）断絶が体系化されてしまっている。それは政治家の声明からだけでなく、その戦略的な思惑の一つ一つからもあきらかだ。アフガニスタンでの軍の作戦は失敗し、イラクとの戦争は（よく言われているように）イランに勝利を与えた。カトリーナはアメリカ史上最悪の自然災害となり、テロリストの活動は日日活発になっている。[7]

テロリストの侵入を恐れる前に、そして武器を取る前に、富裕層と貧困層との「断絶」を解消し、貧困にあえぐ人びとに手を差しのべなければなるまい。それには政治が動く必要がある。バージャーはまた、移民や難民を増加させている根源がアメリカを筆頭とする先進諸国にあるとも指摘している。

今日の世界的な混沌を表わすキーワードは脱地方化、もしくは再地方化である。これは、生産工程を賃金の安い、法規制がかからない所へ移す習わしを示しているだけではない。海の向こうで新たに進行している権力者たちの狂った夢をも含んでいる。すなわち、それまで固定された場所に存在していた立場や信頼を傷つけることによって、全世界を一つの流動的な市場にするという夢である。［中略］場所の切断は最初、どこか外からやってきて、その土地や水が誰のものだろうとお構いなしに自然資源（ヴィクトリア湖の魚、アマゾンの森林、採掘できる限りの石油、ガボンのウラン等）を横取りするという、さらなる財を貯める欲求にかられた企業利益から始まる。するとまもなく、奪いとろうとするものを守るために空港や軍基地、治安部隊の拠点が作られる。そして、地元の犯罪組織の手を借りて、部族間の争いや飢饉、大量虐殺を起こすのである。〔8〕

やがて自分が生まれた土地で生きていくことが困難になった者たちは、故郷を去るしか生きのびる道はない。したがって、こうした難民を祖国に追いかえせば、そこで待っているのは飢餓による死か、犯罪組織による殺戮だけである。逃げる場すらない人びと、なかでも若者の多くが犯罪組織に入り、殺人を犯しているとも聞く。二〇一八年からずっとトランプ政権下のアメリカをめざし中米グアテマラから移動している一団は、そういう犯罪組織がはびこる祖国で暮らしていくことができなくなった人びとである。これももとはといえば、アメリカが始めた搾取の構造によって難民にならざるを得なくなった、生きていくためには移民になるほかない人びとなのである。そもそも中南米諸国を今日のような不安定な状態におとしめるきっかけを作ったのはアメリカである。過去には、ニカラグワのサンディニスタ政権の例のように、国民のために病院や学校を作り、福祉に根ざした理想的な政権すらも「社会主義的だ」と決めつけ、アメリカはこの政権を軍事クーデターによって倒そうと背後で画策し、それに成功している。

ナオミ・クライン（Naomi Klein, 1970- ）の『ショック・ドクトリン――惨事便乗型資本主義の正体を暴く（*The Shock Doctrine: The Disaster Capitalism*）』（2007）は、戦争や自然災害を利用して儲けようとする資本主義、とくにアメリカが発信源の新自由主義がもたらした、中南米を中心とする国ぐにの経済破綻や政治的混乱をあきらかにした。[9] トランプ政権が移民受け入れを拒否する理由の一つは、テロリストが混じって入ってくるかもしれない、という危惧である。しかし、中南米からの移民がメキシコで足止めされていることがニュースになっていることからもわかるように、アメリカはすでにジョージ・W・ブッシュ政権のころからメキシコとの国境警備を厳しくしており、そう簡単には入国できなくなっている。メキシコからの不法移民の数も以前に比べてかなり減少している。[10] それでもなお、国境に壁を作りたい、移民を排除したい、という大統領の動機は、白人中流階級の保守層の支持を取りつけたいからである。そこに、移民や難民は悪人である、という先入観があるのはあきらかだ。奴隷や有色人種を悪人と考え、迫害し、社会から排除してきた白人たちのかつての考え方をそのまま引き継いでいるといってもよい。

移民や難民に対する人種差別的な動きはアメリカだけにみられる現象ではない。先に引用したバージャーがいみじくも指摘しているように、テロリストを生みだしている根源はアメリカをはじめとする先進諸国にある。経済格差と人種差別は表裏一体だ。アメリカの経済がこれまで移民や難民、そしてトランプ政権が最も敵視している「不法移民」のおかげでささえられ、社会の秩序も保たれてきた、という側面を忘れてはならない。そのことを無視し、力づくで彼らを迫害すれば、そこからは憎しみしか生まれない。欧米で近年起こっているテロの犯罪者を見ればわかるように、犯人の多くは、外から侵入してきたのではなく、その国で生まれた、恵まれない若者たち、移民二世たちである。今、先進国が考えなければならないのは、そうした国内外で不満を抱えている若者たち、貧困にあえいでいる人びとをどう救うかであって、彼らに門を閉ざすことではない。企業優先、市場優先の政策を転換し、世界の貧困と向きあうときがきているのではないだろうか。バージャーがいうところの、富裕層と貧困層との「断絶」を作っている「壁」――「コンクリートの、官僚的な、監視の、セキュリティという名の、人種差別的な壁」[11]によって隔てられている貧困層にもっと温かい視線を注ぐ必要があろう。

米ソが介入した戦争によって混乱が引きおこされたアフガニスタン、イラク、シリアは、アメリカ軍が撤退しても平和が訪れるわけではない。パレスチナでは相変わらず、毎日のようにイスラエル軍との衝突による死者が出ている。パレスチナ人は文字通り、イスラエルが築いた「壁」によって外の世界から隔絶され、日日イスラエル軍が勝手気ままに作りつづけている検問所によって日常の生活すらまともにできない状況に置かれている。これらの混乱の責任はもとはといえば、すべてアメリカとアメリカに追従する先進諸国――日本も例外ではない――にある。

近年の戦争では、アメリカが国家としてではなく、企業として戦争に介入する例も多い。民間の兵士養成所や兵士派遣会社があるという話も聞く。民間が経営する刑務所すらある。時と場合によっては、民間企業が政府以上に影響力をもつ時代になった。その一例としてあるＰＲ会社の話をしよう。「ＰＲ会社」とは、「メディアや政策決定者、有権者の代表である議会、オピニオンリーダーなどあらゆる対象と、さまざまな工夫と努力でコミュニケーションを重ね、世論を形作る」仕事をする会社である。日本ではあまり馴染みがないが、これが戦争をも左右しかねない大きな力をもつというのだから恐ろしい。ジャーナリストの高木徹はこれを「戦争広告代理店」と呼んでいる。[12]

この「戦争広告代理店」が世論を動かすほどに成功した例として、ボスニア・ヘルツェゴヴィナ戦争の話をしよう。一九九二年からの二年間、旧ユーゴスラヴィアで繰り広げられた、宗教的に異なる民族同士が激しく争った内戦である。全米第五位にランクインされた最大手のＰＲ会社「ルーダー・フィン」社は、内戦のなかで誕生したばかりのボスニア・ヘルツェゴヴィナ政府の外相ハリス・シライジッチに仕事を依頼され、首都サラエボ（第一次世界大戦の発端とされる、オーストリア皇太子がセルビア人の青年に暗殺される事件が起こったところとして知られる）の惨状とセルビア人の冷酷さを喧伝《けんでん》することにする。シライジッチはじっさいには祖国の惨状を目にしておらず、戦争直前にアメリカにやって来ていた。しかし、ＰＲ会社の作戦で、彼があたかもその惨状を見てきたばかりであるかのように、生なましい描写を繰りかえし語らせ、メディアをつうじて報道し、彼をメディアのスターに仕立てあげた。そのさい、キーワードとして使われたのが、ナチスドイツを連想させる「民族浄化（ethnic cleansing）」という言葉だった。このＰＲは大成功で、『敵』とされた当時のユーゴスラビア政府の国連追放（それは国連史上初めての処分だった）という成果をあげ、さらには紛争の決着をつけたＮＡＴＯ爆撃を導き、そして敵の『首領』であり現代世界史の極悪人の一人となったミロシェビッチ元セルビア大統領の逮捕と獄死までいたる運命の要因となった」。こうして、この内戦に関してアメリカ国内はもちろんのこと、世界に喧伝されたのは、セルビア人によるボスニア人虐殺で、セルビア人が徹底的に悪役となった。

欧米のメディアがこぞって、セルビア人がボスニア人に対して非人道的暴力を行なっているという報道をした結果、人びとはボスニア人に同情を寄せ、多くの援助の手がボスニアに差しのべられた。アメリカのリベラルを代表するジャーナリストで批評家でもあった作家のスーザン・ソンタグ（Susan Sontag, 1933-2004）は、戦時下のサラエボ市を訪れ、サミュエル・ベケット（Samuel Beckett, 1906-89）の戯曲『ゴドーを待ちながら（*Waiting for Godot*）』（1953）を、戦争で疲弊していたサラエボの俳優に演じさせた。それが話題になると、世界の目はさらにボスニアに向けられることとなった。このソンタグの「勇気ある行動」も、先のPR会社の誘導がなければ、そもそもなかったかもしれない。ソンタグは後年、ドイツの雑誌のインタビューで、「忌まわしい殺人に対するNATOの介入は正当なものだった」と語っている[13]。しかし、ジャーナリスト、木村元彦によれば、「忌まわしい殺人」はNATOの介入後も続いていた。NATO空爆後、約二〇万人のセルビア人がコソボを強制的に追いだされ、難民となっている事実はほとんどまともに報道すらされなかった。しかも、いまだに多くのセルビア人が行方不明だという。旧ユーゴスラビアの複雑な民族争いにあっては、セルビア人もまたボスニア人によって、あるいはアルバニア人によって殺され、傷つけられているのだ。

果たして、こうしたアメリカの「PR会社」が介入し、操作する戦争を我われはどのように考えたら

イヴ・エンスラー

よいのだろうか。このような他国の戦争をも左右するようなＰＲ会社は日本にはない。日本は報道の自由という点において「民主主義」でない、もっと国際メディア情報戦によって「倫理の戦い」を訴えていかなければならない、と高木はいう。たしかに自国をアピールすることは必要かもしれないが、他国がらみの情報戦に介入することは危うくはないだろうか。アメリカのような本来「民主主義」を貴ぶ国でさえ、最近ではまともなメディアがないがしろにされ、政府が報道の自由を牽制している。倫理的にすぐれたジャーナリストはまだまだたくさんいると思うが、甘い汁を吸っている御用学者ならぬ御用ジャーナリストもいて、そのために苦しんでいる人びともあろう。

　そんなことを考えさせてくれる戯曲をここで紹介しよう。イヴ・エンスラー（Eve Ensler, 1953- ）の『ネセサリー・ターゲッツ（*Necessary Targets*、「必要な標的」）』[14]（2001）である。エンスラーは、女性のからだについて自ら考えようとする、さまざまな女性のモノローグを集めた戯曲『ヴァギナ・モノローグ（*Vagina Monologues*）』[15]（2000）で一躍有名になった社会派の劇作家だ。『ネセサリー・ターゲッツ』は、ボスニア・ヘルツェゴヴィナ戦争で、セルビアの兵士たちに強姦され、今は難民キャンプで暮らすボスニア人女性難民たちに焦点を当てた作品である。難民の援助に向かった二人の対照的なアメリカ人女性が、難民女性との交流のなかで変化していく。一人は、その能力を買われて難民キャンプに政府から派遣される経験豊富な精神分析医の女性で、職業柄、難民女性たちから距離を置いている。が、やがて難民女性のトラウマが自身の心に突き刺さり、自分の力では救済できないという壁にぶち当たる。いったい自分が何のために派遣されたのかを自問自答し苦しむ彼女は、帰国するとむなしさとやるせなさに襲われる。いっぽう、彼女のアシスタントだった女性のほうはまだ若く、正義感にあふれる野心家である。難民を救済するという使命に燃えるが、その実、取材した難民たちの話を本にして売りさばこうと思っている。声なき犠牲者である難民の苦しみは、それを打ちあけたからといって軽減されるものではない。アメリカ政府や国連が派遣する精神分析医やカウンセラーによって、二度傷つけられるということもある。結局のところ、国際政治学者のジェニー・エドキンズがいみじくも批判しているように、「人道主義（humanitarianism）」という名の下で、かつての被植民者国家である最強国が国際秩序をコントロールし、国連という国際的な組織を動かしている限り、声なき犠牲者はさらにまた、その「新たな人道主義（new humanitarianism）」による暴力にさらされることになるのである。[16]

難民キャンプは多くの場合、受入国の政策のもと、NPOによって運営されている。しかし、そのNPOは派遣国の政府のルールにもとづき、ときに政府に利用される。同時に受入国の政策に対し、協調を求められる。いずれも上からの指令で動かざるを得ないため、しばしば悪用されることがある。難民政策に詳しい米山正子によると、「多くのアメリカのNGOは、アメリカの外交政策の道具として使われてきた歴史がある」という。すなわち、「アメリカ政府から資金を受け取っていた見返りに、アメリカの政策に応え」、「情報収集のソースとしてCIAに利用されて」きたのである。同時に、「人道支援は現地の軍関係者によって、主に軍事目的のために利用（悪用）され」、現地の武装勢力が援助物資を横取りしたり、軍事訓練と称して難民を徴兵したりすることもあるという。[17]

こうした権力の板挟みになって行き場を失った難民たちはといえば、上から与えられるわずかなものを頼りに生活するだけの「主体性のないキャンプ生活」を余儀なくされ、現地の人びとから隔絶され、社会から孤立し、無力感に囚われることになる。そうした難民キャンプに暮らす人びとの不安と不満をもエンスラーは『ネセサリー・ターゲッツ』のなかで描いている。劇中、難民の女性たちは、「私たちはアル中。トラウマに取りつかれたアル中の戦争犠牲者」と繰りかえし語っているように、酒におぼれて現実逃避するしかない。自分の痛みを語ることのなかった、もとは医者だったという難民の女性が語る過去の「美しいボスニア」の情景は、「天国」だったボスニアを奪った戦争の残酷さを我われに訴えかける。このあと、ニューヨークに戻った精神分析医の女性は相棒だったアシスタントの女性にメッセージを残す。彼女は、かつて自分が抱いていた野心や向上心、欲求を満たそうとすることを不幸だと断言する。そして、今の自分に「国はない。職業も仕事もない。理屈もなければ行くあてもない。私はあそこ、あの難民キャンプ、どこともわからぬところのどまんなかにいる」と言う。難民たちとともにいる、という感覚を共有することによって、この女医はじつは自分を難民たちから隔てていた壁を壊すことができたのである。

エンスラーがこの戯曲をとおして描きたかったのは、難民の苦しみでも難民キャンプのむなしさでもなく、一個人として難民に寄りそうことができるようになったアメリカ人女性の成長であろう。難民キャンプでコーヒーを飲みかわしている女たちのシルエットでこの劇は終わるが、手に手を取りあう女たちのなかに自分も入ることによって、この女医は何も求めないことの幸せを見出す。さきほど述べた難民キャンプの現状を考えれば、少しばかり現実離れした楽天的なエンディングであるのは否めないが、たとえ理想主義的であろうとも、国家や民族、人種を越えて理解しあえる世界の構築を望む姿勢はじゅうぶん伝わってくる。

『ネセサリー・ターゲッツ』は、エンスラー自身が戦争まっただなかの一九九三年、難民キャンプを訪れ、そこに収監されている女性たちに行なったインタビューにもとづいている。その難民キャンプは「ボスニア・ヘルツェゴヴィナ戦争で強姦され、故郷を失ったイスラム教徒〔ボスニア人〕やクロアチア人、セルビア人女性難民のために作られた」にもかかわらず、敢えて「ボスニア人の女性戦争難民」に話を聞いたという。[18] たしかに、難民の女性たちが語るせりふは現実味があり、そこに嘘偽りはない。しかしながら、ボスニア人難民に焦点を当て、「民族浄化」という用語が劇中で使われていることを考えると、エンスラーもまた、アメリカのPR会社の情報操作による反セルビア的メディアの影響を受けていることは否定できない。同じくアメリカ人女性劇作家のキティ・フェルド（Kitty Felde）もまた、戯曲『ひと区画の土地（*A Patch of Earth*）』[19] でこの戦争を扱っているが、ここでは加害者側のトラウマが主題になっている。そして、その加害者とは、ボスニア人の大量虐殺に関わったセルビア軍兵士の一団である。しかし、虐殺を行なったことに苦しむのは、唯一その一団に加わったクロアチア人元兵士で、彼だけが悩み苦しんだ末に、この虐殺の事実をハーグ国際刑事裁判所で認め、謝罪する。一緒に虐殺を行なったセルビア人兵士らは互いにこの事実を秘密裡にしておくことを約束し、この事実を明るみに出そうとするクロアチア人兵士を脅迫する。結局この兵士以外のセルビア人兵士は、欧米のメディアが流布していたように、戦後ものうのうと生きのびるほうを選んだ極悪人たちだ。

もちろん、セルビア人がボスニア人を大量虐殺したという事実はでっちあげではない。じっさいに起こったという事実を消すことはできない。だからセルビアの大統領ミロシェビッチがその責任を問われ、戦争犯罪人として逮捕され、それがもとで獄死しても同情の余地はない。だが同時に、ボスニア人がセルビア人を傷つけなかったのかと問われれば、それもまた嘘で、戦争中には民族同士の殺しあいは避けられなかったはずである。

平和時には犯罪である殺人も強姦も、戦争が起これば敵と味方がはっきりと区別され、敵を殺すことや女性を強姦することが正当化される。中南米から米国へと逃げのびようとしている難民たちの祖国のように、社会秩序がこわれた国も、無秩序状態であるという点では戦時体制と変わらない。そのためにどれだけの人びとが苦しむかなどということは度外視される。殺されずに命からがら逃げのびた人びとは故郷を失い、難民となる。現在、経済不安や治安の悪さから国外に移住を希望している人びとが約七億五〇〇〇万人（世界人口の一五パーセント）いるという[20]。こうした難民や移民をどのように受けいれ、どのように対応するかはその受入国の政府次第で、トランプ政権だけの問題ではない。人口減少で先細りの日本も、外国からの労働者を移民として入れる体制作りに苦慮している。もはや海の向こうの話ではなくなってきている。

終章　核の時代を生きる
――未来へのメッセージ

二〇一七年、ノーベル平和賞が核廃絶ＮＰＯ団体、「ＩＣＡＮ《アイキャン》（International Campaign to Abolish Nuclear Weapons）」に贈られた。その直前には、国連が主導する核兵器禁止条約を一二二ヶ国が採択した、というニュースが伝えられた。ところが、アメリカに追従する日本政府はその署名を渋り、採択しなかった。いま、核兵器によって大量の被爆者を出した唯一の国、日本のありかたが問われている。

冷戦の始まりとともに核兵器の生産競争が激しくなった一九五〇年代、欧米の人たちのあいだで核戦争の脅威が取り沙汰された。この時代、欧米を中心とする国ぐにの人びとのあいだに核戦争への恐怖と不安が蔓延した。核戦争を主題とするＳＦ小説や映画も数多く作られている。ところが、実際に核戦争が起きるかもしれないという危険が迫った一九六二年のキューバ危機をピークに、核兵器使用を絶対悪と考え、国家間の緊張緩和が模索され、いわゆる「デタント」（緊張緩和）が外交の基本理念に据えられた。これにより、核兵器を使ったら大変なことになる、したがって使わないことが「抑止力」となる、という、いわば平和構築のために核兵器をもつ、という大国の論理が正当化される。「核の傘」の下にいる限りは安全だという神話の構築である。

だが、一九七〇年代の終わりごろ、核兵器使用による人類滅亡と地球の終わりへの脅威がふたたび浮上してくる。広島や長崎で起こった悲劇への関心が高まる。きっかけは、アメリカでそれまで公開されていなかった原爆直後の広島を撮った写真が公開されたことにある。さらにはジョナサン・シェル（Jonathan Schell, 1943-2014）が核兵器使用後の地球のありさまを描いた科学的エッセイ『地球の運命（*The Fate of the Earth*）』（雑誌『ニューヨーカー』誌に連載され、一九八二年に出版）により、今日もし核兵器が使われたら、とんでもない事態になることが科学的に証明された。[1] シェルの本はベストセラーになり、邦訳も出版された。一九五〇年代に核戦争の脅威に不安を感じたアメリカ人のなかには少なからず、万一に備え、自宅に核シェルターを作った人たちがいた。一定期間シェルター内で過ごせば命を長らえることができると信じての備えだったが、シェルは、今日核兵器が使われたらシェルターなんてものはまったく役に立たない、と一蹴した。一九八六年には、旧ソ連で起きたチェルノブイリ原発事故が「核の平和利用」の欺瞞を明白にした。それまでも原発事故は各地で起きていたが、これほど深刻な状況を露呈した事故はなかった。おそらく、それに次ぐ深刻な事態をあきらかにしたのは、東日本大震災の津波によって引き起こされた福島の原発事故であろう。核の脅威は核戦争の脅威にとどまらなくなった。

かくして一九八〇年代に再燃した核の恐怖は、ふたたび世界中の人びとの不安を呼びおこした。これにより、一九九〇年代初めには戦略兵器削減に関する条約や核軍縮の合意がなされたが、核への不安が払拭《ふっしょく》されたわけではない。原子力発電は日本の例を見てもわかるように、拡大の一途をたどっていた。核兵器の製造も米ソ、英仏、中国、インドに続き、パキスタン、イラン、北朝鮮などが行なっている。

その影で、日本の被爆者の苦しみは国内外で抑圧されてきた。劇作家、別役実の作品に、ちょうど一九六二年、キューバ危機の年に初演された『象』という戯曲がある。[2] 広島の被爆者たちがいかに抑圧され、社会から疎外された状況にあるかを描いた作品である。劇中、被爆者の一人はケロイドに苦しみながら、自分の願望をもう一人の被爆者にぶちまける。それは、病院から抜けだし、街に出かけていって、人びとの前で、ケロイドでただれた自分の皮膚を見せ、それを傷つける様子を見せたい、というものだ。それを聞いた相手の被爆者は、そんなことはしてはいけない、病院でじっとしているのが一番だと言ってなだめる。終戦後、原爆による病は感染病だという風評がたち、被爆者は差別されて結婚すらままならなかった。一般社会からは見えないように、そしてまるで存在しないかのように、じっと息をひそめて生きていた。じっさい、被爆した人間や土地や物がその先どうなるのか、原爆を落としたアメリカの科学者もわかっていなかった。だから、科学者や医者もその経過を見守るしかなかった。

「広島の原爆乙女」（アメリカでは「ヒロシマ・ガールズ」）と呼ばれた、被爆者である若い女性たち二五人がニューヨークの病院で形成外科手術を受け、ケロイドの治療をしたときにも、それは実験に利用されたという批判を浴びた。母親が日本人「戦争花嫁」（戦争直後の占領時代に日本に駐留していた米軍兵士と結婚した女性）で日米の懸け橋となるべく奮闘している劇作家のヴェリナ・ハス・ヒューストン（Velina Hasu Houston, 1957- ）は、この「広島の原爆乙女」をモデルにして『アフロディテよ（*Calling Aphrodite*）』（2007）という戯曲を書いた。原作ではアメリカ人医師が慈愛に満ちた人物として描かれていたが、日本の公演では書き直しを余儀なくされた。[3] それほど、こと原爆に関してはアメリカと日本とのあいだには温度の隔

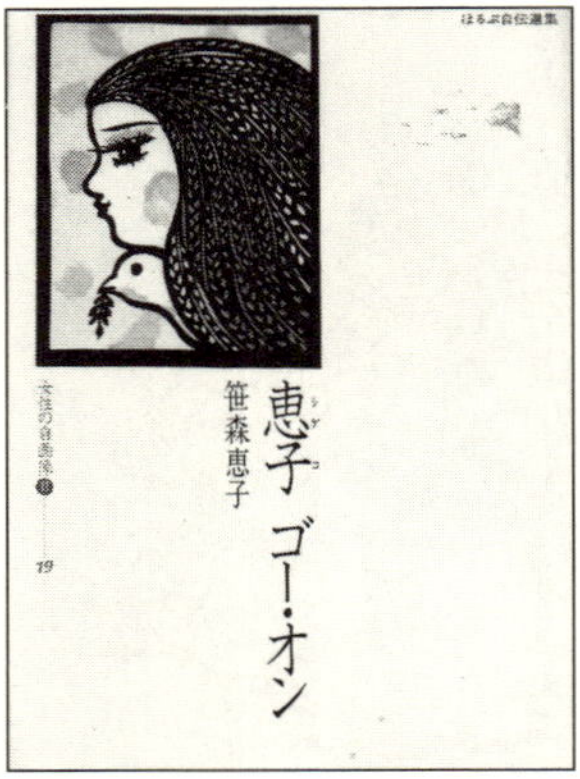

『恵子　ゴー・オン』

たりがある。

たしかに被爆者のうち、若い女性だけが、それも限られた人数の女性だけが選ばれての治療は、選ばれなかった人たちから見ればやっかみもあっただろうし、「敵国」アメリカの仕打ちに我慢がならない人たちからすれば、さらなる人体実験と映ったとしても不思議ではない。形成手術を担当する医者の側からすれば、史上初めての治療で、かならずしも成功するとは限らない。「治療」と「実験」、そのすれすれのところで折りあいをつけていたと言えなくもない。それでも、ともかく形成手術は行なわれ、麻酔のせいで亡くなった女性を除けば、成功した。

「ヒロシマ・ガールズ」の一人でその後アメリカに移住した笹森恵子（1932- ）は自著『恵子《しげこ》　ゴー・オン』[4]のなかで、ボランティアのクエーカー教徒らが自分たちの衣食住の世話から英語の勉強まで面倒を見てくれた、と述べ、アメリカ側のホスピタリティに暖かさを感じたと書いている。それに対し、日本では被爆者というだけで冷たい目にさらされていたという。

原爆病、ケロイドを身体にきざみこまれた人たちはあれから一〇余年たった今も、多くの人がこの広島で、日本の各地で息をひそめるようにして暮らしている。当人ばかりじゃあない。家族、縁者の人も肩身の狭い思いを〝強いられ〟ている。職場から、地域から、社会生活から、そして政府の手からも閉ざされるように、だ。それが現実だ。

笹森は手術後、アメリカで看護師になる勉強をし、恋人とのあいだにできた息子をシングルマザーとして育てあげる。彼女は一九八〇年の六月、アメリカの上院の小委員会から呼ばれた。笹森はそのときの体験をこうつづっている。

米上院委が被爆者証言の公聴会を開いたのは、核戦争の危機がそれだけ現実的になっていることを物語るものであった。

証言者としては私のほかには、教育のために日本の祖父母の手に一時あずけられた折に被爆した日系二世の男女、被爆の受難を脱出してアメリカ人と結婚し在米二〇年になる女性の、合わせて四人。いずれも生命こそ助かったものの、やはりこの世の地獄をくぐり抜けてきている。

私は彼らの話を涙せずには聞けなかったし、また自らの話にも胸をつまらせ目頭を熱くせずには話せなかった。他人であれ自身であれ、私は被爆下の体験の話のとき、いつもすぐに、まぶたの裏のそのときの惨状が、ついきのうのことのように、なまなましくよみがえってきてしまうのだった。

私たちを招いた政治家の人たちも、やはり「驚き」は禁じえなかったようである。

笹森はこれ以降、被爆体験の語り部として、アメリカで核兵器反対運動の活動を行なっている。

原爆投下は戦争を終わらせるにはやむをえなかった、よい判断だった、とするアメリカ側と、非人間的な武器を実験的に使用したとする日本側、いまだに平行線のままだが、少なくとも核兵器が非常に恐ろしいものであること、核の平和利用として推進してきた原子力発電がチェルノブイリやフクシマの経験から危険であり、また将来に核の廃棄物を残すことになることは誰しもがわかってきた。核兵器保有国以外の国の多くが核兵器廃絶条約を結び、核兵器製造には異を唱えている。核が人類の将来、地球の存続に関わる問題であるという認識は共有されつつある。情けないことだが、近視眼的な政治家を除いて。

オバマ大統領はアメリカの大統領として戦後初めて広島を訪問した。それは日米にとって大きな一歩だった。だが、核保有国の大統領として、日本に原爆を落とした国の大統領として、オバマ大統領の言動には矛盾と限界があった。被爆者に対し同情は見せても、謝罪の言葉は述べられなかった。彼は大統領に就任してまもなく、「核なき世界」を訴える演説をし、就任一年足らずでノーベル平和賞を受賞した。しかし、他国が核を保有するかぎりアメリカが自国の核を廃絶するわけはなく、就任中の二〇一〇年九月には、秘密裡に臨界前核実験を行なった。大統領がそれを許可した責任は重い。トランプ大統領にいたっては、アメリカが核廃棄条約から脱退すること、核兵器製造に前向きであることを表明したのだから、いくら北朝鮮の核開発を阻止しようとしても説得力をもたない。このまま、核保有国が核兵器を増産しつづけたらどうなるのか。これらの国が万が一にも暴走し、核兵器を使用したらどうなるのか。

そうでなくても核の「平和利用」という名のもとに原子力発電所が作られ、チェルノブイリやフクシマのような悲惨な事故が起こっているというのに。

　そんなフクシマに科学者の無責任をみたイギリスの若手劇作家ルーシー・カークウッド（Lucy Kirkwood, 1984-）は二〇一六年、『子どもたち（*Children*）』という作品を発表した（日本でも二〇一八年に上演されている）[5]。イギリスの海岸線で起きた地震と津波によって原子力発電所が被災し、主人公の一人でかつてそこで働いていた女性科学者が三〇数年ぶりにかつての同僚夫婦を訪ねてくる。彼女は、事故の後始末をしている、将来のある若い技術者の代わりに老い先の短い自分たちこそが責任をとって修理に当たるべきだと、この夫婦をはじめ昔の同僚たちを集めにやってきたのだ。彼女はまたこの夫婦の夫と浮気をしていたので、そんな三角関係から生じる笑いを武器に、カークウッドは災害後に人間は自分の命を犠牲にしてでも正義感を示せるだろうか、という問題を投げかける。すったもんだの挙句、この劇ではこの科学者の思いが夫婦に伝わる。彼らが死を覚悟して原発に向かうという結末は、責任をとる科学者の理想的な姿を描いているが、重いエンディングでもある。

　この劇より遡ること一二年前の二〇〇四年、映画俳優としても活躍したアメリカの劇作家サム・シェパード（Sam Shepard, 1943-2017）が、やはり原子力発電所の事故を背景とした戯曲『地獄の神（*The God of Hell*）』を発表している[6]。シェパードがこの作品を執筆した背景には、二〇〇一年の同時多発テロ事件後、アメリカがテロ撲滅を掲げてイラク戦争へと突き進み、異様なほど過剰な愛国心と抑圧的な空気が国内に漂っていたことが挙げられる。そんなアメリカを辛辣に諷刺したのがこの劇である。筋書きを簡単に紹介しよう。アメリカの中西部に暮らす酪農家夫婦のところに、火災に見舞われた核開発秘密基地で働いていた男が逃げてくる。逃げた男を追って、今度は政府関係者を名乗る男がやってくる。政府関係者は夫婦が地下室に匿っていた男を見つけると、男を拷問し、秘密基地へ連れ戻そうとする。夫婦のうちの夫も洗脳され、一緒に連れていかれてしまう。妻だけが、青い光を放つ（被災した核エネルギーを表わしている）植物とともに残され、劇は幕となる。逃げてきた男も夫も、男たちは皆、政府関係者が体現する国家の圧力に屈服し追従する。政府関係者は火災で燃焼した核秘密基地に「明白なる宿命」「無法な西部」「民主主義」といったアメリカ開拓時代の夢を重ね、男たちを従える。「民主主義」を謳ってイラク戦争へと突き進んでいったアメリカ政府に対する痛烈な批判が込められているのはあきらかだ。行き過ぎた愛国精神はしばしば他者を排除し、全体主義的になる。民主主義の崩壊と全体主義への移行はコインの裏表である。民主主義の危機は、全体主義から全面戦争へ、という黙示録的未来を誘発しかねない。シェパードの劇はそんな恐ろしい未来を暗示するブラック・コメディだ。

第8章で取りあげた作家ボールドウィンは一九七〇年代の初め、人類学者マーガレット・ミード（Margaret Mead, 1901-78）との対談[7]のなかで、原爆を作った人類の責任について次のように語っている。

> ［今の若い世代は］十年後でもやっぱり滅亡の影を背負って生きるだろうということです。ぼくらはそんな影の下には生まれなかった。ぼくらはそういった人類の裏切りともいうべき影を背負わなくてすんだ。もしぼくがもっと若くて、ヒロシマの原爆以降に生まれていたら、十五歳になるこ

ろには大人たちを非情なまでにさばいていたことでしょう。ぼくの言うのは、ヒロシマの原爆以後に生まれた世代のこの気難しい反抗的な世代が絶対的に正しいかどうかは大したことではないにしても、そうした世代の生まれた世界にその親の世代は責任があるということなんです。だって彼らの親たちのしたことは彼らに対する裏切りであり、その将来までも裏切ったんですから。

ミードがこの問題を「罪」の問題にすり替えようとすると、ボールドウィンは「罪の問題」ではなく「責任の問題」であること、「起こってしまったことに対してというより、起り得べきことに対して責任がある」ことを強調する。彼はまた別の文脈のなかで、人は「誰もが、好むと好まざるとにかかわらず、自分自身の歴史を抱えて生れた。〔中略〕私たちは歴史を背負っています。歴史の中で行動しています」とも述べている。ボールドウィンにとって、原爆の問題もアメリカが抱えている人種差別もその意味では同列なのだ。黒人差別、ホロコースト、原爆による被災などの残酷な過去を背負って、現在の私たちが生きているということ、それが「現在」なのだから、「過去は現在だ」と彼は対談中、何度も繰りかえす。「過去によって現在背負わされている重荷」を自覚し、過去に起こったことを理解することによって、過去は作り変えられないけれども、現在を作り変えることはできる、それが今の自分の責任だと言う。人間が人間らしく生きていける歴史を作る責任を一人ひとりが果たせれば、現在が変わり、それが未来の世代につながると、半世紀前にボールドウィンは、我われに歴史への自覚を促している。

ところが、こうした作家たちの警告をよそに、今を生きている我われはどうも目先のことで精一杯のようである。過去を見据える余裕がなく、歴史が遺した負の遺産をそのまま引きずっている。過去の重荷に目をふさぐことなく、その重荷を軽くする現在を作っていかなければ、深刻な未来が、闇また闇が再生産されるのを黙って見ていることになる。二〇世紀の終わりに、ヨーロッパ文学、とくに小説にみられる黙示録的発想とその形式との関連を論じたフランク・カーモードはその著書『終わりの意識（*The Sense of an Ending*）』（2000）において、核戦争への不安からキューバ危機のころに流通していた「大量死《メガデス》」という言葉が一九八九年に出版された『オックスフォード英語辞典』第二版から消え、黙示録的不安が減っている、と指摘している。[8] しかし、じっさいには不安が減っているのではなく、感覚が麻痺してしまっているだけである。一九八九年のベルリンの壁の崩壊、それにつづく冷戦終結で、核戦争のリアリティは我われの日常を脅かすものではなくなっている。

一九八二年に行なわれたアメリカの世論調査では、核の問題に対する若者世代の「無力感と世をすねた諦観」が明白になり、それがさらに「極度の盲目といっていいほどの否定」のかたちの「麻痺」を生み、「恐ろしいリアリティから目を背けることが蔓延」し、[9] 今や無関心や無思考が地球的規模で習慣化してしまっている。おそらく日本で今同じ調査をしたら、同じような回答が返ってくるのではないだろうか。いや、アメリカ以上に日本の若者のあいだでは無関心の度合いが高いにちがいない。しかし、隣の北朝鮮では核兵器や核ミサイルの製造に余念がない。アメリカやロシア、中国などすでに核兵器を保有している大国はそれを廃棄する意志がない。そんななか、万一「大量死」をもたらすような核戦争や核爆発が現実のものとなったならば、人類に未来はない。人類の終わり、地球の終わりは限りなく近づいている。さらに、昨今の環境破壊や対テロ戦争、資本主義経済の破綻や移民排除政策などがそれに拍車をかけている。ところが、そうした出来事による外的侵略やトラウマが繰りかえされるうちに、我われ現代人は「感情表現が欠如し、深刻な冷淡さと無関心」[10]に陥ってしまっている。

その点では、日本はもしかしたらアメリカよりも深刻な状況にあるかもしれない。第10章で引用した高木徹が推奨する「日本にもＰＲ会社を」というメッセージにはかならずしも賛同できないが、報道の自由がないがしろにされている日本には民主主義がない、という意見はそのとおりだと思う。加藤周一（1919-2008）が遺したメッセージにも耳を傾けたい。

　日本の国民は、民主主義に対してあまり熱心ではない。民主主義を維持するということに関心が少ない。民主主義でなかったらどうなるか、おそらく戦前と同じになる。戦争です。だから戦争の批判は、大事なのです。戦争批判をしないことと、今の民主主義をありがたいと思わないこととは、絡んでいるでしょう。しかし、戦争中の現実については、あまりはっきりいわないでごまかしてきました。今は大衆的な意味で「戦前的な状況」といえるかも知れません。[11]

そうした「戦前的な状況」に対して抵抗を表明している善意の作家たちが、いわば居眠り状態にある人びとを目覚めさせるべく奮闘している。ボールドウィンは、「どんな国であっても、国が認識しているか否かは別として、作家は非常に重要な人びとである。国民についてのさまざまな真実はその国民の芸術家によって明かされる――芸術家はそのためにいる」[12]と述べているが、作家は「真実」を国民に突きつけることによって、国民を眠りから目覚めさせる。

作家や芸術家だけではない。じっさいに講演等をとおして平和運動をしている人たちの言葉にも耳を傾けるべきだろう。二〇一九年三月一日、静岡県焼津市で、核兵器廃絶を求める「3・1ビキニデー」集会が開かれた。一九五四年三月にアメリカのビキニ環礁での水爆実験で被災した第五福竜丸の元乗組員で生存者四人のうちの一人、池田正穂さんが檀上で挨拶をしたという。この集会には、被爆した元乗組員らの証言をもとに製作されたドキュメンタリー映画『西から昇った太陽』を製作したアメリカ人監督キース・レイミンクもいた。[13]六五年前の第五福竜丸事件は日本人の記憶から遠のいているかもしれないが、このようなドキュメンタリー映画がアメリカ人の手によって作られ、のちの世代に伝えられていくことは大いに奨励すべきことである。

ちなみに、日本でもアメリカでも人気の怪獣映画『ゴジラ（*Godzilla*）』（1954）のゴジラは、この第五福竜丸事件が遭遇した水爆実験に端を発している。原爆に続いて、偶然の遭遇とはいえ、日本人がアメリカの新兵器によって被爆したこの事件は、敗戦から立ちなおろうとしていた日本人には衝撃だった。そのトラウマがゴジラという怪獣を生んだのだった。だから、核を帯びたこの怪獣は海から陸に上がり、核兵器さながらに人間を襲いにかかるのである。ウィリアム・M・ツツイによれば、今日なおシリーズ化され作り変えられるゴジラ映画について、日本の右翼系の評論家がこぞって、ゴジラは「第二次世界大戦で太平洋に散った軍人たちの鎮まらない魂の象徴で、日本に戻ってきたのは、報復のため、あるいは遅ればせながら自分たちの存在、行ないを認めてもらうため、国の魂を再燃させるため」だと解説しているという。[14] しかし、ゴジラの正体はもっと多義的だとツツイはいう。そもそも太平洋戦争で命を落とした、鎮まらない魂は軍人とは限らない。軍人は少なくとも靖国神社に奉られているが、空襲や原爆で死んだたくさんの市民の魂は浮かばれることがない。自分たちの存在を認めてもらいたいと思っているのは名も無い死者の魂ではないのか。だとすれば、ゴジラが体現しているのは、いつかふたたび訪れるかもしれない核の脅威だと考えられる。この映画が次の戦争を導く愛国心を育てるのではなく、反核、反戦のメッセージとして後世に受け継がれていくことを願ってやまない。

二〇一七年のノーベル平和賞記念講演で、ヒロシマの原爆被災者でカナダ在住のサーロー節子さん(1932-)のスピーチが聴衆を感動の渦に巻きこんだのも記憶に新しい。被爆者たちの苦しみを切せつと語ったサーローさんは、次のように訴えた。

> 核武装した国ぐにの政府と、いわゆる「核の傘」の下で共犯者となっている国ぐにの政府の方がたに申し上げます。私たちの証言を聞き、私たちの警告を心に刻んでください。そして自らの行動の重みを知りなさい。あなたたちは人類を危機にさらす暴力のシステムを構成する不可欠な要素になっています。私たちは、悪の陳腐さに注意しなければなりません。世界のあらゆる国の大統領や首相に懇願します。核兵器禁止条約に参加し、核による絶滅の脅威を永久になくしてください。[15]

サーロー節子さん

これより一五年前の二〇〇二年の八月六日、秋葉忠利広島市長は「平和宣言」のなかで、原爆の記憶が薄れていることに対し、こう警鐘を鳴らした。

……実体験を持たない大多数の世界市民にとっては、原爆の恐ろしさを想像することさえ難しいうえに、ジョン・ハーシー（John Hersey, 1914-93）の『ヒロシマ』やジョナサン・シェルの『地球の運命』さえも忘れられつつあります。その結果、「忘れられた歴史は繰りかえす」という言葉通り、核戦争の危険性や核兵器の使用される可能性が高まっています。[16]

この忘却の怖さを作家、辺見庸は次のように警告する――「権力（ないし戦争）は、絶えず離合集散をくりかえすわれわれの無数の合意、無数の無関心、無数の断念、無数の倦怠、無数のシニシズム、無数の沈黙をいちばんの養分にして、ある日むくりと巨体をたちあげてくる」と。[17]

たしかに、平和運動や核廃絶運動に携わる人びとや良心的な作家たちが声を挙げ、近未来がディストピアに近づいていることを知らせているにもかかわらず、現実の社会はそれを止める方向には動いていない。同じ過ちを繰りかえさないために、そして地球・人類の将来のために、とくに未来を背負っている若い人たちには過去の歴史の過ちを学び、悲劇の時代に声を挙げた人びとの言葉に耳を傾け、それを糧として成長して欲しい。過去の出来事を学ぶことは現在を生きるうえで大切である。未来の世代に重荷を背負わせない時代の作り手になって欲しい。

あとがき

私が初めてアメリカの地を踏んだのは一九七七年、大学三年のときである。当時、通学していた大学で交換留学制度らしきものがようやく産声をあげたばかりのころだ。四人の交換留学生の一人として、かのオバマ大統領も数年後に（コロンビア大学に編入する前に）通学することになる、ロサンジェルスの郊外にある小さな、オクシデンタル・カレッジに受けいれてもらった。ハリウッドが近いということもあり、演劇の授業がいくつもあって、俳優や映画監督をめざす学生たちもいた。少しは英語が上達するのではないか、という浅はかな動機から、オーラル・コミュニケーションやオーラル・インタープリテーション、戯曲読解のクラスなど演劇のコースにある授業をいくつか受講した。授業の一環でじっさいの舞台を観に行くこともあり、自己表現の楽しさに加え、演劇研究の面白さをおぼえたのはこの留学のときだった。帰国後、大学院に進学した。以来、演劇、とくに現代の、現在進行形の演劇を研究し、今日に至っている。

しかし、ひと括りに演劇といっても、私の場合、じっさいに舞台作りに携わっているわけではないし、スターが主役を務める豪華絢爛な舞台に惹かれているわけでもない。むしろ、そうした華やかさとは真逆の世界のなかで、そこに描かれている人間が立ちあがってくるような演劇作品が好きだ。この現代の厳しい社会のなかで、苦境と向きあって生きている姿、社会の負の部分を背負った人間の生き方を描いた作品に魅力を感じる。

私の父は太平洋戦争末期に徴兵され、肺病を患い、戦場で戦うことはなかったが、戦争を生きのび、病を乗りこえた人生を歴史研究に捧げた。母からは東京大空襲のときの話を随分と聞いた。二度と戦争をしてはいけない、と教育されて育った。だのに、昨今は自衛隊と米軍基地に巨額の金が投資され、平和憲法も揺らぎ始めている。周辺の国ぐにも武装しているのだから自衛のために必要だというが、本当はアメリカのためである。トランプ大統領をノーベル平和賞候補に推薦したと報道された安倍首相は、日本がアメリカの「同盟国」であることをことさらに強調している。五月に大統領夫妻が来日したさいには、これ以上ないと言ってよいほどの歓迎ぶりだった。

最近、演劇評論家の菅孝行が『三島由紀夫と天皇』という本を出版し、三島文学を作家自身の戦後日本社会と新生天皇への絶望という観点から読みなおしている。そのなかで、三島が抱いた違和感を次のようにまとめている。

> 経済は復興したのに、この「日本」国家には主権がない。この国家は、ディグニティをアメリカに切り売りしている。そのアメリカ相手に右も左も反米を叫ぶ。だが、実態は、日本はアメリカの家畜ではないか。[1]

辺見庸もおよそ一〇年前に、アメリカ海兵隊のグアム移転と沖縄、辺野古の新基地建設に合わせて一兆円近くの費用を日本がまかなうことに対し、「社会保障費を年々なさけ容赦なく削りつづける国の、米国にたいするこの大ばんぶるまいはどうだ」[2]と憤りをぶちまけている。沖縄では新基地に反対をしている人びとが声をあげ、住民投票という手段で反対票を政府につきつけたが、政府はそれを無視しつづけ、埋め立てを強行している。日本の政府は国民の声を聞かず、相変わらずアメリカのご機嫌伺いばかりしているのだ。ならば、国民は選挙でそんな政権を倒せばよいのだが、なぜかそうならない。国民もまた、アメリカに飼いならされてしまっているからだ。だが、日本の将来を考えたら、それでよいのだろうか。我われ一人ひとりが熟考するときが来ている。

もう二〇年以上にわたり、アメリカの社会と文化について講義をしているが、昨今の内向きなアメリカに魅力を感じている学生は以前に比べ、あきらかに減少している。受講者数もかつては三〇〇人を超えていたが、最近はその半分かそれ以下になっている。外国留学といえばアメリカ留学が大半だった時代もいまや過去の話である。魅力を感じるかどうかは別として、これからの日本の未来を考えるうえでは、まず、アメリカを知ることから始めて欲しいと思うのだけれど。国民の大半がアメリカに興味を失ったせいなのか、ひと握りの作家や学者、活動家らを除いて、アメリカに擦り寄るだけの日本の政権を批判する気力も思考力もなくなってしまったように思えてならない。老いも若きも今の日本人の多くが政治的無関心や無気力から来る精神的惰性のなかに生きている。皆どこかでまだ経済大国を誇っていた一時期の日本の栄光を引きずっていて、本当の現実を見ようとしていない。

私が本書を書いた理由の一つは、アメリカの負の部分と向きあうことが、これからの日本を考えるうえで役に立つかもしれない、と思ったからだ。そのため、敢えてそのときどきの政治体制や法制度に疑問をもち、「反逆者」として社会変革を求めてきた人びとを取りあげた。アメリカのなかで生まれた反骨精神を学ぶことにより、アメリカが進めてきたグローバルな今日の社会と問題を考えることにつながるのではないか。そんな思いで、私は数年前から本書で書いたような内容の授業を始めた。本書の大部分はここ数年、講義のなかでしゃべってきたことをもとに書き下ろしたものである。ただし、演劇論に関わる部分については註で言及したように、これまでの研究ですでに発表した拙論から部分的に転載した。

もちろん、社会の差別や残虐な戦争に声をあげて反対した良心的な作家や作品、歌手や社会変革者は本書で取りあげた人びとにとどまらない。抽出したのはほんのひと握り、私が関心を寄せた人びとに限られている。もっと取りあげてしかるべき作家や作品などがあるはずだ、と御叱りの声もあるだろう。そのような限界を承知のうえで本書を出版することができたのは、なによりこの企画をささえ、実現してくださった春風社の石橋幸子さん、根気よく編集の労をとってくださった岡田幸一さんのおかげである。お二人に感謝をし、本書の締めくくりとしたい。

二〇一九年六月　潤雪庵にて

堀　真理子

註

（本書で使用した英語の原書からの引用は、邦訳書使用の言及がない限り、筆者訳である）

序章

〔1〕Bob Dylan, "Blowin' in the Wind" in *Bob Dylan 100 Songs*, New York: Simon & Schuster, 2017.

〔2〕Dylan, *The Nobel Lecture*, New York: Simon & Schuster, 2017.

〔3〕Ron Chernow, *Alexander Hamilton*, New York: Penguin Books, 2004. 邦訳、ロン・チャーナウ『アレグザンダー・ハミルトン伝――アメリカを近代国家につくり上げた天才政治家』（上中下巻）井上廣美訳、日経BP社、二〇〇五年。

〔4〕A・ハミルトン、J・ジェイ、J・マディソン『ザ・フェデラリスト』斎藤眞、中野勝郎訳、岩波文庫、一一八頁。この予言のとおり、こののち一八一二年戦争という、イギリスがインディアンを味方につけ、アメリカを敵にまわした戦争が起きる。

〔5〕同書、一八三頁。

〔6〕Lin-Manuel Miranda and Jeremy McCarter, *Hamilton the Revolution*, London: Little, Brown, 2016. 以下、ミュージカル『ハミルトン』の脚本からの引用や作品に関わる出来事の記述はこの本を参照。

第1章

〔1〕Edward Ball, *Slaves in the Family*, New York: Farrar, Straus and Giroux, 1998. 著者のエドワード・ボール（1959- ）はサウスカロライナ州チャールストンにプランテーションを築いたボール家の末裔で、自身の先祖を遡り、奴隷の血をひく親族を洗いだし、一族の年代記を書いた。この本はナショナル・ブック・アウォードを受賞し、ニューヨーク・タイムズ・ベストセラーに選ばれた。本章で記述する、奴隷に課された刑については、この本を参照。

〔2〕Oscar Reiss, M. D., *Blacks in Colonial America*, Jefferson, North Carolina: MacFarland, 2006. 以下、アメリカが独立するまでの黒人奴隷の増加についての記述はこの本を参照。

〔3〕James Baldwin, "The Uses of the Blues" in *The Cross of Redemption: Uncollected Writings*, Ed. Randall Kenan, New York: Vintage International, 2011.

〔4〕ここに記載したデータは、ブリタニカhttp//www.britannica.com（Encyclopaedia Britannica）の項目「涙の道（Trail of Tears)」によるもので、正確ではないかもしれない。清水和久『増補　米国先住民の歴史』明石書店、一九九六年、八六頁には、一万二〇〇〇人のうち約四〇〇〇人が亡くなった、と記されている。

〔5〕清水、一〇〇－〇一頁。

〔6〕ブリタニカの「アメリカ・インディアン（America Indian)」の項目および、一八五〇年以降の人口の推移については"https://www.journeys.dartmouth.edu/censushistory（二〇一九年二月二四日閲覧）を参照した。これによれば、インディアン人口は一九一〇年には二六万人、一九二〇年には二二万人とされているが、一九三〇年以降は三三万人を越えている。ただし、「白人とみなされるインディアン」はこのなかに含まれなかった。白人とされた人びとは「ポカホンタス例外」によって、つまり、ポカホンタス（Pocahontas, 1595?- 1617）の子孫だか

らという理由で、特別扱いされた。ポカホンタスとはインディアンの部族ポーハタン族の酋長の娘の名前で、ヴァージニア植民地建設の先頭に立ったジョン・スミス（John Smith, 1580-1631）を火あぶりの刑から救ったとされる。じっさいは、歓迎の儀式の一つだったらしく、ポカホンタスはその後入植者に捕らえられ、ジョン・ロルフ（John Rolfe, 1585?-1622）というイギリス人と結婚させられ、キリスト教徒となる。英国国王ジェイムズ一世とも謁見したことから、白人と友好的なインディアンの象徴として神話化される。ディズニー映画にもなっているが、ジョン・スミスとの恋愛は神話上の作り話である。

〔7〕一九八二年に映画化された小説『ソフィーの選択（*Sophie's Choice*）』（1979）で知られるウィリアム・スタイロン（William Styron, 1925-2006）は一九六七年、『ナット・ターナーの告白（*The Confessions of Nat Turner*）』という小説を発表している。これは、ターナーの裁判に立ち会ったとされる弁護士トマス・ラフィン・グレイ（Thomas Ruffin Gray）が一八三一年に出版した同名の作品に基づいて書かれたが、そもそもターナーが「告白」した内容なのかは疑問視されている。

〔8〕一般に「フェミニズム」というと、一九六〇年代に公民権運動に触発されて、男女平等の社会進出が可能な社会を求めた女性解放運動（Women's Liberation、日本では「ウーマン・リブと」呼ばれた）を思い浮かべるが、これは「第二波フェミニズム」である。これに対し、女性の市民権や遺産相続権、参政権などを求めて闘った一九世紀半ばに始まる女性解放運動を「第一波フェミニズム」と呼ぶ。この運動が実り、アメリカ憲法修正第一九条により、女性に参政権が与えられたのは一九二〇年のことである。

〔9〕Frederick Douglass, *Narrative of the Life of Frederick Douglass, An American Slave* [1845], New York: Norton Critical Editions, 2016. これは異なる題名でいくつかの邦訳がある（『私は黒人奴隷だった――フレデリック・ダグラスの物語』本田創造訳、岩波ジュニア選書、一九八七年、『数奇なる奴隷の半生』岡田誠一訳、法政大学出版局、一九九三年、

『アメリカの奴隷制を生きる――フレデリック・ダグラス自伝』樋口映美監修、彩流社、二〇一六年)。

〔10〕Kristen T. Oertel, *Harriet Tubman: Slavery, The Civil War, and Civil Rights in the Nineteenth Century*, New York and London: Routledge, 2016. このあとのタブマンについての記述は主としてこの本、およびLois E. Horton, *Harriet Tubman and the Fight for Freedom: A Brief History with Documents*, Boston/New York: Bedford/St. Martin's, 2013を参照。

〔11〕一八三一年から三二年にかけて、フランス人政治家で歴史家のアレクシ・ド・トクヴィルがアメリカを旅したとき、「ボルティモアにいた黒人の五人に四人は、法的に自由人」だった。というのも、「黒人を熱心に働かせるために」ボルティモアのような都市部では、「奴隷所有者が奴隷に貯蓄することを許し、最終的に自由身分を買い取らせていた」からである(レム・ダムロッシュ『トクヴィルが見たアメリカ――現代デモクラシーの誕生』、永井大輔、高山裕二訳、白水社、二〇一二年、二二六頁)。

〔12〕タブマンのこの手柄は黒人女性の誇りとして、一九七四年にバーバラ・スミス(Barbara Smith, 1946-)が創設したアフリカ系女性の解放運動組織は「カンバヒー川共同体(Combahee Rever Collective)」と名づけられた。

〔13〕映画『グローリー(*Glory*)』(1989)はショー大佐が黒人歩兵部隊を編成し、ワグナー砦で歩兵隊とともに戦死するまでを描いている。映画の前半の描写からは、北軍といえども、黒人を兵役につかせることへの抵抗がいかに強かったかが窺える。

〔14〕ブラッドフォードは一八六九年にタブマンの話を口述筆記し、それをもとに伝記を出版する。さらに一八八六年にも改訂版を出版するが、このときはジム・クロウ法(黒人差別法)が行きわたっていたため、タブマンの子ども時代の記述がアフリカ系のステレオタイプとされる「頭の悪い陽気な子ども」と書きかえられている。黒人の公民権が認められたのち、絵本だけでなく、テレビドラマやオペラなどにも取りあげられるようになるが、「地下鉄道」の立役者だったというだけで、南北戦争中の活躍については言及されなかった。それが語

られるようになったのは二一世紀に入ってからのことである。さらにオンラインゲームにもなったが、ゲーム上のタブマン像を見た映画監督のスパイク・リーは、強姦など嘘偽りが混じっていることに憤慨し、「バカにするな」と怒ったという（Oertelより）。

〔15〕www.afpbb.com（二〇一九年一月二〇日閲覧）によれば、トランプ大統領はタブマンが二〇ドル札に使われることに対し異議を唱え、めったに使われない二ドル紙幣に使えばいいなどと主張した、という。

第2章

〔1〕Cindy Weinstern ed., *The Cambridge Companion to Harriet Beecher Stowe*, New York: Cambridge University Press, 2004.

〔2〕ストウ夫人の伝記は多々あるが、武田貴子、緒方房子、岩本裕子『アメリカ・フェミニズムのパイオニアたち』彩流社、二〇〇一年、一五八―六五頁は短くよくまとまっている。

〔3〕ちなみに、現在のリベリアでは長きにわたる内戦の末、二〇〇五年、エレン・ジョンソン＝サーリーフ（Ellen Johnson Sirleaf, 1938- ）という女性大統領が誕生し、近代化が進められた。彼女は二〇一八年一月、大統領を退任した。

〔4〕Harriet Beecher Stowe, *Uncle Tom's Cabin: Authoritative Text, Backgrounds and Contexts, Criticism*, Norton Critical Edition, Ed. Elizabeth Ammons, New York: Norton, 2017. 邦訳は、ハリエット・ビーチャー・ストウ『新装版　新訳　アンクル・トムの小屋』小林健二訳、明石書店、二〇一七年。ここの記述は邦訳書の訳者解説より。以下、本文中の作品からの引用はこの邦訳書を参照。

〔5〕リンカン大統領ですら、奴隷との共存を望んでおらず、解放された元奴隷の居住地として、アフリカの他、ミシシッピ川以西の地を候補地に考えていたという。一八六二年には、ハイチに五〇〇〇人の黒人を送りこ

むという契約を身元不確かな起業家とのあいだに結び、じっさいに四〇〇人が送られたという。二〇世紀初頭にジャマイカ出身のマーカス・ガーヴェイ（Marcus Garvey, 1887-1940）がアメリカ黒人のアフリカ復帰を主張し、黒人の側からアフリカへ帰る運動も提起されるが、W・E・B・デュボイス（W.E.B. Du Bois, 1868-1963）はじめ、多くの黒人運動指導者はこの考えに反対だった（荒このみ『アフリカン・アメリカン文学論——「ニグロのイディオム」と想像力』東京大学出版会、二〇〇四年参照）。

〔6〕ロバート・ペン・ウォレン『南北戦争の遺産』田中啓史、堀真理子訳、一九九七年、本の友社、六二頁。

〔7〕「『自由の街』奴隷が築いた　NYで史実を展示」『朝日新聞』二〇〇五年一〇月二九日朝刊。

〔8〕Richard Moody, ed., *Dramas from the American Theatre 1762-1909*, Boston: Houghton, 1969. 伊藤章『アメリカ演劇とその伝統』英宝社、二〇一七年、一〇〇頁参照。ストウ夫人は「演劇の悪弊に陥る危険」から反対していたにもかかわらず、自身が脚色した朗読劇『キリスト教徒の奴隷（*The Christian Slave*）』（1855）を発表している（常山菜穂子『アンクル・トムとメロドラマ——一九世紀アメリカにおける演劇・人種・社会——』慶應義塾大学教養研究センター選書、二〇〇七年、三一頁、註（6））。

〔9〕常山、三三頁。

〔10〕George L. Aiken, *Uncle Tom's Cabin*, in *Best Plays of the Early American Theatre; From the Beginning to 1916*, Ed. John Gassner, New York: Crown Publishers, 1967.

〔11〕常山によれば、「エイキン版に代表されるトム・ショーは奴隷制が悪であると主張し、奴隷制を体現するレグリーを殺すことによって、[奴隷]制度そのものをも象徴的に殺してくれる」し、「トムやトプシーらにみられる愚直な黒人像は、黒人が白人より劣った存在だと示してくれる」（七三頁）のだった。

〔12〕フェイ・E・ダッデン『女たちのアメリカ演劇——女優と観客（1790-1870）』山本俊一訳、論創社、二〇一二

年三月、一一八頁。
〔13〕斎藤偕子『19世紀アメリカのポピュラー・シアター――国民的アイデンティティの形成』論創社、二〇一〇年、八三頁、一〇〇頁。トム・ショーの変遷については同書第2章「メロドラマ『アンクル・トムの小屋』とトム・ショー」に詳細な記述がある。
〔14〕武田、緒方、岩本、一五八頁。
〔15〕ペン・ウォレン、二六―二七頁。
〔16〕ペン・ウォレン、三〇頁、およびHorton 参照。

第3章

〔1〕John E. Findling and Frank W. Thackeray, eds., *Events That Changed America in the Nineteenth Century*, Westport, Connecticut: Greenwood Press, 1997.
〔2〕J・ヘイガン&イアン・J・ピッカートン『アメリカの戦争1775-2007――「意図せざる結果」の歴史』高田馨里訳、大川書店、二〇一〇年、九一頁。
〔3〕Thoreau and Emerson, *Civil Disobedience and Self-Reliance*, Ed. Koh Kasegawa, Tokyo: The Hokuseido Press, 1988. 同書のはしがきによれば、一八四九年、*Æsthetic Papers*に発表されたときは、*The Resistance to Civil Government*というタイトルだったのを後に改めたのだという。また、インド独立の父マハトマ・ガンジーは一九〇七年にこのソローの論文を読んで、非暴力によるインド解放運動の信条にしたのだという。邦訳に、H・D・ソロー『ソローの市民的不服従――悪しき「市民政府」に抵抗せよ』佐藤雅彦訳、論創社、二〇一一年がある。ただし、本文中の引用は筆者訳。

〔4〕南北戦争では、連邦軍一〇〇〇人中九八人の戦死者を出したのに対し、アメリカ・メキシコ戦争では一〇〇〇人中一五三・三人にのぼった（J・ヘイガン＆イアン・J・ピッカートン、七八頁）。

〔5〕清水、一〇六頁によると、この「ウーンデッド・ニーの虐殺」の原因は、「サンダンス」と呼ばれる熱狂的な踊りで、ダンスという「非暴力的手段」による抵抗だった。白人はその熱狂を恐れ、スー族の撲滅を図ったのである。沢に沿って逃げた部族を追いつめ、無抵抗の女性や子ども、乳飲み子までをも殺した、残虐な事件だった。

〔6〕「イエロー・ジャーナリズム」は、ニューヨークのスラム街に住む移民の子ども、「イエロー・キッド」が主人公の漫画からそう呼ばれるようになる。この漫画は『ニューヨーク・ワールド』に最初連載され、のちに『ニューヨーク・ジャーナル』にも連載された。

〔7〕大井浩二『米比戦争と共和主義の運命――トウェインとローズヴェルトと《シーザーの亡霊》』彩流社、二〇一七年、一一頁。以下、米比戦争についての記述はこの本を参照。

〔8〕大井、八八頁によれば、トウェインは、キューバの解放のためにその独立を助けるという大義名分のあったアメリカ・スペイン戦争には支持を表明していたという。

〔9〕Mark Twain, "The War Prayer" in *Mark Twain's Weapons of Satire: Anti-Imperialist Writings on the Philippine-American War*, Ed. Jim Zwick, Syracuse, New York: Syracuse University Press, 1992. 邦訳は「戦争の祈り」、柴田元幸編訳『マーク・トウェイン』集英社文庫ヘリテージシリーズ、二〇一六年。

〔10〕三浦俊章「特派員メモ」『朝日新聞』朝刊、二〇〇三年四月二〇日。

〔11〕Eugene O'Neill, *The Emperor Jones*, in *Complete Plays 1913-1920*, New York: The Library of America, 1988. 邦訳には、オニール『皇帝ジョウンズ・毛猿』井上宗次訳、一九五三年がある。

〔12〕 Arthur and Barbara Gelb, *O'Neill*, New York: Harper and Row, 1973.

〔13〕 Joel Peister, *Staging Depth: Eugene O'Neill & Psychological Discourse*, Chapel Hill: The University of North Carolina, 1995.

〔14〕 ワスプが植民地時代からアメリカを支配してきたのはたしかであるが、ワスプという用語が概念として定着したのは比較的新しく、一九五七年ごろとされる。伊藤「移民の国アメリカ」（第4章）、笹田直人、堀真理子、外岡尚美編著『概説　アメリカ文化史』ミネルヴァ書房、二〇〇二年、八二頁参照。

〔15〕 『すべての子には翼がある』の上演をめぐるごたごたは、オニールの伝記 Arthur & Barbara Gelb, *O'Neill*、および Louis Sheaffer, *O'Neill: Son and Artist*, London: Paul Elek, 1974 を参照。

〔16〕 アデル・ヘラー、ロイス・ルードニック編著『1915年　アメリカ文化の瞬間《とき》――「新しい」政治・女性・心理学・芸術・演劇』山本俊一訳、論創社、二〇一九年、三三頁注10。

〔17〕 Ronald H. Wainscott, *Staging O'Neill: The Experimental Years, 1920-1934*, New Haven: Yale University Press, 1988 によれば、その給料は週五〇ドルだったという。

〔18〕 セオドア・ローズヴェルトは、「中国人（Chinks）の『受動性や国家的次元での無節操や脆弱性』を軽蔑し、フィリピン人は『暗黒の未開や野蛮の混沌のみ知る人種』と看做した」し、黒人に至っては「未開の野生状況から解放されるのに数世代が必要である」と述べた（Michael H. Hunt, *Ideology and U.S. Foreign Policy*, New Haven, Yale University Press, 1987. 邦訳は、堅田義明『20世紀アメリカと戦争』学陽書房、二〇〇八年、二七頁）。

〔19〕 大井、一四五－四六頁。

〔20〕 Twain, "Patriotic America," in *Mark Twain's Weapons of Satire*.

第4章

〔1〕Stuart Nicholson, *Billy Holiday*, Boston: Northeastern University Press, 1995.

〔2〕一九六七年、「ラヴィング対ヴァージニア州裁判」と呼ばれる、白人男性と黒人女性の夫婦、ラヴィング夫妻が異人種間結婚禁止法は違法だとして起こした裁判で、連邦最高裁は法律を違憲とする判決を下す。以降、この法律は無効となったが、南部サウスカロライナ州は一九九八年まで、アラバマ州では二〇〇〇年まで州法から異人種間結婚禁止令が消えていなかった。

〔3〕エファ・マンリーについての伝記的記述は、主としてJames Overmyer, *Queen of the Negro Leagues: Effa Manley and the Newark Eagles*, Metuchen, N.J. & London: The Scarecrow Press, 1993およびBob Luke, *The Most Famous Woman in Baseball: Effa Manley and the Negro Leagues*, Washington DC: Potomac Books, 2011を参照。

〔4〕Lukeによれば、エファは一九七七年、ウィリアム・マーシャルによるインタビューのなかで、自分は「白人」だと断言している。さらに、母方の祖父がアメリカ・インディアン、母方の祖母がドイツ系だったと明かしてもいる。その祖父の遺伝子のせいか、肌はややダークだったらしい。それもあって、誰も彼女が「アフリカ系アメリカ人」であることを疑わなかったし、二〇世紀前半のアメリカでは黒人の定義は単に肌の色だけではなかったから、それも当然である。

〔5〕Overmyerは、エファ自身の言葉として、こちらのエピソードを記述している。それに基づいて書かれたと思われる絵本Audrey Vernick, with illustration by Don Tate, *She Loved Baseball: The Effa Manley Story*, New York: Collins, 2010でも、こちらを採用している。

〔6〕フリート・ウォーカーについての詳細は、田中啓史「黒いメジャーリーガーの夢」中央大学人文科学研究所編

〔7〕『アメリカ文化研究の現代的諸相』中央大学出版部、二〇一八年、一―一〇五頁参照。野球同様、ボクシングも白人と黒人はそれぞれ別のプロをもっていた。ところが一九一〇年、黒人ボクシングでチャンピオンになったジャック・ジョンソン（Jack Johnson, 1878-1946）が白人チャンピオンのジム・ジェファーズ（Jim Jeffers, 1875-1953）と対戦し、ヘビー級チャンピオンの座を奪う。このとき全米各地で白人ギャングによる暴動が発生するが、ジョンソンはアメリカ初の黒人チャンピオンとして認められる。ジョンソンの伝記は映画『ボクサー（*The Great White Hope*）』（1970）になった。そして、史上二人目の黒人ヘビー級ボクサーがジョー・ルイス（Joe Lewis, 1914-1981）である。彼は一九三八年、「アメリカをたたきのめせ」という命令のもと、ナチス政権下のドイツからやってきたシュメリングに勝利し、時の英雄となる。アメリカの黒人三大ボクサーの三人目が、一九六〇年にプロデビューしたモハメド・アリ（Muhammad Ali, 1942-2016）である。

〔8〕この本はエファ・マンリーが殿堂入りした二〇〇六年に再版された（Effa Manley and Leon Herbert Hardwick, *Negro Baseball…Before Integration* [1976], Ed. Robert Cvornyek, Haworth, NJ: St. Johann Press, 2006）。

〔9〕田中、四―五頁。

第5章

〔1〕Rebecca Carey Rohan, *Billy Holiday: Singer*, New York: Cavendish Square, 2017.ただし、以下、本章での伝記的記述は、主としてRobert O'Meally, *Lady Day: The Many Faces of Billie Holiday*, New York: Arcade Publishing, 1991および、Stuart Nicholson, *Billy Holiday*を参照。

〔2〕Farah Jasmine Griffin, *In Search of Billie Holiday: If You Can't Be Free, Be a Mystery*, New York: Ballantine Books, 2001.

〔3〕ビリーのレコーディング・デビューは一九三三年一二月。チャーリー・ティーガーデン（Charlie Teagarden, 1913-84）とシャーリー・クレイ（Shirley Clay, ?-1951）のトランペット・ソロとともに歌った「あなたのお母さんの義理の息子（Your Mother's-Son-in-Law）」などがあるが、批評家からは注目してもらえなかった（Nicholsonより）。

〔4〕David Margolick, *Strange Fruit: Billy Holiday, Café Society, and an Early Cry for Civil Rights*, Edinburgh and London: Canongate, 2000. 邦訳に、デーヴィッド・マーゴリック『ビリー・ホリデイと「奇妙な果実」——〝20世紀最高の歌〟の物語』小村公次訳、大月書店、二〇〇三年がある。以下、この歌、およびその背景についての記述は、この本を参照。

〔5〕Billie Holiday, *Lady Sings the Blues*, written with William Dufty, New York: Penguin Books. 邦訳は、ビリー・ホリデイ、ウィリアム・ダフティ『奇妙な果実　ビリー・ホリデイ自伝』油井正一、大橋巨泉訳、晶文社、一九七一年（一四六頁）。

〔6〕Julia Blackburn, *With Billie*, London: Vintage, 2006。

〔7〕このヨーロッパ・ツアーの模様以下、晩年のビリーについては、John Chilton, *Billie's Blues: The Billie Holiday Story 1933-1959*, New York: Da Carpo Press, 1975を参照。

〔8〕ブリタニカの「禁酒運動（Temperance Movement）」の項目を参照。

〔9〕F. Scott Fitzgerald, *The Great Gatsby*, London: Penguin Modern Classics, 2000. 邦訳に、スコット・フィッツジェラルド『グレート・ギャツビー』村上春樹訳、中央公論新社、二〇〇六年がある。ほかに、野崎孝訳、新潮文庫、一九八九年もある。

第6章

〔1〕J. D. Salinger, *Catcher in the Rye*, Boston, Toronto and London: Little, Brown and Company, 1951. 邦訳はJ・D・サリンジャー『キャッチャー・イン・ザ・ライ』村上春樹訳、白水社、二〇〇三年。本章、本文中の引用はこの邦訳を参照。

〔2〕一九五〇年代の赤狩り（マッカーシズム）の時代には、共産主義者とともに同性愛者も迫害され、一ヶ月に四、五〇人の同性愛者が解雇された。これに対し、禅から学んだ神秘体験を酒や麻薬の陶酔によって実現しようとするボヘミアン的ヒッピー作家集団「ビート・ジェネレーション（the Beat Generation）」の詩人アレン・ギンズバーグ（Allen Ginsberg, 1926-97）は代表作「吠える（"Howl"）」（1956）のなかで同性愛を高らかに歌った。「吠える」を含む詩集は猥褻文書として裁判沙汰にもなる。しかし、同性愛者の差別撤廃運動が活発化するのは一九六九年六月にニューヨークのゲイバー、ストーンウォールを警察が襲撃した事件以降で、アメリカでは同性愛者への社会の圧力は依然として強かった。ストーンウォール事件以降もエイズ（後天性免疫不全症候群）の流行が同性愛者への偏見を助長し、同性愛者などLGBTの人権が本格的に議論されるようになったのは、アメリカでも一九九〇年代に入ってからといってよいだろう。

〔3〕Josef Benson, *J.D. Salinger's* The Catcher in the Rye: *A Cultural History*, Lanham, Maryland: Rowman & Littlefield, 2018. 以下、作家サリンジャーについての記述は主としてこの本を参照。

〔4〕Joyce Maynard, *At Home in the World*, New York: Picador, 1998. 邦訳は、ジョイス・メイナード『ライ麦畑の迷路を抜けて』野口百合子訳、東京創元社、二〇〇〇年。

〔5〕田中啓史編著『イエローページ　サリンジャー』荒地出版社、二〇〇〇年、六三頁によれば、ほかに葬儀屋の

オッセンバーガーは「人間の死を商売にし」ていながら、「礼拝堂ではもっともらしい演説をぶつ」。「お金と権威が結びつく」大人たちの俗物根性をホールデンは、そしてサリンジャーは批判している。

〔6〕 "Open the Vaults: Unpublished Salinger Work to Be Released," *The New York Times*, Feb. 1, 2019. 二月四日、『毎日新聞』朝刊はじめ、日本の新聞各紙でもニュース記事になった。

〔7〕 John Bush Jones, *Our Musicals, Ourselves: A Social History of the American Musical Theatre*, Hanover and London: Brandeis University Press, 2003. 「イーストサイド・ストーリー」にしなかった理由は、『ロミオとジュリエット』をユダヤ教徒とカトリック教徒の抗争に置きかえた劇『アビーのアイルランドのバラ (*Abie's Irish Rose*)』が一九二〇年代にあったうえ、イーストサイドがかつてのような貧しいイタリア人やユダヤ人の居住地域でなくなっていたからだった (Mary E. Williams, ed., *Readings on West Side Story*, San Diego: Greenhaven Press, 2001)。

〔8〕 津野海太郎『ジェローム・ロビンズが死んだ——ミュージカルと赤狩り』平凡社、二〇〇八年、三〇九頁。赤狩りの対象となった若い演劇関係者の多くが、「労働者階級出身、ニューヨーク生まれ、ニューヨークそだちのユダヤ移民二世」(三〇八頁)、加えてロビンズは同性愛者でもあった。ロビンズがその後も活動できたのは、共産主義者で同性愛者であることを告白させられた彼に同情が寄せられたせいもあるのではないか、と津野は推測している (三一二頁)。

〔9〕 Douglas Miller and Marion Nowak, *The Fifties: The Way We Really Were*, Garden City, New York: Doubleday, 1977, quoted in Jones.

〔10〕 Arthur Laurents, et al. *West Side Story* in *Romeo and Juliet / West Side Story*, New York: Random House, 1965 より。

〔11〕 Abe Laufe, *Broadway's Greatest Musicals*, New York: Funk & Wagnalls, 1969.

〔12〕 Betty Friedan, *The Feminine Mystique*, New York: W. W. Norton, 2013. 邦訳は、ベティー・フリーダン『新しい女性

の創造』三浦冨美子訳、大和書房、二〇〇四年。この本でフリーダンは、家事と子育てで一日中、人と話すこともない生活、自分のしたいことができない生活、一人前に扱われることのない生活、そんななかで自信を喪失している母親が子どもに良い教育を施せるわけはないとし、女性が社会で働き、男性と同じように評価され、収入を得られる社会を求めた。たちまちフリーダンの著書はベストセラーとなり、夫と子どもに縛られていた白人中産階級の主婦層は彼女に共感する。フリーダンは賛同する主婦たちを結集し、一九六六年、NOW (National Organization for Women 全米女性機構) を設立する。

第7章

〔1〕Arthur Miller, *The Crucible*, London: Penguin Modern Classics, 2011. 邦訳は、アーサー・ミラー『るつぼ』倉橋健訳、ハヤカワ演劇文庫、二〇〇八年。『クルーシブル』の映画化はこれが初めてではない。一九五七年に、フランスの作家で哲学者のジャン＝ポール・サルトルが脚本を担当し、イヴ・モンタンやシモーヌ・シニョレが出演した『セーレムの魔女たち』というフランス映画が作られている。資本主義者が労働者階級の人びとを抑圧する映画となっているため、「赤狩り」の意図がより鮮明になっている。

〔2〕魔女狩りの歴史については、森島恒雄『魔女狩り』（岩波新書、一九七〇年）などがある。

〔3〕『魔女』5人、309年ぶり名誉回復」『朝日新聞』朝刊、二〇〇一年一一月三日。

〔4〕HUAC自体は一九三八年に設置され、最初はナチスやKKKの活動に加わっているドイツ系アメリカ人を調査するのが目的だった。それが一九四六年以降、非米活動に関わっている危険人物への取り締まりに変化し、共産主義者とそのシンパにすり替わっていく。

〔5〕カザンは一九九九年、アカデミー賞で名誉アカデミー賞を受賞するが、このときの受賞式の会場では、出

席者からブーイングを受けた。カザンとともに戦前から共産主義運動に関わっていた社会派劇作家のクリフォード・オデッツ（Clifford Odets, 1906-63）は、カザンのあとに召喚され、共産主義者の名前を告げられて否定しなかったために反米主義者のレッテルを貼られなかった。しかし、裏切るつもりがなかっただけに、オデッツ本人は苦しみ、その後、劇作に打ちこめなくなった。その意味ではオデッツもまた赤狩りの犠牲者といえる。

〔6〕Miller, "*The Crucible* in History" in *Echoes Down the Corridor*, New York: Viking, 2000 参照。

〔7〕Miller, *Timebends: A Life*, London: Methuen, 1987. 邦訳は、『アーサー・ミラー自伝』（上下二巻）倉橋健訳、早川書房、一九九六年。ミラーについての伝記的記述はこの本を参照。

〔8〕Enoch Brater, ed., *A Student Handbook to The Plays of Arthur Miller*, London: Bloomsbury, 2013を参照。

〔9〕Arthur Miller, *Incident at Vichy*, in *The Portable Arthur Miller*. 邦訳は、アーサー・ミラー『転落の後に／ヴィシーでの出来事』倉橋健訳、ハヤカワ演劇文庫、二〇一七年所収。ただし、本文中の引用は筆者訳。

第8章

〔1〕マニュエル・ヤン「『今は火だ』――ジェームズ・ボールドウィンとボブ・ディランと3人の死者」映画『私はあなたのニグロではない』パンフレット、二〇一八年。

〔2〕ロブ・ライナー監督は映画『ゴースト・オブ・ミシシッピ（*Ghosts of Mississippi*）』（1996）で、このエヴァース殺人事件を扱っている。

〔3〕『ミシシッピ・バーニング（*Mississippi Burning*）』（1988）は、この事件を詳細に描いた、すぐれたドキュメンタリー映画である。

〔4〕マルコムXはネーション・オヴ・イスラムによって、つまり同胞の黒人によって殺害されたとされ、メンバーとおぼしき三人の黒人が逮捕されたが、少なくとも二人は冤罪で、JFKやキング牧師の暗殺と同様、真犯人は未だにあきらかではない（荒このみ『マルコムX——人権への闘い』、岩波新書、二〇〇九年、二二〇－二二二頁）。

〔5〕hooks, *Outlaw Culture: Resisting Representations*, New York and London: Routledge, 1994.

〔6〕Baldwin, *I Am Not Your Negro*, compiled and edited by Raoul Peck, London: Penguin Books, 2017. 以下、本章本文中のボールドウィンの言葉は、註で明記していないかぎりはこの本からの引用である。なお、一部、この映画の日本上映のさいのパンフレットに採録されたシナリオと字幕（柴田元幸監修）の翻訳を参照した。

〔7〕このバス・ボイコット運動に参加した白人女性を主人公にした映画『ロング・ウォーク・ホーム（*Long Walk Home*）』（1990）は、女性の夫をはじめとする白人男性の差別意識を浮き彫りにしながら、この運動がもたらした公民権運動のうねりを感動的に描いている。

〔8〕スパイク・リー監督はこの事件を取材したドキュメンタリー映画『フォー・リトル・ガールズ（*Four Little Girls*）』（1997）を発表している。

〔9〕Baldwin, "Lorraine Hansberry at the Summit" in *The Cross of Redemption: Uncollected Writings*.

〔10〕Lorraine Hansberry, *Raisin in the Sun*, New York: Vintage Books, 1994.

〔11〕Baldwin, "Is *A Raisin in the Sun* a Lemon in the Dark?" in *The Cross of Redemption: Uncollected Writings*.

〔12〕hooks, *Yearning: race, gender, and cultural politics*, Boston: South End Press, 1990.

〔13〕Baldwin, *If Beale Street Could Talk*, in *James Baldwin: Later Novels*, Ed. Darryl Pinckney, New York: Library of America, 2015 所収。邦訳は、ジェイムズ・ボールドウィン『ビールストリートの恋人たち』川副智子訳、早川書房、二

〇一九年。初訳の『ビールストリートに口あらば』（沼澤洽治訳）は集英社ギャラリー「世界の文学」第一八巻、一九九〇年所収。

第9章

〔1〕マニュエル・G・ゴンサレス『メキシコ系米国人の移民の歴史』中川正紀訳、明石書店、二〇〇三年、二六三頁。

〔2〕詳細はYolanda Broyles-Gonzales, *El Teatro Campesino: Theater in the Chicano Movement*, Austin: University of Texas Press, 1994 参照。

〔3〕Pew Research Centerの統計から。http://www.pewresearch.org（二〇〇九年二月二四日閲覧）。

〔4〕堀「文化的記憶の回復をめざすチカーナ作家シェリ・モラガ――「母」の歴史を作る――」『青山スタンダード論集』（青山スタンダード教育機構）第二号、二〇〇七年、二七五―九六頁参照。

〔5〕トーマス・ワイヤー『米国社会を変えるヒスパニック――スペイン語を話すアメリカ人たち』日本経済新聞社、一九九三年、一五〇頁。

〔6〕Cherríe Moraga, *Heroes and Saints & Other Plays*, Albuquerque, New Mexico: West End Press, 1994 およびCherríe Moraga, *The Hungy Woman*, Albuquerque, New Mexico: West End Press, 2001. 本章の『英雄たちと聖者たち』についての記述は堀「新しい神話をつむぐラティーナの作家たち――『ボーダーランド』に生きる人びと――」原恵理子編『ジェンダーとアメリカ文学――人種と歴史の表象』、勁草書房、二〇〇二年、二三八―四一頁を、『飢えた女』については堀「文化的記憶の回復をめざすチカーナ作家シェリ・モラガ」を参照。

〔7〕Cherríe Moraga, *Waiting in the Wings: Portrait of a Queer Motherhood*, Ithaca, New York: Firebrand Books, 1997.

〔8〕「クイア（Queer）」とは、LGBTに対する、「変態」を意味する差別用語だったのを、一九九〇年ごろから、ゲイの人びとが逆手に取り、自らのセクシュアリティを「クイア」と呼び始めたことから頻繁に使われるようになる。白人同性愛者を中心に、「クイア理論」と呼ばれる学問領域も生まれ、同性愛者が築く差別のない理想社会を「クイア・ネーション」と呼ぶ。

〔9〕Omar El Akkad, *The American War*, New York: Alfred A. Knopf, 2017. 邦訳は、オマル・エル=アッカド『アメリカ・ウォー』（上下巻）黒原敏行訳、新潮文庫、二〇一七年。

第10章

〔1〕ブリタニカの「大飢饉（Great Famine）」の項目を参照。レオナルド・ディカプリオ主演の映画にもなった原作Herbert Asbury, *The Gangs of New York: An Informal History of the New York Underworld*, New York: Hippocrene Books, 1989（邦訳は、ハーバート・アズベリー『ギャング・オヴ・ニューヨーク』富永和子訳、ハヤカワ文庫、二〇〇一年）には、ニューヨークの下町に住みついたアイルランド人がギャングを形成し、アメリカ社会に順応していく姿がつぶさに描かれている。

〔2〕アル・カポネをモデルにした映画『ゴッドファーザー（*Godfather*）』のシリーズⅡでは、エリス島の移民局で一時拘束される移民の少年が冒頭で描かれ、当時の移民の様子がわかる。

〔3〕Bruce Thornton, "Melting Pots and Salad Bowls" (Oct 26' 2012) Hoover Institution, http://www.hoover.org（二〇一九年二月八日閲覧）。

〔4〕ゴンサレス『メキシコ系米国人の移民の歴史』、一五六頁によれば、アメリカ・メキシコ戦争ですでにアメリカ人となったはずのメキシコ人までもが、グアダルーペ・イダルゴ条約に違反して「外国人工夫税法」の対象

となり、月二〇ドルを支払わなければならなかったという。当時としては法外な税金で、払えずに鉱夫をやめたメキシコ人も多かった。カリフォルニアでは流入するアングロ・サクソン系住民によって、先住者だったメキシコ系住民がマイノリティになっていき、差別の対象となっていく。

〔5〕『東洋宮武が覗いた時代』というドキュメンタリー映画（2009）で、その詳細を知ることができる。

〔6〕日系アメリカ人が戦争中に強制収容所に入れられ、「忠誠心テスト」を課されたことを知らないアメリカ人に向けて、中国系劇作家のチェイ・ユー（Chay Yew）はドキュメンタリー劇『質問《クエスチョン》二十七　質問《クエスチョン》二十八』（2006）を発表した（Chay Yew, *Question 27, Question 28* [2004], in Yew, ed., *Version 3.0: Contemporary Asian American Plays*, New York: Theatre Communications Group, 2011）。

〔7〕John Berger, "About Disconnecting" in *Hold Everything Dear : Dispatches on Survival and Resistance*, New York: Vintage Books, 2008.

〔8〕Berger, "Ten Dispatches About Place" in *Hold Everything Dear*.

〔9〕Naomi Klein, *The Shock Doctrine: The Rise of Disaster Capitalism*, New York: Picador, 2007. 邦訳は、ナオミ・クライン『ショック・ドクトリン――惨事便乗型資本主義の正体を暴く』幾島幸子、村上由見子訳、岩波書店、二〇一一年。マイケル・ウィンターボトムとマット・ホワイトクロス両監督により映画化もされ、二〇〇九年ベルリン国際映画祭のパノラマ部門、二〇一〇年のサンダンス映画祭のプレミア部門受賞。

〔10〕アメリカとメキシコとの国境警備には約二万一〇〇〇人が動員され、三七億ドルの年間予算が組まれている。一五五〇人の警備隊と年間支出が五六〇〇万ドルだった一九七一年に比べると、国境を越えて不法に移民するのは極めて困難な状況にある。それだけ国境を越えるのには命の危険も伴い、一九九三年に六七人だった死者数も二〇〇五年には四九二人に増えている。したがって、二〇〇〇年ごろから減少しているメキシコか

らの不法移民は、景気が後退した二〇〇八年以降、ほぼゼロである。これには、メキシコの出生率が低くなって、働き手である若者が少なくなったことも影響している（Douglas S. Massey, "The Real Purpose of the Border Wall" in Robert Schenkkan, *Building the Wall*, New York: Arcade Publishing, 2017より）。

〔11〕Berger, "A Master of Pitilessness?" in *Hold Everything Dear*.

〔12〕高木徹『国際メディア情報戦』講談社現代新書、二〇一四年。このあとの事実の記述はこの本を参照。「戦争広告代理店」は高木の前著（『戦争広告代理店――情報操作とボスニア紛争』講談社文庫、二〇〇五年、講談社ノンフィクション賞、新潮ドキュメント賞受賞）でのタイトルで、ＰＲ会社が戦争をも動かす力をもっていたことを端的に示している。

〔13〕木村元彦『終わらぬ「民族浄化」セルビア・モンテネグロ』集英社新書、二〇〇五年、二〇頁。このあとのセルビアで起こった出来事の記述はこの本を参照。

〔14〕Eve Ensler, *Necessary Targets*, New York: Villard, 2001. 以下、本文中のこの戯曲からの引用はこの本より。Mariko Hori, "Theatre of Ghosts and the Other under the Threat of Mass Death: Some Ethical Thoughts on Plays of Genocide," in *Aoyama Keizai Ronshu*, Vol. LXX, No. 4 (Aoyama Gakuin Daigaku Keizai Gakkai) , March 2019 参照。

〔15〕Eve Ensler, *Vagina Monologues*, New York: Dramatist's Play Service, 2000. 邦訳はイヴ・エンスラー『ヴァギナ・モノローグ』岸本佐知子訳、白水社、二〇〇二年。この戯曲は、ヴァギナ（女性器）をめぐる女性の不安や抵抗、快楽などがモノローグ形式で複数の女性たちの口からそれぞれ語られる。上演のたびに、そのとき世界で起こっている性暴力をテーマに、エンスラーが新しいモノローグを加えることもある、時代を経ても変りうる、柔軟な作品になっている。この戯曲は毎年二月から四月のあいだに上演する場合、上演料や契約をしなくてもよく、その収益は「Ｖデー」（'Vagina' の 'V'をとった）という女性支援団体に寄付され、集められた資金は

女性の暴力を撲滅する運動に使われる。二〇〇四年のVデーにはトランスジェンダーの人たち（女性に性転換した男性）がこの戯曲を上演する企画もあった。差別とそれに伴う暴力をいかに乗り越えていくか、女性の性というタブーに挑戦したこの戯曲とVデーの活動は、多くの女性に、生理や性交渉は不浄のものではなく、性暴力は隠蔽しなくてよいのだという認識をもたせることに貢献している。

〔16〕Jenny Edkins, *Trauma and the Memory of Politics*, Cambridge: Cambridge University Press, 2003.

〔17〕米川正子『あやつられる難民——政府、国連、NGOのはざまで』ちくま新書、二〇一七年参照。

〔18〕Ensler, *Necessary Targets* のはしがきを参照。

〔19〕Kitty Felde, *A Patch of Earth* [2007], in *The Theatre of Genocide: Four Plays About Mass Murder in Rwand, Bosnia, Cambodia, and Armenia*, Ed. Robert Skloot, Madison, Wisconsin: The University of Wisconsin Press, 2008. Hori参照。

〔20〕「世界中で増加傾向にある国外移住希望者」www.trendswatcher.net 二〇〇八年一一月二一日の記事より（二〇一九年一月五日閲覧）。

終章

〔1〕Jonathan Schell, *The Fate of the Earth*, New York: Alfred A. Knopf, 1982. 邦訳は、ジョナサン・シェル『地球の運命』斎藤一路、西俣総平訳、朝日新聞社、一九八二年。

〔2〕別役実『象』（『壊れた風景／象』ハヤカワ演劇文庫、二〇〇七年所収）。英訳もある（Minoru Betsuyaku, *The Elephant*, in *After Apocalypse: Four Japanese Plays of Hiroshima and Nagasaki*, selected, translated, and introduced by David G. Goodman, New York: Columbia University Press, 1986）。

〔3〕Velina Hasu Houston, *Calling Aphrodite*, in Houston, *Green Tea Girl in Orange Pekoe Country: Selected Plays of Velina Hasu

Houston, South Gate, CA: Nopassport Press, 2014. この戯曲は、二〇〇八年八月、東京演劇アンサンブルによって『ヒロシマよ　アフロディよ　――女と影――』というタイトルで上演された。翻訳は筆者が担当したが、劇団内でさまざまな議論がなされた。その疑問に一つ一つ答えながら、ヒューストンは演出の志賀澤子とともに日本版の脚本を作った。また、原爆の場面を舞台で再現するのはどんなにリアルにしようとしても無理があるので、志賀はその場面を原民喜の詩「水ヲ下サイ」の朗読に置きかえた。

〔4〕笹森恵子『恵子《シゲコ》　ゴー・オン』汐文社、一九八三年。以下、本文中の笹森の言葉はこの本より。

〔5〕Lucy Kirkwood, *The Children*, London: Nick Hern Books, 2016. 日本では小田島恒志訳、栗山民也演出で、高畑淳子、鶴見辰吾、若村麻由美が演じた。

〔6〕Sam Shepard, *The God of Hell*, New York: Dramatists Play Service, 2005. この『地獄の神』については堀「黙示録時代の英米演劇――キャリル・チャーチル、デニス・ケリー、サム・シェパードの作品から」、川成洋、吉岡栄一、伊澤東一編『英米文学に描かれた時代と社会――シェイクスピアからコンラッド、ソロー』、悠光堂、二〇一七年、二五二―七六頁参照。

〔7〕Margaret Mead and James Baldwin, *A Rap on Race*, Philadelphia: J.B. Lippincott, 1971. 邦訳は、J・ボールドウィン、M・ミード『怒りと良心』大庭みな子訳、平凡社、一九七三年。以下、本文中の引用はこの邦訳書を参照。

〔8〕Frank Kermode, *The Sense of An Ending: Studies in the Theory of Fiction with a New Epilogue*, Oxford: Oxford University Press, 2000.

〔9〕Spencer R. Weart, *The Rise of Nuclear Fear*, Cambridge, Massachsetts and London: Harvard University Press, 2012.

〔10〕Slavoj Žižek, *Event: A Philosophical Journey Through a Concept*, Brooklyn and London: Melville House, 2014.

〔11〕加藤周一『私にとっての20世紀――付　最後のメッセージ』岩波現代文庫、二〇〇九年、「第1章、いま、こ

こにある危機」より（二六頁）。

〔12〕 Baldwin, "As Much Truth As One Can Bear" in *The Cross of Redemption: Uncollected Writings.*

〔13〕「核兵器のない世界」『毎日新聞』朝刊（静岡版）二〇一九年三月二日。

〔14〕ウィリアム・M・ツツイ『ゴジラとアメリカの半世紀』神山京子訳、中央公論新社、二〇〇五年、一三八頁。

〔15〕「サーロー節子さん演説全文」『中國新聞』二〇一七年一二月一二日、www.hiroshimapeacemedia.jp 参照（二〇一九年一月三日閲覧）。

〔16〕ジョン・ハーシー『ヒロシマ〔増補版〕』石川欣一、谷本清、明田川融訳、法政大学出版局、二〇〇三年、増補版訳者あとがき。

〔17〕辺見庸『水の透視画法』集英社文庫、二〇一三年、一二四頁。

あとがき

〔1〕菅孝行『三島由紀夫と天皇』平凡社新書、二〇一八年、一二三頁。

〔2〕辺見、一四三頁。

人名索引

【著者】 堀真理子（ほり・まりこ）
青山学院大学教授。
著書に『ベケット巡礼』（三省堂、二〇〇七年）、『改訂を重ねる『ゴドーを待ちながら』』（藤原書店、二〇一七年、吉田秀和賞受賞）、『概説 アメリカ文化史』（共編著、ミネルヴァ書房、二〇〇二年）、『戦争・詩的想像力・倫理』（共著、水声社、二〇一六年）、『帝国と文化』（共著、春風社、二〇一六年）、『文学都市ダブリン』（共著、春風社、二〇一七年）などがある。

反逆者《はんぎゃくしゃ》たちのアメリカ文化史《ぶんかし》——未来《みらい》への思考《しこう》

二〇一九年一〇月七日 初版発行

著者 堀真理子《ほりまりこ》
発行者 三浦衛
発行所 春風社 *Shumpusha Publishing Co., Ltd.*
横浜市西区紅葉ヶ丘五三 横浜市教育会館三階
〈電話〉〇四五・二六一・三一六八 〈FAX〉〇四五・二六一・三一六九
〈振替〉〇〇二〇〇・一・三七五二四
http://www.shumpu.com ☒ info@shumpu.com

装丁 江森恵子（クリエイティブ・コンセプト）
印刷・製本 シナノ書籍印刷株式会社
乱丁・落丁本は送料小社負担でお取り替えいたします。

ISBN 978-4-86110-659-0 C0022 ¥2700E